# Bildung und Gesellsch

**Herausgegeben von**
U. Bauer, Essen, Deutschland
U. H. Bittlingmayer, Freiburg, Deutschland
A. Scherr, Freiburg, Deutschland

Weitere Bände in dieser Reihe
http://www.springer.com/series/12722

Die Reihe Bildung und Gesellschaft bietet einen Publikationsort für Veröffentlichungen, die zur Weiterentwicklung sozialwissenschaftlicher Bildungsforschung beitragen. Im Zentrum steht die Untersuchung der gesellschaftlichen Voraussetzungen, Bedingungen, Formen und Folgen von Bildungsprozessen sowie der gesellschaftlichen Hintergründe und Rahmenbedingungen institutioneller und außerinstitutioneller Bildung. Dabei wird von einem Bildungsverständnis ausgegangen, das Bildung nicht mit den Organisationen und Effekten des sog. „Bildungssystems" gleichsetzt. Vielmehr verstehen wir Bildung als Oberbegriff für Lern- und Entwicklungsprozesse, in denen Individuen ihre Fähigkeiten und ihre Autonomiepotenziale entfalten. Die Reihe ist sowohl für empirisch ausgerichtete Arbeiten als auch für theoretische Studien offen. Überschneidungen mit dem Gegenstandsbereich der Sozialisations-, Kindheits-, Jugend-, Erziehungs- und Familienforschung sind damit im Sinne einer produktiven Überschreitung gängiger Grenzziehungen durchaus beabsichtigt. Die Reihe will damit nicht zuletzt zur interdisziplinären Kommunikation zwischen der sozial- und erziehungswissenschaftlichen Bildungsforschung beitragen.

**Herausgegeben von**

Ullrich Bauer
Universität Duisburg-Essen

Albert Scherr
Pädagogische Hochschule Freiburg

Uwe H. Bittlingmayer
Pädagogische Hochschule Freiburg

Albert Scherr • Caroline Janz
Stefan Müller

# Diskriminierung in der beruflichen Bildung

## Wie migrantische Jugendliche bei der Lehrstellenvergabe benachteiligt werden

Springer VS

Albert Scherr
Freiburg, Deutschland

Stefan Müller
Freiburg, Deutschland

Caroline Janz
Freiburg, Deutschland

Bildung und Gesellschaft
ISBN 978-3-658-09778-3      ISBN 978-3-658-09779-0 (eBook)
DOI 10.1007/978-3-658-09779-0

Die Deutsche Nationalbibliothek verzeichnet diese Publikation in der Deutschen Nationalbibliografie; detaillierte bibliografische Daten sind im Internet über http://dnb.d-nb.de abrufbar.

Springer VS

Springer Fachmedien Wiesbaden ist Teil der Fachverlagsgruppe Springer Science+Business Media (www.springer.com)

# Inhalt

# Vorwort der Baden-Württemberg Stiftung

Die Baden-Württemberg Stiftung hat 2011 das Netzwerk Bildungsforschung (NeBf) mit einem Volumen von 1,5 Mio. € auf den Weg gebracht. Dieses Netzwerk hat sich seit dem Start der Forschungsprojekte zu einer beachtlichen wissenschaftlich-interdisziplinären Struktur in Baden-Württemberg etabliert. Forschergruppen verschiedener Fachrichtungen, Standorte und fachlicher Zugänge bearbeiten gemeinsam Themen der empirischen Bildungsforschung mit dem thematischen Schwerpunkt „Übergänge in die berufliche Bildung und den Beruf". Die Wissenschaftlerinnen und Wissenschaftler gehen dabei beispielsweise Forschungsfragen zum Einfluss sozialer, schulischer und außerschulischer Kontextfaktoren auf den Bildungsverlauf, zur Entwicklung und Relevanz spezifischer Kompetenzen für den schulischen und den Ausbildungserfolg sowie zur Wirkung pädagogischer Interventionen und Institutionen im Übergangssystem nach.

Aus dem Programm werden neun Forschungsprojekte finanziert, die verschiedene Aspekte des Themenfelds bearbeiten. Außerdem wurden sechs weitere Projekte von Nachwuchswissenschaftlerinnen und -wissenschaftlern sowie zwölf assoziierte Projekte in das Netzwerk Bildungsforschung aufgenommen.

Prof. Dr. Albert Scherr, Institut für Soziologie der Pädagogischen Hochschule Freiburg, hat mit seinem Team im Projekt „Auswahlprozesse bei der Lehrstellenvergabe" untersucht, welche Bedingungen zu Gleichbehandlung oder Diskriminierung von Jugendlichen mit Migrationshintergrund bei der Vergabe von Lehrstellen führen können. Die Ergebnisse aus diesem Projekt werden in der vorliegenden Publikation veröffentlicht. Damit ermöglichen uns die Autoren nicht nur einen differenzierten Einblick in die Mechanismen der Lehrstellenvergabe der untersuchten Betriebe, Sie versuchen auch gleichzeitig Ansatzpunkte aufzuzeigen, wie im Ausbildungs- und Arbeitsmarkt mehr Chancengerechtigkeit gelebt werden kann. In einem letzten Kapitel formulieren sie einige Thesen, wie betriebliche Diskriminierung verringert werden kann.

Wir danken dem Forschungsteam Prof. Dr. Albert Scherr, Caroline Janz und Dr. Stefan Müller sowie dem Verlag für die Unterstützung dieser Publikation.

*Christoph Dahl*
Geschäftsführer
Baden-Württemberg Stiftung

*Dr. Andreas Weber*
Abteilungsleiter Bildung
Baden-Württemberg Stiftung

# Einleitung

Dass jede/r unabhängig von seiner Herkunft gleiche Rechte und Chancen haben soll, ist ein Grundsatz, der im Diskriminierungsverbot der Grund- und Menschenrechte verankert ist und durch das Allgemeine Gleichbehandlungsgesetz (AGG) spezifiziert wird. Programmatisch wird im Art. 1 des AGG formuliert: „Ziel des Gesetzes ist, Benachteiligungen aus Gründen der Rasse[1] oder wegen der ethnischen Herkunft, des Geschlechts, der Religion oder Weltanschauung, einer Behinderung, des Alters oder der sexuellen Identität zu verhindern oder zu beseitigen." Und dies gilt ausdrücklich auch für „den Zugang zu allen Formen und allen Ebenen der Berufsberatung, der Berufsbildung einschließlich der Berufsausbildung" (AGG, Art 2.).

In nationalen und internationalen Studien zeigt sich jedoch, dass zwischen dem Anspruch, der damit etabliert ist, und der sozialen Wirklichkeit auch im Bereich des Arbeitsmarktes und der beruflichen Bildung eine erhebliche Diskrepanz besteht. Dies gilt nicht allein für die rechtlich zulässigen Formen von Diskriminierung, die aus der Vorrangstellung von Deutschen und EU-Angehörigen gegenüber Drittstaatenangehörigen beim Zugang zum Arbeitsmarkt und zur beruflichen Bildung resultieren, sowie für die spezifischen Zugangshindernisse, von denen Asylbewerber/innen, Flüchtlinge und geduldete Migrant/innen betroffen sind. Die Daten der Arbeitsmarkt- und Berufsbildungsforschung sowie die Ergebnisse der vorliegenden qualitativen Studie weisen vielmehr darauf hin, dass Diskriminierung bei betrieblichen Personalentscheidungen auch diejenigen betrifft, die zwar rechtlich gleichgestellt und ggf. auch deutsche Staatsbürger/innen sind, gesellschaftlich aber als Personen mit Migrationshintergrund bzw. als Angehörige ethnischer oder religiöser Minderheiten wahrgenommen werden.

---

1  Es ist wiederkehrend darauf hingewiesen worden, dass Gesetzesformulierungen, die die Existenz von Rassen oder Ethnien als gegeben unterstellen, problematisch sind; angemessener wäre es aus sozialwissenschaftlicher Sicht deshalb, konsequent die Termini rassistische und ethnisierende Diskriminierung zu verwenden.

Obwohl das Ausmaß solcher Diskriminierung in der wissenschaftlichen Diskussion anhaltend kontrovers diskutiert wird (s. dazu die Beiträge in Scherr 2015), liegen nicht nur hinreichende Belege aus der empirischen wissenschaftlichen Forschung dafür vor, dass es sich um ein relevantes soziales Problem handelt. Auch diejenigen, die sich als Expert/innen in diesem Feld bewegen, also etwa Berufsberater/innen, Sozialarbeiter/innen, Jurist/innen und Mitarbeiter/innen von Antidiskriminierungsstellen sowie Betroffene berichten von einschlägigen Beobachtungen und Erfahrungen. Dass diese jedoch nur zu einem geringen Teil zu erfolgreichen Klagen auf der Grundlage des AGG führen, liegt nicht zuletzt daran, dass betriebliche Auswahlverfahren und Personalentscheidungen in einer Weise stattfinden, die gegen externe Beobachtungen weitestgehend abgeschottet ist.

Vordergründig betrachtet liegt es nahe, solche Diskriminierung als eine Folge von Vorurteilen einzuordnen, die auch in der sprichwörtlichen ‚Mitte der Gesellschaft‘ vorhanden und folglich auch bei Personalverantwortlichen in Betrieben erwartbar sind.[2] Denn es gibt keine zwingenden Gründe dafür anzunehmen, dass diese weniger vorurteilsbehaftet sind als Angehörige anderer Berufsgruppen.[3] Ebenso beschreibbar ist aber auch, dass offenkundige Diskriminierung gesellschaftlich wie bei Personalverantwortlichen vielfach auf Ablehnung stößt, wie dies z. B. in der folgenden Interviewpassage deutlich wird:

*„Also wir hatten einmal eine Situation, da hat ein Baustoffvertreter unseren Mitarbeiter, da hatten wir einen Mitarbeiter mit dunkler Haut, und dann hat er gesagt, diese Neger hier, und da haben wir sofort gesagt, bei dem bestellen wir nichts mehr. Also das ist ganz klar.“ (I22, 494ff.)*

Hier deutet sich an, dass es irreführend wäre, Formen, Gründe und Ursachen betrieblicher Diskriminierung in einer Weise darzustellen, die ausblendet, dass Betriebe auch einen relevanten Beitrag zur Infragestellung und Überwindung der gesellschaftlichen Diskriminierung von Migrant/innen und Minderheiten leisten. Dies werden wir im Folgenden noch genauer ausführen. Bedeutsam dafür sind sowohl pragmatische Kalküle bezüglich der Erfordernisse einer zeitgemäßen Personalgewinnung als auch normative Überzeugungen in den Betriebsleitungen. *Erforderlich ist deshalb eine differenzierte Betrachtung des Ausmaßes und der Formen sowohl von Diskriminierung als auch von Nicht-Diskriminierung in Betrieben und*

---

2   S. dazu Heitmeyer 2012.

3   Empirische Studien zur Verbreitung von Vorurteilen bei betrieblichen Personalverantwortlichen liegen bislang nicht vor; das Gleiche gilt auch für Lehrer/innen an allgemeinbildenden und beruflichen Schulen.

*damit eine Analyse, die Ansatzpunkte und Möglichkeiten zur Überwindung von Diskriminierung ebenso aufzeigt wie die Schwierigkeiten von Versuchen verdeutlicht, betriebliche Strukturen und Prozesse auf eine konsequent nicht-diskriminierende Weise zu gestalten.* Ein zentrales Ergebnis unserer Studie kann diesbezüglich in der Einsicht gesehen werden, dass betriebliche Personalentscheidungen zentral als pragmatische Versuche verstanden werden können, organisatorischen und betriebswirtschaftlichen Erfordernissen gerecht zu werden. Hierfür kann sich Diskriminierung, aber auch Nicht-Diskriminierung als aus betrieblicher Sicht rationale Problemlösung darstellen.

Folglich greifen Erklärungen, die Diskriminierung als Folge vorurteilsbasierter Handlungen beschreiben, auch im Fall betrieblicher Diskriminierung zu kurz, obwohl Stereotype sowie auch manifeste Vorurteile ein nicht vernachlässigbarer Aspekt des Problemzusammenhanges sind. *Eine entscheidende Herausforderung liegt jedoch darin, zu begreifen, warum und wie Diskriminierung auch dann zustande kommen kann, wenn keine ablehnenden Haltungen und keine benachteiligenden Absichten gegeben sind, sondern nur das Interesse, den betriebswirtschaftlichen Erfordernissen und dem betrieblichen Interesse entsprechende Personalentscheidungen zu treffen.*

Um diese Frage beantworten zu können, ist es erforderlich, Betriebe als Organisationen in den Blick zu nehmen, deren Personalentscheidungen aus komplexen Abwägungen resultieren, in die nicht nur Einschätzungen der Qualifikation und der Motivation von Bewerber/innen eingehen. Darüber hinaus sind, wie im Folgenden zu zeigen sein wird, Annahmen über die Passung von Bewerber/innen zur Betriebskultur und zum Betrieb als Leistungsgemeinschaft, über die Akzeptanz potenzieller Mitarbeiter/innen bei Kund/innen und Geschäftspartnern ebenso folgenreich wie die Rücksichtnahme auf soziale Verpflichtungen sowie das Erfordernis der Rechtfertigung von Entscheidungen gegenüber der Belegschaft, der Kundschaft und im persönlichen sozialen Umfeld. Um diese Zusammenhänge analysieren zu können, ist – wie auch Christian Imdorf gezeigt hat (s. Imdorf 2010 und 2015) – eine sozialwissenschaftliche Betrachtung erforderlich, die über die Analyse betriebswirtschaftlicher Kosten-Nutzen-Kalküle hinausgeht. Denn in betriebliche Personalentscheidung gehen Abwägungen ein, die weit über die Einschätzung der Qualifikationen und Kompetenzen von Bewerber/innen hinausgehen.

*Im Fokus der vorliegenden Studie stehen die Fragen, unter welchen Bedingungen ,Auswahlprozesse bei der Lehrstellenvergabe' zur Diskriminierung oder aber zur Gleichbehandlung migrantischer Jugendlicher führen, warum dies der Fall ist und nicht zuletzt, wie solche Diskriminierung hergestellt wird.*

Ausgangspunkt hierfür waren Forschungsergebnisse, die darauf hinweisen, dass Jugendliche mit Migrationshintergrund nicht nur in der schulischen, sondern auch in der beruflichen Bildung gegenüber einheimischen Jugendlichen benachteiligt werden: Sie finden erheblich seltener Zugang zu einer qualifizierten Ausbildung im dualen System und verbleiben am Ende ihrer Bildungslaufbahn häufiger ohne einen qualifizierten beruflichen Bildungsabschluss. Zu Beginn des Forschungsprozesses war festzustellen, dass die verfügbaren quantitativen Daten zwar deutliche Hinweise darauf geben, dass dies auch eine Folge betrieblicher Entscheidungen bei der Vergabe von Ausbildungsstellen ist. D. h., bei der Lehrstellenvergabe zeigen sich nicht nur Folgeeffekte der sozialen Lage und schulischer Benachteiligung. Vielmehr erfolgt hier eine eigenständige Diskriminierung in den betrieblichen Auswahlverfahren. Qualitative Studien, die eine fundierte Antwort auf die Frage ermöglichen, wie diese Diskriminierung zustande kommt und warum sie geschieht, lagen für Deutschland jedoch bislang nicht vor.[4]

Um aussichtsreiche Strategien und Konzepte entwickeln zu können, die auf die Überwindung betrieblicher Diskriminierung ausgerichtet sind, genügt es aber ersichtlich nicht, festzustellen, dass Diskriminierung geschieht und in welchem Umfang dies der Fall ist. Auch Appelle an den guten Willen der Verantwortlichen sowie die rechtlichen Vorgaben des AGG sind ebenso wenig zureichend wie eine gegen Vorurteile gerichtete Aufklärungsarbeit. Denn in Betrieben werden – ähnlich wie in Schulen – Formen der institutionellen und organisationellen Diskriminierung wirksam, für die gilt, dass sich Benachteiligungen als erforderliche und rationale Reaktion auf betriebliche Problemlagen und Erfordernisse darstellen. Folglich können Möglichkeiten und Schwierigkeiten von Strategien und Konzepten, die zu einer Überwindung betrieblicher Diskriminierung beitragen sollen, erst auf der Grundlage einer Analyse der Gründe und Ursachen bestimmt werden, die Betriebe als Organisationen zu solchen Entscheidungen mit diskriminierenden Folgen veranlassen, zu Entscheidungen, die aus ihrer Sicht betriebswirtschaftlich rational und insofern auch rechtfertigbar sind. Ziel des Forschungsprojekts war es deshalb, durch qualitativ-empirische Forschung genauere Einblicke in betriebliche Rekrutierungs- und Auswahlverfahren und deren potenziell diskriminierende Auswirkungen zu gewinnen.

Dabei konnte auch an eine eigene quantitative Vorstudie (Scherr/Gründer 2011) sowie eine ergänzend durchgeführte quantitative Betriebsbefragung (Scherr/Janz/Müller 2013) angeschlossen werden. Deutlich wurden dort zwei auch für die vorliegende Studie zentrale Aspekte:

---

4   Für die USA haben Philip Moss und Chris Tilly (2001) eine solche Studie vorgelegt. Christian Imdorf (2005; 2010; 2011; 2014) hat Rekrutierungsprozesse in schweizerischen Klein- und Mittelbetrieben erforscht und auf dieser Grundlage ein theoretisches Modell organisationeller Diskriminierung entwickelt, das eine wichtige Grundlage für die vorliegende Studie darstellt.

*Erstens* besteht zwischen dem betrieblichen Anspruch, Personalentscheidungen als eine strikt meritokratische Auswahl der Leistungsbesten vorzunehmen, und der Bedeutung, die einem Migrationshintergrund zugeschrieben wird, ein komplexes Spannungsverhältnis: In einer konsequent meritokratischen Logik wären mit dem Migrationshintergrund assoziierte Eigenschaften nur dann bedeutsam, wenn sie Auswirkungen auf die angenommene individuelle Produktivität von Mitarbeiter/innen hätten. Entsprechend wäre zu erwarten, dass die Unterscheidung von Bewerber/innen mit und ohne Migrationshintergrund für Betriebe nur dann relevant wird, wenn diese entsprechende Produktivitätskalküle begründet. Wie sich im Folgenden zeigen wird, erfolgt in Betrieben zwar durchaus eine solche Abwägung zu Relevanz oder Irrelevanz bzw. zu den Vor- und Nachteilen eines Migrationshintergrunds. Deutlich wird aber auch, dass betriebliche Auswahlentscheidungen keineswegs konsequent als rationale Auswahl nach Kriterien der individuellen Leistungsfähigkeit und Leistungsbereitschaft erfolgen und auch nicht als solche erfolgen können. Denn Betriebe sind komplexe soziale Gebilde, in denen auch Fragen der innerbetrieblichen Kooperation und Kommunikation sowie auch Gesichtspunkte wie Identifikation mit dem und Bindung an den Betrieb bedeutsam werden. Deshalb zielen Auswahlverfahren nicht nur auf die Beurteilung von Qualifikationen und Kompetenzen, sondern auch auf die Entscheidung für die passende Person ab. Wie wir im Weiteren zeigen werden, stellt dies ein mögliches Einfallstor für diskriminierende Kalküle dar.

*Zweitens* zeigt sich, dass die betriebliche Wirklichkeit keinen in sich homogenen Teilbereich der sozialen Realität darstellt. In der empirischen Forschung werden erhebliche Unterschiede zwischen den Einzelbetrieben auch in Hinblick darauf deutlich, wie Auszubildende rekrutiert, wie Auswahlverfahren gestaltet und nach welchen Kriterien die Entscheidungen über geeignete Bewerber/innen getroffen werden. Dies gilt auch für die Bedeutung, die mit einem Migrationshintergrund verbundenen Aspekten – etwa der Erstsprache, zugeschriebenen ethno-nationalen Merkmalen oder der Religionszugehörigkeit – in den betrieblichen Entscheidungen jeweils zukommt. Worauf diesbezügliche Unterschiede zurückzuführen sind, wird im Folgenden noch ausführlich dargestellt werden. Vorab lässt sich feststellen, dass es sich um eine komplexe Gemengelage handelt, in der verschiedene Faktoren zusammenwirken: die Organisationsgeschichte und das damit verbundene Selbstverständnis von Betrieben, ihre regionale Situierung, die Betriebsgröße und die Branchenzugehörigkeit, der Grad der Formalisierung des Auswahlverfahrens, aber auch individuelle Einstellungen und Überzeugungen von Personalverantwortlichen.

Diese beiden Aspekte sind *drittens* damit verschränkt, dass betriebliche Auswahlentscheidungen nicht als eine Diskriminierungspraxis beschrieben werden können, für die gilt, dass ein tatsächlicher oder bloß zugeschriebener Migrationshintergrund

durchgängig in allen Fällen zu Benachteiligungen führt. In der betrieblichen Praxis
sind sowohl diskriminierende als auch nicht-diskriminierende und anti-diskri-
minierende Elemente festzustellen: Betriebe diskriminieren, Betrieben gelingt es
aber auch mehr oder weniger gut, die Unterscheidung Einheimische / Migranten
zu neutralisieren oder aktiv Maßnahmen zur betrieblichen Gleichstellung von
Migrant/innen zu realisieren. *In den folgenden Analysen werden beide Seiten dieses
Zusammenhanges, also die Gründe und Ursachen von Diskriminierung aber auch
von Nicht-Diskriminierung, in den Blick genommen.*

Auf die Diskriminierung kopftuchtragender Muslimas gehen wir in einem eigenen Kapitel ein. Denn es handelt sich hier um einen besonders zugespitzten Fall
von Diskriminierung, der bei einem erheblichen Teil der Betriebe dazu führt, dass
kopftuchtragende Muslimas prinzipiell vom Zugang zu Ausbildungsstellen ausge-
schlossen werden. Diskriminierung erfolgt hier nicht als graduelle Benachteiligung,
sondern als ein kategorialer Ausschluss mit einer spezifischen Rechtfertigungslogik.

Empirische Grundlage der vorliegenden Studie sind vor allem Interviews mit
Personalverantwortlichen[5] von Klein-, Mittel- und Großbetrieben. Darüber hinaus
wurden Experteninterviews mit Sozialarbeiter/innen und Mitarbeiter/innen von
Verbänden sowie teilnehmende Beobachtungen an Veranstaltungen von Wirtschaftsverbänden durchgeführt.

Das Projekt ‚Auswahlprozesse bei der Lehrstellenvergabe' wurde am Institut für
Soziologie der Pädagogischen Hochschule Freiburg von Januar 2013 bis Februar 2015
im Rahmen des „Netzwerk Bildungsforschung" der Baden-Württemberg Stiftung
durchgeführt. Ermöglicht wurde die Durchführung unserer Forschung durch die
Finanzierung der Baden-Württemberg Stiftung. Prof. Christine Riegel und Prof.
Dr. Barbara Stauber haben durch ihre Beratung und Begleitung des Projekts zum
Gelingen beigetragen.

Allen, die zum Zustandekommen dieser Studie als Interviewpartner/innen,
Diskutanten/innen und Mittelgeber/innen beigetragen haben, ist an dieser Stelle
ebenso zu danken wie dem Verlag für seine Unterstützung dieser Publikation.

Freiburg, Februar 2015
Albert Scherr, Caroline Janz, Stefan Müller

---

5   Befragt wurden Betriebsinhaber/innen und/oder Mitarbeiter/innen, die entscheidungs-
    befugt die Personalauswahl vornehmen.

# Benachteiligung und Diskriminierung in der beruflichen Bildung 2

Dass Jugendliche mit Migrationshintergrund[6] in der beruflichen Bildung in erheblichem Umfang benachteiligt sind, ist durch einschlägige Daten unstrittig nachgewiesen (s. zusammenfassend ADS 2013: 206ff.). Die Ausbildungsquote ist bei den 18–21jährigen mit Migrationshintergrund mit 33,5 % deutlich geringer als bei Nicht-Migrant/innen (65,4 %) (ebd.: 211). Im Jahr 2012 mündeten bis zum Jahresende nur 28 % der Bewerber/innen mit Migrationshintergrund in eine betriebliche Ausbildung ein, dagegen 48 % der nicht-migrantischen Bewerber/innen (ebd.). Zudem schließen migrantische Auszubildende ihre Ausbildung seltener erfolgreich ab (77 %) als nicht-migrantische (85 %) (ebd.). In der Folge bleibt ein höherer Prozentteil jedes Altersjahrgangs ohne abgeschlossene Ausbildung: „Der Anteil der Personen mit Migrationshintergrund ohne beruflichen Abschluss oder Hochschulabschluss lag im Jahr 2011 bei 31,2 % und war somit mehr als doppelt so hoch wie bei den jungen Erwachsenen in dieser Altersgruppe insgesamt (14,8 %)." (ISG 2013, S. 26; vgl. BIBB-Datenreport 2012)

Diese folgenreiche Benachteiligung migrantischer Jugendlicher im Bereich der beruflichen Bildung ist zu einem erheblichen Teil eine Folge der sozioökonomisch schlechteren Situation von Migranten/innen in der deutschen Sozialstruktur (s. etwa Geißler 2011, S. 231ff.) sowie des wiederkehrend nachgewiesenen Versagens des schulischen Bildungssystems, herkunftsunabhängig gleiche Bildungschancen herzustellen (s. dazu Georg 2006; Gomolla 2010; Gomolla/Radtke 2009; Krüger et al. 2010; Leiprecht/Kerber 2013; Scherr/Niermann 2012): Es gelingt nur unzureichend, Nachteile, die sich aus der sozialen Lage der Herkunftsfamilie sowie ggf.

---

6   Auf die Problematik der wissenschaftlichen, politischen und alltagssprachlichen Verwendung der Kategorie Migrationshintergrund werden wir im Weiteren noch eingehen.

den direkten und indirekten Folgen der familialen Migrationsgeschichte[7] ergeben, auszugleichen und Formen der schulischen institutionellen Diskriminierung von Migrant/innen zu überwinden. Es handelt sich also um eine Benachteiligung, die zunächst als Folge einer Verschränkung von sozialer Klassenlage, Migrationseffekten sowie schulischer Benachteiligung und Diskriminierung zu erklären ist. Das heißt aber nicht, dass die Fragen nach dem eigenständigen Beitrag der Betriebe zur Verfestigung solcher Benachteiligung und nach diskriminierenden betrieblichen Praktiken hinfällig sind.

## 2.1    Das Ausmaß betrieblicher Diskriminierung

Während die Verfestigung sozialer Ungleichheiten durch die Strukturen und Praktiken der schulischen Bildung seit den Pisa-Studien, wie schon in den 1960er Jahren, Gegenstand einer nicht nur wissenschaftlichen, sondern auch politischen und medialen Kritik ist, die auf die Verletzung des Prinzips der Chancengleichheit hinweist und in der Folge Reformen einfordert, finden Benachteiligungen im Bereich der beruflichen Bildung bislang jedoch deutlich weniger Beachtung. Dies ist einerseits dadurch erklärbar, dass von privatwirtschaftlichen Betrieben, im Unterschied zur staatlich verantworteten schulischen Bildung, kaum eine Verpflichtung auf den Ausgleich sozialer Benachteiligungen und ihrer Folgeeffekte erwartet wird. Das öffentliche Interesse an der betrieblichen Realität ist recht gering und Betriebe werden durch Medien und Politik kaum mit der Erwartung konfrontiert, proaktiv zu sozialer Gerechtigkeit beizutragen. Erwartungen auf die Herstellung von Chancengleichheit und sozialer Gerechtigkeit werden gewöhnlich vielmehr vor allem an staatliche Politik und staatliche Institutionen, nicht aber an privatwirtschaftliche Akteure adressiert. Zudem gilt gesellschaftlich die wirksame Illusion, dass schulische Abschlüsse ein weitgehend verlässlicher Ausdruck des individuellen Leistungsvermögens seien.[8] Entsprechend ist es auf betrieblicher

---

7    Ersichtlich ist es auch schulisch z. B. folgenreich, ob Migrant/innen in Deutschland geboren oder selbst eingewandert sind, in welcher biografischen Phase dies geschehen ist, über welche schulische Vorbildung aus der Herkunftsgesellschaft Kinder bzw. Jugendliche und ihre Eltern verfügen, wie gut die Eltern und das soziale Umfeld in der Lage sind, Spracherwerb und schulisches Lernen zu unterstützen, welche psychosozialen Belastungen ggf. mit Fluchtbiografien einhergehen und wie sicher oder unsicher der Aufenthaltsstatus ist.

8    Diese ermöglicht Betrieben ebenso wie Hochschulen eine sozial akzeptierte Eingangsselektion. Trotz aller Zweifel an der Aussagekraft von schulischen Abschlüssen und

Ebene auch rechtlich zulässig, die in ungleichen Abschlüssen, Noten und Kompetenzen sichtbar werdenden Folgen von schulischer Benachteiligung und Diskriminierung als nicht zu hinterfragende Grundlage eigener Entscheidungen zu verwenden. Legitim und durch das Allgemeine Gleichbehandlungsgesetz (AGG) auch rechtlich abgesichert[9] kann von Betrieben jedoch erwartet werden, dass sie bei Personalentscheidungen keine direkte Diskriminierung aufgrund der im Allgemeinen Gleichbehandlungsgesetz (AGG) genannten Merkmale vornehmen und bei gleicher Eignung auch zwischen Migrant/innen und Nicht-Migrant/innen sowie zwischen Migrant/innen aus unterschiedlichen Herkunftsregionen nicht in diskriminierender Weise unterscheiden.

Die empirische Forschung gibt jedoch Hinweise darauf, dass die gravierende Benachteiligung von Migrant/innen im Bereich der beruflichen Bildung nicht zureichend als Folgeeffekt biografisch vorgängiger Benachteiligungen erklärt werden kann, also nicht allein als Nachwirkung von Ungleichheitsreproduktion und institutioneller Diskriminierung im schulischen Kontext. Obwohl aktuelle Forschungsarbeiten, die eine Beobachtung von Diskriminierungsbereitschaft und diskriminierenden Praktiken für den Bereich der beruflichen Bildung vornehmen, bislang nur begrenzt vorliegen[10], lassen die vorliegenden Daten der Berufsbildungsforschung den indirekten Schluss zu, dass die nachweisbare Benachteiligung von Migrant/innen in der beruflichen Bildung *auch* eine Folge von Diskriminierung in betrieblichen Auswahlverfahren ist.[11] Im BIBB-Datenreport zum Berufsbildungsbericht 2012 wird der Stand der Forschung wie folgt zusammengefasst:

> *„[J]unge Frauen und Männer mit Migrationshintergrund haben selbst bei gleichen Voraussetzungen in Bezug auf Schulabschluss, Schulnoten, soziale Herkunft und soziale Einbindung sowie die einbezogenen ausbildungsmarktrelevanten Merkmale schlechtere Chancen, einen vollqualifizierenden Ausbildungsplatz zu erhalten, als junge Frauen und Männer ohne Migrationshintergrund* (Beicht/Granato 2010). Dies gilt

---

Zeugnissen wird auf diese Entlastung nicht verzichtet, weil die einzige Alternative in der Durchführung von Eingangstests ohne Vorselektion und ohne Berücksichtigung der formalen schulischen Vorbildung bestünde, die dann mit einer höheren Bewerber/innenzahl rechnen sowie einem erheblichen Legitimationsdruck standhalten müssten.

9   Die Möglichkeiten, gegen Diskriminierung erfolgreich durch Klagen auf der Grundlage des AGG vorzugehen, sind nach Einschätzung von Expert/innen jedoch gering; s. Koordination der Fach-AG Antidiskriminierung 2014, S. 15ff.

10  Für Deutschland liegen aktuelle Studien in der Form eines neueren Bewerberexperiments (s. SVR 2014) sowie von zwei quantitativen Befragungen von Personalverantwortlichen (Scherr/Gründer 2011; Scherr/Janz/Müller 2013) vor. Siehe als Überblick zum Stand der Forschung Scherr/Janz/Müller 2015.

11  Siehe dazu die Beiträge in Scherr 2015.

auch, wenn die regionalen Unterschiede im Ausbildungsangebot, wie z. B. der Mangel an vollqualifizierenden Ausbildungsplätzen im einigen Regionen Westdeutschlands, der sich bei Bewerbern/Bewerberinnen mit Migrationshintergrund, die überwiegend hier leben, deutlich chancenmindernd auf ihre Zugangschancen in eine betriebliche Ausbildung auswirkt, in den Analysen mitberücksichtigt werden (BIBB-Datenreport 2012, S. 187, Hervorhebung d. V.)

Das Ausmaß der Benachteiligung, die nicht durch andere Einflussfaktoren zu erklären ist und deshalb als Indiz für Diskriminierung betrachtet werden kann, wird in den einschlägigen Studien unterschiedlich eingeschätzt:

Der BIBB-Datenreport zum Berufsbildungsbericht 2013 geht mit Rückgriff auf die BIBB-Schulabgängerbefragung 2012 von einem erklärungsbedürftigen Unterschied von 6 Prozentpunkten aus, wenn die realisierten Einmündungsquoten von Jugendlichen mit und ohne Migrationshintergrund betrachtet werden:

> „Während insgesamt 34 % (2010: 32 %; 2008: 35 %) der Jugendlichen, die keinen Migrationshintergrund haben, eine duale Ausbildung aufnahmen, waren es bei den Jugendlichen, die einen Migrationshintergrund aufweisen, nur 28 % (2010: 24 %; 2008: 23 %). Damit hat sich gegenüber früheren Befragungen der Anteil der Jugendlichen mit Migrationshintergrund, die in eine duale Ausbildung eingemündet sind, erhöht; es besteht jedoch auch weiterhin ein Unterschied von 6 Prozentpunkten zu Jugendlichen ohne Migrationshintergrund." (BIBB-Datenreport 2013, S. 80f.)

In den Daten der BA/BIBB-Bewerberbefragung 2012 ergibt sich eine deutlich größere erklärungsbedürftige Lücke von 15 Prozent (vgl. BIBB-Datenreport 2013, S. 93f.). Von den erfassten Bewerber/innen ohne Migrationshintergrund konnten 61 % eine vollqualifizierende Ausbildung aufnehmen, dagegen nur 46 % der Bewerber/innen mit Migrationshintergrund. Zu einer ähnlichen Einschätzung kommt die Studie des Sachverständigenrates für Migration und Integration:

> „Zwar nähern sich die Werte seit mehreren Jahren an, doch die Lücke von 15 Prozentpunkten verdeutlicht, dass Jugendliche mit Migrationshintergrund nach wie vor signifikant schlechtere Möglichkeiten haben, eine duale Berufsausbildung zu beginnen." (SVR 2014, S. 9)

Die von Jan Skrobanek (2008, 2015; s. auch Skrobanek/Jobst 2010) erstellten Analysen der Übergangschancen von Hauptschüler/innen kommen zu dem Befund, dass Jugendliche mit Migrationshintergrund zu 21 Prozent und Jugendliche ohne Migrationshintergrund zu 40 Prozent in Ausbildung und Lehre einmünden. Dem entsprechen erhebliche Diskriminierungserfahrungen migrantischer Jugendlicher. Ein zentraler Befund der Studie Skrobaneks besteht darauf bezogen in dem Nachweis, dass diese Diskriminierungserfahrungen jedoch nicht zu Formen des Rückzugs und des Selbstausschlusses aus dem Ausbildungs- und Arbeitsmarkt führen, also Benachteiligung nicht als Effekt einer Selbstselektion erklärbar ist. Vielmehr stellt Skrobanek (2015, S. 291 und S. 298) zusammenfassend fest:

> „Entgegen der These von Demotivation, Rückzug und Passivität (Solga 2005: 292) finden sich bei der Mehrzahl der Jugendlichen – trotz der faktischen Chancendisparitäten – deutliche Hinweise auf einen nicht defektierenden Umgang diesen Ungleichheiten. Die Jugendlichen entwickeln alternative Pläne, suchen nach (Umweg) Lösungen oder investieren weiter in institutionell anerkannte Kapitalien, um ihre Interessen zu realisieren. [...] Trotz auffallend negativer Anerkennungsbilanzen, Diskriminierungswahrnehmung und gering wahrgenommener Mobilitätschancen sind nahezu alle hier befragten Jugendlichen mit Blick auf den Ausbildungs- und Arbeitsmarkt integrationsorientiert."[12]

Damit ist zunächst – und dies in Übereinstimmung mit vielfältigen internationalen Forschungsergebnissen zur beruflichen Diskriminierung (s. als Überblick Pager/ Shepherd 2008; Imdorf 2010; Peuker 2010) – darauf hingewiesen, dass mit hoher Plausibilität davon auszugehen ist, dass Diskriminierung von Migrant/innen und Jugendlichen mit Migrationshintergrund beim Zugang zum Ausbildungs- sowie zum Arbeitsmarkt[13] ein relevantes Phänomen darstellt, dessen Ursachen zu erforschen sind.

Dieser generelle Befund wird bei Mona Granato (vgl. Granato 2012) sowie anderen Forscher/innen, welche die verfügbaren quantitativen Daten der Arbeitsmarkt- und Berufsforschung analysieren (s. dazu die Beiträge in Scherr 2015), jedoch spezifiziert und eingeschränkt: Es wird darauf hingewiesen, dass zwischen nach Herkunftsregionen unterschiedenen Teilgruppen der Jugendlichen mit Migrationshintergrund erhebliche Unterschiede bestehen. Eine Benachteiligung, die auf eine durch andere Faktoren nicht erklärbare Diskriminierung beim Zugang zur Berufsausbildung im dualen System verweist, sei insbesondere bei „Bewerberinnen und Bewerbern

---

12 Allerdings zeigen sich in der Studie von Skrobanek – auch aus methodischen Gründen (Skrobanek 2015, S. 290) – keine Effekte direkter und indirekter Diskriminierung bei der Herstellung von Benachteiligung.

13 Dabei sind erhebliche branchenspezifische Unterschiede zu berücksichtigen (s. auch Kapitel 4): Nach einer Studie im BIBB-Forschungsprojekt ‚Ausbildung aus Sicht der Auszubildenden' liegt der Anteil Auszubildender mit Migrationshintergrund im wenig prestigeträchtigen Ausbildungsberuf Friseur/in bei 40,2 %, während Auszubildende mit Migrationshintergrund im Ausbildungsberuf Bankkaufmann/Bankkauffrau mit 8,2 % vertreten sind (vgl. Gei/Granato 2015, S. 234). Darin zeigt sich, dass die Hierarchisierung von Ausbildungsberufen mit einer selektiven Zuweisungspraxis verbunden ist. Diskriminierung besteht hier nicht in generell geringeren Zugangschancen zur Ausbildung, sondern in den besseren bzw. schlechteren Zugangschancen zu bestimmten Berufen.

türkisch-arabischer Herkunft" (Granato 2012, S. 91) bzw. „im Wesentlichen nur bei Bewerberinnen und Bewerbern türkischer, kurdischer oder arabischer Herkunft" (Ulrich 2012, S. 77) nachweisbar.

Hier ist aber zu berücksichtigen, dass die verfügbare Datenlage bislang keine zureichende Erfassung weiterer potenziell von Diskriminierung betroffener Gruppen zulässt, z. B. keine Aussagen zur betrieblichen Diskriminierung von Migrant/innen aus Afrika und Asien und auch nicht zur Diskriminierung einheimischer Minderheiten, etwa von Sinti und Roma.

Benachteiligung ist auch für formal höher Qualifizierte nachweisbar. Im 9. Bericht über die Lage der Ausländerinnen und Ausländer in Deutschland der Beauftragten der Bundesregierung für Migration, Flüchtlinge und Integration wird in Bezug auf Jugendliche mit türkischer und arabischer Herkunft festgestellt: „Selbst mit (Fach-)Hochschulreife bleiben ihre Chancen auf einen Ausbildungsplatz mit nur 26 % gering." (Beauftragte der Bundesregierung für Migration, Flüchtlinge und Integration 2012, S. 202)

*Wie im Weiteren noch deutlich werden wird, kann die Realität betrieblicher Diskriminierung durch statistische Erhebungen mittels der Kategorie Migrationshintergrund und auch durch die Erhebungen von Staatsangehörigkeiten nicht zureichend erfasst werden.* Denn die statistische Kategorie Migrationshintergrund nivelliert Unterschiede zwischen nach Staatsangehörigkeit unterschiedenen Gruppen, die positiv und solchen, die negativ bewertet werden. Zudem sind für Diskriminierung auch anders gelagerte Unterscheidungen als die nach Staatsangehörigkeit bzw. Herkunftsnationalität bedeutsam. Dies gilt nicht zuletzt für die Diskriminierung von Bewerber/innen mit islamischer Religionszugehörigkeit sowie für Formen rassistischer Diskriminierung, welche die Hautfarbe als relevantes Merkmal verwenden.[14]

Folglich können vorliegende Forschungsergebnisse nicht schlicht als Abbilder der Diskriminierungsrealität gelten, sondern es ist jeweils zu prüfen, was ihre Datengrundlage und ihre Forschungsmethoden an Aussagen über das Vorliegen oder Nicht-Vorliegen von Diskriminierung zulassen: Zu Ausprägungen von Diskriminierung und zur Diskriminierung von potenziell betroffenen Gruppen, zu denen bislang keine empirischen Studien durchgeführt wurden, sind ersichtlich keine Aussagen möglich, auch nicht die Aussage, dass diese nicht existieren.[15]

---

14  Auf die nachweisbar erhebliche Diskriminierung kopftuchtragender Mulismas gehen wir in einem eigenen Kapitel ein (s. u.).

15  Für Deutschland liegen z. B. keine Studien zu Diskriminierung aufgrund biologisch-rassistischer Klassifikationen oder zur Diskriminierung von Sinti und Roma in der beruflichen Bildung vor.

Vor dem Hintergrund der damit zunächst knapp skizzierten Ergebnisse der quantitativen Forschung zielte das qualitative Forschungsprojekt, dessen Ergebnisse hier dargestellt werden, darauf, Auswahlprozesse bei der Lehrstellenvergabe daraufhin zu untersuchen, wodurch und wie diese zu diskriminierenden Entscheidungen führen. Bevor im Weiteren die Ergebnisse der empirischen Forschung dargestellt werden, ist es zunächst erforderlich, einige für unsere Untersuchung zentrale Annahmen zu erläutern.

## 2.2 Betriebliche Diskriminierung als Organisationspraxis

Ein zentraler Ausgangspunkt der neueren sozialwissenschaftlichen Diskriminierungsforschung besteht in der Annahme, dass es nicht zureichend ist, Diskriminierung als eine Folge absichtsvoll benachteiligender Handlungen in den Blick zu nehmen, denen Vorurteile – mit negativen Einstellungen einhergehende Stereotype – zu Grunde liegen. Ausgehend von der US-amerikanischen Forschung über institutionellen Rassismus bzw. institutionelle Diskriminierung (s. dazu Alvarez 1979; Feagin/Feagin 1978/1986; Gomolla 2010, S. 64ff.) wird vielmehr argumentiert, dass ungerechtfertigte Benachteiligungen auch eine Folge von Strukturen, Verfahrensweisen und Praktiken sein können, die zu Diskriminierung führen, ohne dass hierzu Vorurteile und benachteiligende Absichten derjenigen erforderlich sind, die für Personalentscheidungen verantwortlich sind. Dies ist ein Gesichtspunkt, der für das vorliegende Forschungsprojekt in spezifischer Weise relevant ist. Denn die von uns befragten Personalverantwortlichen stellen sich zu einem erheblichen Teil – darauf wird im Weiteren noch näher einzugehen sein – als Personen dar, die niemanden diskriminieren wollen. Durch manifeste Vorteile und benachteiligende Absichten lässt sich deshalb betriebliche Diskriminierung nicht zureichend erklären.

Prominente Fälle für unbeabsichtigte Diskriminierung sind z. B. Effekte sozialräumlicher Segregation für den Zugang zu Arbeitsplätzen, zu Schulen und ärztlicher Versorgung sowie Effekte der institutionellen Gleichbehandlung von sozialen Gruppen mit erheblichen ungleichen Voraussetzungen dafür, die Leistungen dieser Institutionen in Anspruch zu nehmen bzw. ihre Erwartungen zu erfüllen. Wird zum Beispiel ein Erwerb der deutschen Sprache als Erstsprache in der Familie in der Grundschule als selbstverständliche Voraussetzung betrachtet, dann führt dies zu Benachteiligungen von Schüler/innen, die über diese Voraussetzung nicht verfügen, denn es erscheint dann nicht als Aufgabe der Schule, eine gezielte Sprachförderung vorzunehmen. Vor diesem Hintergrund wird sozialwissenschaftlich zwischen direkter und indirekter sowie zwischen gesellschaftsstruktureller, institutioneller bzw. organisatorischer und interaktioneller Diskriminierung unterschieden (s. dazu Bielefeldt 2010; Gomolla 2010; Hormel/Scherr 2004, S. 19ff.; Imdorf 2010; Scherr 2012). Auch im Allgemeinen Gleichbehandlungsgesetz (AGG, § 3) wird nicht nur unmittelbare Benachteiligung als Verstoß gegen das Diskriminierungsverbot verstanden, sondern auch eine „mittelbare Benachteiligung", die dann vorliegt, „wenn dem Anschein nach neutrale Vorschriften, Kriterien oder Verfahren Personen [...] gegenüber anderen Personen in besonderer Weise benachteiligen können, es sei denn, die betreffenden Vorschriften, Kriterien oder Verfahren sind durch ein rechtmäßiges Ziel sachlich gerechtfertigt und die Mittel sind zur Erreichung dieses Ziels angemessen und erforderlich." (ebd.)

Sozialwissenschaftlich und auch juristisch wird damit akzentuiert, dass Diskriminierung immer dann vorliegt, wenn Formen der kollektiven Benachteiligung aufgrund von Personenkategorien (etwa: Behinderten) sowie von kategorial unterschiedenen Kollektiven (etwa: Ethnien) nachweisbar sind, durch die das Prinzip der gleichen Rechte und Chancen jedes Einzelnen eingeschränkt oder außer Kraft gesetzt wird – auch dann, wenn dies nicht beabsichtigt ist.[16]

*Sozialwissenschaftliche Diskriminierungsforschung grenzt sich mit solchen Überlegungen von sozialpsychologischer Vorurteilsforschung ab. Ohne zu bestreiten, dass Vorurteile zu diskriminierenden Handlungen führen können, wird eine Perspektivenumkehr vorgenommen: Individuelle Entscheidungen und Handlungen werden als Vollzug von sozial etablierten Erwartungen, Regeln und Routinen in den Blick genommen.* Theorien der institutionellen bzw. organisationellen Diskriminierung weisen in der Folge auf die Notwendigkeit hin, die potenziell diskriminierenden Auswirkungen von Bedingungen, Festlegungen und Praktiken in den Blick zu nehmen, die jeweilige Institutionen und Organisationen kennzeichnen und die sie zur Bewerkstelligung organisatorischer Prozesse einsetzen. Den Unterschied eines solchen Verständnisses von Diskriminierung zu einer alltagstheoretischen Sichtweise fasst Imdorf in instruktiver Weise wie folgt zusammen:

> „In Abgrenzung zu alltagslogischen Diskriminierungskonzepten bietet die Theorie der institutionellen Diskriminierung einen soziologisch verwertbaren Begriff der Diskriminierung an. Letztere ist kein moralisch unterlegter ,sozialer Unfall' und keine statistische Restkategorie (vgl. Bommes und Radtke 1993, S. 491; Tilly 1998, S. 31). Sie stellt vielmehr den organisatorischen Normalfall dar [...]. Bezugsrahmen jeder Diskriminierung ist die Organisation, die sich ihrer bei Bedarf im Sinne einer Problemlösungsressource bedient.
> Institutionelle Diskriminierung als eine organisatorisch durchgesetzte, sozial folgenreiche Unterscheidungspraxis zwischen realen oder imaginären Gruppen geht über

---

16 Auf die sozialwissenschaftliche Diskussion über Diskriminierungsbegriffe und -theorien ist hier nicht umfassend einzugehen; s. dazu die Beiträge in Hormel/Scherr 2010.

ein sozialpsychologisches Verständnis von Intergruppenkonflikten in Organisationen hinaus, da die organisationsinternen Unterscheidungen die Grundlage darstellen, auf der sich die Konflikte erst entfalten können. Vorurteile werden aus dieser Sicht zur Legitimation von Ungleichheiten relevant (vgl. Scherr 2006). Um Diskriminierung entgegenzuwirken, gilt es daher weniger Vorurteile abzubauen, sondern vielmehr die internen Distinktionen der Organisation zu verändern." (Imdorf 2007, S. 414)

Eine zentral bedeutsame Grundlage der Diskriminierung durch Organisationen sind demnach kategoriale Unterscheidungen sozialer Gruppen, die gesellschaftlich gängig sind und gewöhnlich in Organisationen nicht hinterfragt werden – wie die Unterscheidung von Migrant/innen und Einheimischen, von Nationalitäten und von Ethnien bzw. Kulturen, von Geschlechtern, von sozialen Schichten und Milieus oder von Schulabsolvententypen.[17] Der zentrale Mechanismus organisatorischer Diskriminierung kann in der Verwendung kategorialer Unterscheidungen als Grundlage von Personalentscheidung sowie ihrer Begründung und Rechtfertigung gesehen werden. Wenn Organisationen gesellschaftlich gängige Unterscheidungen verwenden, um Auswahl- und Laufbahnentscheidungen zu treffen, dann müssen sie sich dafür nicht rechtfertigen, sondern können dafür mit sozialer Akzeptanz rechnen. Dies führt immer dann zu Diskriminierung, – so die zentrale These der organisationsbezogenen Diskriminierungsforschung – wenn Entscheidungen über den Zugang zur Organisation oder Positionszuweisungen in der Organisation mit Annahmen über als typisch angenommene Unterschiede zwischen denjenigen begründet werden können, die den jeweiligen Gruppen angehören. Diskriminierung erfolgt dann nicht als absichtsvolle Benachteiligung, sondern im Glauben daran, angemessene Entscheidungen in Hinblick auf die als unterschiedlich angenommenen Bedürfnisse, Fähigkeiten und Interessen sozialer Gruppen zu treffen.

Die spezifische Fragestellung unserer Studie richtet sich auf die Diskriminierung von Migrant/innen durch betriebliche Entscheidungen, die für den Zugang zu Ausbildungsstellen im dualen System der Berufsausbildung folgenreich sind, und damit auf eine spezifische Ausprägung der Diskriminierung durch Organisationen. Für diese Entscheidungen ist grundsätzlich kennzeichnend, dass Betriebe – im Unterschied etwa zu weiterführenden Schulen – gesellschaftlich die Berechtigung haben, ihre Personalentscheidungen nahezu exklusiv an organisatorischen Eigeninteressen auszurichten, d. h. an quantitativen und qualitativen Gesichtspunkten, die sich aus betriebswirtschaftlichen Kalkülen ableiten. Gemeinwohlverpflichtungen sind demgegenüber im Fall betrieblicher Auswahlentscheidungen irrelevant bzw. – so im Fall des Nationalen Paktes für Ausbildung und Fachkräftenachwuchs –

---

17 Auf die Bedeutung der Kategorie ‚Hauptschüler' für diskriminierende Praktiken gehen wir im Weiteren in einem eigenständigen Kapitel ein.

zwar gegeben[18], auf der Ebene des Einzelbetriebs jedoch nachrangig. Daraus folgt, dass von Betrieben, die im System der dualen Ausbildung exklusiv über die Vergabe oder Nicht-Vergabe von Ausbildungsstellen entscheiden, zu erwarten wäre, dass sie sich konsequent am meritokratischen Prinzip der Auswahl derjenigen orientieren, deren Eignung für die Ausbildung und Berufsausbildung optimal ist. Denn eine Berücksichtigung von Merkmalen wie Hautfarbe, Herkunftsland, Ethnizität oder Religion, die in keinem Zusammenhang zu beruflich relevanten Qualifikationen stehen, stellt sich in der Perspektive einer betriebswirtschaftlichen Logik der Leistungsoptimierung insofern als irrational dar, wie sie im Gegensatz zum betriebswirtschaftlichen Eigeninteresse der Auswahl der Leistungsbesten steht.

Bereits in der älteren wirtschaftswissenschaftlichen Forschung zur *statistischen Diskriminierung* (Phelps 1972) ist demgegenüber jedoch argumentiert worden, dass betriebliche Personalentscheidungen nicht konsequent einem strikt meritokratischen Modell der leistungsgerechten Auswahl folgen und diesem Modell auch nicht folgen können. Denn – so das zentrale Argument – Betriebe sind nicht in der Lage, mit vertretbarem Aufwand zu einer verlässlichen und umfassenden Einschätzung aller relevanten Kompetenzen von individuellen Bewerber/innen zu gelangen. Deshalb greifen sie im Interesse eigener Nutzenmaximierung auf vermeintliche Gewissheiten über vermeintlich typische (im statistischen Durchschnitt relativ häufige) Kollektivmerkmale von Gruppen zurück, die gesellschaftlich gängig sind und/oder auf Stereotype, die aus eigenen Erfahrungen abgeleitet sind:

> "The employer who seeks to maximize expected profit will discriminate against blacks or women if he believes them to be less qualified, reliable, long-term, etc. on the average than whites and men, respectively, and if the cost of gaining information about the individual applicants is excessive. Skin color or sex is taken as a proxy for relevant data not sampled. The a priori belief in the probable preferability of a white or a male over a black or female candidate who is not known to differ in other respects might stem from the employer's previous statistical experience with the two groups [...]; or it might stem from prevailing sociological beliefs that blacks and women grow up disadvantaged due to racial hostility or at least prejudices toward them in the society (in which latter case the discrimination is self-perpetuating)." (Phelps 1972, S. 659)

Demnach ist es für betriebliche Personalverantwortliche dann rational zu diskriminieren, wenn eine umfassende Bewertung der individuellen Leistungsfähigkeit zu aufwendig ist und sie von der Plausibilität von Stereotypen über betrieblich relevante Eigenschaften sozialer Gruppen ausgehen, denen individuelle Bewer-

---

18  Vgl. http://www.bmwi.de/DE/Themen/Ausbildung-und-Beruf/ausbildungspakt.html.

ber/innen zugerechnet werden. Diesem Verständnis der Gründe betrieblicher Diskriminierung korrespondieren die bei Philip Moss und Chris Tilly (2001) auf Grundlage einer Studie über Einstellungspraktiken in US-amerikanischen Städten berichteten Beobachtungen, dass in den Erzählungen von Unternehmer/ innen über Mitarbeiter/innen gesellschaftlich gängige Stereotype und begründete Einschätzungen relevanter Qualifikationen in einer schwer zu unterscheidenden Weise miteinander verschränkt sind:

"The reason is that stereotypes, on the one hand, and assessments of worker skills [...], on the other, are tightly wrapped together in a single package. Not one employer told us 'I don't like blacks' or 'I prefer to hire someone from my own ethnic group'. But many, many managers made statements like 'Blacks are less reliable' or 'Immigrants work harder'. [...] Statements like this combine objective[19] assessments of workforce skills with racial stereotypes, and it is very hard to draw a line between the two." (Moss/Tilly 2001, S. 4)

Die auch für unsere Forschung relevante *Stärke des Konzepts der statistischen Diskriminierung* liegt *erstens* darin, dass dieses auf die Notwendigkeit hinweist, zwischen generellen gruppenbezogenen Stereotypen und Vorurteilen einerseits und spezifisch für betriebliche Entscheidungen relevanten Zuschreibungen gruppentypischer Eigenschaften andererseits zu unterschieden. Denn gruppenbezogene Zuschreibungen, die es aus der Sicht der Personalverantwortlichen auch dann als rational erscheinen lassen, zu diskriminieren, wenn generelle Vorurteile zurückgewiesen werden, finden sich auch im Material unserer Untersuchung. Sie sind von generalisierten Abwehrhaltungen, wie sie insbesondere gegenüber kopftuchtragenden Muslimas artikuliert werden, zu unterscheiden (s. u.). Denn diese führen zu einer Diskriminierungsbereitschaft, die – im Unterschied zu statistischer Diskriminierung – nicht mit Annahmen über typisch erwartbare spezifische betriebliche und berufliche Probleme begründet wird.

Aufgrund dieser Unterscheidung eignet sich das Konzept der statistischen Diskriminierung *zweitens* auch, um diskriminierende Praktiken gerade solcher Unternehmer/innen zu erklären, wie sie Phelps als „'liberal' employers" bezeichnet, d. h. von Unternehmer/innen, bei denen keine rassistische, nationalistische oder ethnisierende Ablehnung bestimmter sozialer Gruppen gegeben ist. Denn die gruppenbezogenen Zuschreibungen sind aus der Sicht dieser Unternehmer/innen nicht nur empirisch begründete Einschätzungen, sondern auch mit einer generell positiven Einstellung gegenüber gesellschaftlich diskriminierten Minderheiten

---

19 Objektiv sind diese selbstverständlich nur im Sinne der Plausibilitäten, mit denen bei statistischer Diskriminierung operiert wird.

vereinbar. Eine solche Verschränkung von deklarierter genereller Akzeptanz von Migrant/innen bei gleichzeitiger diskriminierender Verwendung spezifischer Zuschreibungen betrieblich relevanter negativer Eigenschaften an Teilgruppen wird auch in den von uns geführten Interviews sichtbar.

*Gleichwohl ist das Konzept der statistischen Diskriminierung als analytische Folie für unsere Forschung aus den folgenden Gründen nicht zureichend und deshalb um eine organisationssoziologische sowie gesellschaftstheoretische Perspektive zu erweitern:*

- Erstens zeigt sich, – in Übereinstimmung mit den Forschungsergebnissen von Imdorf (2010; 2011; vgl. auch Tilly 2005, S. 71ff.) – dass in Personalentscheidungen nicht nur Annahmen über die erwartbare individuelle Leistungsfähigkeit von potenziellen Auszubildenden bzw. Mitarbeiter/innen eingehen, sondern darüber hinaus Erfordernisse der Rechtfertigung von Auswahlentscheidungen gegenüber Betriebsangehörigen, Kund/innen sowie den außerbetrieblichen sozialen Netzwerken, in die Personalverantwortliche eingebunden sind. Erforderlich ist deshalb nicht nur eine subjektiv rationale meritokratische Auswahl, sondern darüber hinaus eine Auswahl, die *organisationelle Legitimationserfordernisse* berücksichtigt.

- Zweitens erfolgt die Auswahl von Auszubildenden nicht allein im Hinblick auf ihre berufliche Leistungsfähigkeit, sondern auch im Hinblick auf ihre Einfügung in den *Betrieb als Leistungs-Gemeinschaft.* D. h., ob ein/e Bewerber/in als geeignet betrachtet wird, ist auch davon abhängig, ob ihm/ihr eine hinreichende *Passung zum Betrieb als soziales Gefüge und zur Organisationskultur* zugeschrieben wird. Unter betrieblicher Passung sind dabei Annahmen zu verstehen, welche die Fähigkeit und Bereitschaft von Bewerber/innen betreffen, sich in einem Betrieb als Sozialgebilde mit einer spezifischen Organisationskultur (formelle und informelle Normen, Werte, Kommunikationsstile, Kooperationsformen) einzufügen, sich an diesen zu binden und sich mit Betriebszwecken zu identifizieren. Folglich werden auch tatsächliche oder vermutete Merkmale sowie persönliche Dispositionen, die keinen direkten Bezug zur individuellen beruflichen Leistungsfähigkeit haben, dann relevant, wenn sie als Anzeichen für fehlende Affinität zum Betrieb interpretiert werden. Ein gesellschaftlich gängiges Kriterium für eine mehr oder weniger große soziale Passung, auf das Betriebe zurückgreifen, ist der angenommene Grad an Nähe und Distanz zwischen der Kultur der Aufnahmegesellschaft und der Kultur der Herkunftsgesellschaft.

- *Drittens* ist zu berücksichtigen, dass Auswahlentscheidungen zwar, insbesondere in kleineren Betrieben, von individuellen Entscheidern getroffen werden; dies geschieht jedoch in Rückbindung an formelle und informelle Vorgaben, die für die Akzeptanz/Nicht-Akzeptanz von Bewerber/innen relevant sind.

Einflussreich sind diesbezüglich heterogene gesellschaftliche Vorgaben, wie gesellschaftlich einflussreiche Annahmen über vermeintlich typische Eigenschaften von national und ethnisch unterschiedenen Migrant/innen, aber auch Gerechtigkeitskonzepte und die Bestimmungen des AGG. Diese Vorgaben werden, wie im Folgenden noch deutlich werden wird, von den Einzelbetrieben als Organisationen in je spezifischer Weise aufgegriffen und modifiziert, etwa durch Leitbilder und Betriebsvereinbarungen. In den Blick zu nehmen sind also nicht nur Entscheidungen individueller Unternehmer/innen bzw. Manager/innen, sondern *Personalentscheidungen im Kontext informeller und formeller organisationeller Festlegungen* mit mehr oder weniger großen Spielräumen für individuelle Entscheider/innen.[20]

• *Viertens* ist es erforderlich, nicht nur die Verwendung bestimmter Unterscheidungen für diskriminierende Praktiken, sondern auch *die soziale Konstruktion und Verwendung der jeweiligen Unterscheidungen von Personenkategorien und sozialen Gruppen* selbst als eine wesentliche Grundlage für Diskriminierung in den Blick zu nehmen. Denn nach welchen Kategorien unterschieden wird, ist weder evident noch beliebig, sondern selbst ein Moment von Diskriminierung (s. dazu Scherr 2012).

Das zuletzt genannte Argument ist erläuterungsbedürftig. Dazu kann zunächst darauf hingewiesen werden, dass die Unterscheidungen, auf deren Grundlage Diskriminierung geschieht, einem historischen Bedeutungswandel unterliegen und kontextuell unterschiedliche Relevanz haben: So wurden z.B. Homosexuelle bis in die 1970er Jahre als eine Gruppe konstruiert, die durch eine inakzeptable soziale Abweichung gekennzeichnet sind. Erst ein verändertes Verständnis unterschiedlicher sexueller Orientierungen hat dazu geführt, dass es inzwischen als nicht mehr zulässig, sondern eben als diskriminierend gilt, Homosexuelle als gesellschaftliche Problemgruppe zu definieren. Oder: Die für unsere Untersuchung zentrale Kategorie Migrationshintergrund ist Ergebnis eines gesellschaftlichen Prozesses, in dem die Unterscheidung Deutsche/Ausländer weitgehend durch die Unterscheidung Einheimische/Zugewanderte ersetzt worden ist; damit wird in sehr fragwürdiger Weise ein relevanter Unterschied zwischen denjenigen behauptet, deren Familien nach 1949 durchgängig als Deutsche in Deutschland gelebt haben und denjenigen, in deren Familien entweder Migrant/innen oder Ausländer/innen als Eltern vorkommen. Es erfolgt also keineswegs eine Eingrenzung auf diejenigen, deren Biografie durch eigene Migrationserfahrungen gekennzeichnet ist. Es han-

---

20 Wer in einem Betrieb die Position des/der Personalverantwortlichen inne hat, ist selbst wiederum nicht zufällig, sondern verweist auf die Präferenzen der Organisation.

delt sich bei Migrationshintergrund deshalb um eine Kategorie, die in klassischen Einwanderungsländern, in denen familiengeschichtliche Migrationserfahrungen als Regel und nicht als Ausnahme gelten, nicht gebräuchlich und deren deutsche Verwendung dort schwer verständlich ist (s. Scherr 2013).

Theoretisch gefasst führen solche Überlegungen zu einem Verständnis von *Diskriminierung als Prozess, durch den gesellschaftlich (auf der Ebene von Semantiken, Diskursen, Ideologien und Institutionen) etablierte kategoriale Unterscheidungen von Personenkategorien und sozialen Gruppen zur Herstellung, Begründung und Legitimation von Positionszuweisungen in den Strukturen sozialer Ungleichheiten verwendet werden* (s. Scherr 2010; Scherr 2012). Dabei kommt Organisationen dadurch eine zentrale Bedeutung zu, dass sie den Zugang zu gesellschaftlich bedeutsamen Positionen und Leistungen regulieren.

Dieses sozialkonstruktivistische Verständnis von Diskriminierung ist hier insbesondere deshalb relevant, weil die Kategorie Migrationshintergrund, wie sie inzwischen im politischen und medialen Diskurs und auch in den von uns geführten Interviews verwendet wird, eine hoch voraussetzungsvolle Einteilung vornimmt, deren Bedeutung nicht evident ist und die auch nicht einheitlich – etwa im Sinne gängiger Definitionen der amtlichen Statistik – verwendet wird. Die Kategorie Migrationshintergrund wird in unterschiedlicher und jeweils interpretationsbedürftiger Weise als inzwischen veralltäglichte Sammelbezeichnung für Personen verwendet, die aufgrund heterogener Merkmale (Aussehen, biografische Herkunft der Familie oder eigene Zuwanderung, Erstsprache, Name, Religion) als Personen mit Migrationshintergrund betrachtet werden.

Vor diesem Hintergrund gehen wir im Weiteren von folgendem Verständnis betrieblicher Diskriminierung aus: *Betriebliche Diskriminierung besteht in der organisationellen Verwendung gesellschaftlich verfügbarer Unterscheidungen von Personenkategorien und sozialen Gruppen zur Bewerkstelligung, Begründung und Rechtfertigung von Personalentscheidungen im Hinblick auf den Zugang zu betrieblicher Ausbildung und Arbeit sowie bei der Zuweisung von ungleichen Positionen in den Hierarchien der Ausbildungsgänge und Berufe.*

Wie im Folgenden am empirischen Material gezeigt werden kann, wird die Kategorie Migrationshintergrund durch Betriebe gegenwärtig in einer Weise verwendet, mit der eine vermeintlich sachlich-neutrale Differenz zwischen einheimischen Deutschen und Personen mit Migrationshintergrund benannt werden kann, die aber zugleich ein Problematisierungspotenzial beinhaltet, das von Betrieben in unterschiedlicher Weise aktualisiert und neutralisiert wird. D. h., Bewerber/innen, die als Bewerber/innen mit Migrationshintergrund wahrgenommen werden, stehen ggf. vor der Anforderung, nachweisen zu müssen, dass sie gleichwohl, trotz ihres

Migrationshintergrunds, den betrieblichen und beruflichen Erwartungen gerecht werden können.

## 2.3    Betriebe als Leistungs-Gemeinschaften

Die heterogenen Erwartungen an künftige Mitarbeiter/innen, die von Personalverantwortlichen im Rahmen ihrer Beschreibung von Auswahlverfahren bei der Lehrstellenvergabe formuliert werden, lassen sich dahingehend unterscheiden, inwiefern sie stärker spezifisch gefasste fachliche und berufliche Kompetenzen sowie darüber hinausgehende Erwartungen an die ‚ganze Person' umfassen. Auswahlverfahren zielen jedoch in allen Fällen darauf, einen mehr oder weniger umfassenden Eindruck von der Persönlichkeit von Bewerber/innen zu gewinnen, der deutlich über eine Einschätzung spezifischer beruflich relevanter Kompetenzen und Qualifikationen hinausgeht und für den, wie in unseren Fallporträts deutlich wird, keine prinzipielle Grenze des potenziell relevanten Wissens bestimmt werden kann. Dies wird auch in den Aussagen eines Personalverantwortlichen in besonderer Weise deutlich:[21] Im Rahmen der Darstellung eines wissenschaftlich fundierten Assessmentverfahrens, das im Bereich der dualen Ausbildung eingesetzt wird, wird explizit betont, dass damit keine umfassende tiefenpsychologische Persönlichkeitsdiagnostik möglich sei, die eigentlich – wenn man von pragmatischen Problemen und ethischen Bedenken absieht – durchaus wünschenswert sei. Hinter solchen Überlegungen steht die Einsicht, dass in betrieblichen Kooperations- und Kommunikationzusammenhängen nicht nur bestimmte Fähigkeiten relevant werden, sondern dass diese nicht von den konkreten Personen ablösbar sind, die über diese Fähigkeit verfügen, sowie dass erfolgreiche Kooperation und Kommunikation auch mit der wechselseitigen Akzeptanz, Sympathie usw. zwischen Personen zusammenhängt. In der Organisationssoziologie ist hierauf mit dem Argument hingewiesen worden, dass auch in formalen Organisationen mit der Interaktion zwischen Kolleg/innen eine nicht hintergehbare informelle Ebene existiert, die durch Vorschriften nur begrenzt regulierbar ist. (s. Luhmann 1995)

Exemplarisch deutlich wird dies in der Darstellung des Auswahlverfahrens eines industriellen Großbetriebs. Nach einer Vorauswahl auf Grundlage der schriftlichen Bewerbung wird dort im Erfolgsfall zu einem „persönlichen Interviewtag" eingeladen. Dessen Zielsetzung wird wie folgt beschrieben:

---

21  S. dazu im Folgenden das Fallporträt 2.

„An Ihrem Interviewtag geht es vorrangig um Ihre Persönlichkeit und darum, Ihnen die Möglichkeit zu geben, potentielle Kollegen und BASF als Arbeitgeber kennenzulernen."[22]

In unserem empirischen Material stehen Versuche einer relativ weitgehenden Berücksichtigung von Persönlichkeitseigenschaften in Auswahlverfahren in einem deutlichen Zusammenhang mit Beschreibungen von Betrieben als Gemeinschaften, in denen Zugehörigkeit mehr bedeutet als Einfügung in einen betrieblichen Funktions- und Leistungszusammenhang. Betont werden dort darüber hinaus die Aspekte Identifikation mit dem Betrieb sowie die Bedeutung des subjektiven Gesamteindrucks der Persönlichkeit (vgl. dazu Kapitel 2.5).

In unseren Analysen (s. u.) zeigt sich, dass die betriebliche Realität in einem Spektrum von Selbstbeschreibungen und Konzepten situiert ist, deren polare Ausprägungen wie folgt charakterisiert werden können:

• In der einen Ausprägung wird stärker der Aspekt der funktional, arbeitsteilig und rational konzipierten Organisation betont. Mitarbeiter/innen werden entsprechend als Arbeitskräfte mit bestimmten fachlichen Qualifikationen und Arbeitstugenden verstanden, die als Personen ansonsten aber irrelevant sind.
• In der anderen Ausprägung werden Betriebe eher als soziale Leistungs-Gemeinschaften beschrieben, in denen die Leistungserbringung und Funktionserfüllung Bestandteil eines umfassenden Kooperations- und Kommunikationszusammenhangs ist, in dem es tendenziell auf die Passung der ganzen Person zum Betrieb, zur Belegschaft, zu Vorgesetzten und zur Betriebskultur ankommt.

Die damit knapp angesprochenen Unterschiede betrieblicher Selbstbeschreibung haben eine Entsprechung in der Entwicklung organisationswissenschaftlicher Theorien und Konzepte. Die älteren Theorien über Betriebe als Wirtschaftsorganisation betrachten – in der Tradition von Karl Marx und Max Weber – Betriebe als Herrschaftsorganisationen, in denen Individuen als reine Funktionsträger in arbeitsteilige und hierarchische Strukturen eingefügt sind. Prototypisches Modell von Betrieben ist hier die Massenproduktion in den hoch arbeitsteiligen Fabriken des Taylorismus. Spätestens seit der Human-Relations-Bewegung, die sich seit den 1930er Jahren entwickelt hat, sind jedoch die Grenzen eines solchen Unternehmensverständnisses betont worden. In der Folge wurden und werden unterschiedliche Konzepte entwickelt und realisiert, die Betriebe als komplexe soziale Gebilde beschreiben, in denen es nicht gelingen kann, von persönlichen

---

22  www.basf.com/de/company/career/news-faq/application-procedure.html.

Bedürfnissen, Interessen und Motivationen der Mitarbeiter/innen sowie informellen Aspekten der betrieblichen Realität umfassend zu abstrahieren. Im Unterschied zu den Konzepten des klassischen Taylorismus werden die Persönlichkeit der Mitarbeiter/innen und die sozialen Beziehungen zwischen diesen in der Folge nicht mehr als eine möglichst auszuschaltende bzw. zu disziplinierende Störgröße betrachtet, sondern als eine Dimension, die potenziell produktiv nutzbar und bei der Gestaltung von Betrieben zu berücksichtigen ist.

Dirk Baecker (1999, S. 118) verweist diesbezüglich auf die instruktive Unterscheidung zwischen einem ‚first job‘, der durch arbeitsvertragliche Vereinbarungen und klar definierte Aufgaben konturiert ist und einem ‚second job‘. Dieser besteht in der Mitwirkung in den komplexen Strukturen und Prozessen, welche die informellen Aspekte der betrieblichen Realität kennzeichnen, die für den Betriebserfolg zwar von zentraler Bedeutung, durch Anweisungen und formelle Kalküle aber nicht zu steuern sind. Auf die unterschiedlichen Organisationstheorien und Managementkonzepte, die Vorschläge zur Gestaltung betrieblicher Kommunikations- und Entscheidungsstrukturen sowie der Organisationskultur vorlegen, ist hier nicht näher einzugehen (s. etwa Baecker 1999, S. 114; Ortmann/Sydow/Türk 1997; Kieser 2002, S. 169ff.).

Relevant ist für die vorliegende Studie jedoch folgender Aspekt: In dem Maße, wie die Betriebe über ein Selbstverständnis als funktionale, arbeitsteilige und hierarchisch konzipierte Organisation hinausgehen und sich als Gemeinschaften beschreiben, wird in betrieblichen Auswahlverfahren und Personalentscheidungen die Unterscheidung zwischen relevanten Qualifikationen und sonstigen Persönlichkeitseigenschaften, die traditionell gedacht nur in der Privatsphäre relevant sind, brüchig. Mitarbeiter/innen sind nicht mehr nur als Ausübende einer spezifischen Rolle relevant, in der sie bestimmte Leistungserwartungen erfüllen müssen, die von ihrer persönlichen Identität unterscheidbar sind. Sie werden vielmehr als Mitglieder einer Gemeinschaft relevant, denen Identifikation mit den Werten und Normen abverlangt werden kann, die die jeweilige betriebliche Gemeinschaft kennzeichnen. Zudem ist Mitgliedschaft unter den Bedingungen von Vergemeinschaftung anders definiert als im Fall rein funktionaler Vergesellschaftung. Über Zugehörigkeit zu Gemeinschaften ist – wie in der Soziologie seit Plessners klassischer Studie ‚Grenzen der Gemeinschaft‘ (1922) gezeigt wurde – die Erfüllung funktionaler Leistungsanforderungen und die bloß formelle Zustimmung zu Werten, Normen und Regeln keinesfalls zureichend. Es bedarf darüber hinaus eine innerliche Identifikation mit der Gemeinschaft und der persönlichen Akzeptanz durch andere Gemeinschaftsmitglieder.

Dies ist auch für Auswahlverfahren bei der Lehrstellenvergabe folgenreich: Bewerber/innen werden als Mitgliedschaftsanwärter für eine betriebliche Leistungsgemeinschaft in den Blick genommen. Dies stellt – wie im Material unserer Studie deutlich wird – einen im Hinblick auf Diskriminierung ambivalenten Sachverhalt dar:[23]

- Einerseits kann die Akzeptanz als Gemeinschaftsmitglied auf Kriterien beruhen, die die Unterscheidung von Migranten und Nicht-Migranten neutralisieren sowie mit der Bereitschaft zu Unterstützungsleistungen für Auszubildende einhergehen, die über die formellen Verpflichtungen von Betrieben hinausgehen. (s. Kapitel 5.2.1 und Kapitel 5.2.2)
- Andererseits werden damit Ausschlusskriterien für Bewerber/innen etabliert, die – aus unterschiedlichen Gründen – als „gemeinschaftsfremd" wahrgenommen werden.

Offenkundig und geradezu regelmäßig der Fall ist dies bei Bewerberinnen, die als kopftuchtragende Muslimas unter den Verdacht gestellt werden, sich nicht in die Betriebsgemeinschaft samt deren formellen und informellen Normen einfügen zu können. In anderen Fällen führen angenommene ethnische bzw. kulturelle Differenzen dazu, dass die Fähigkeit und Bereitschaft zur Einpassung infrage gestellt wird.[24] In einem anders gelagerten Fall (s. Kapitel 5.3.1) schließt eine ethnisierende Einordnung unter bestimmten Bedingungen eine Aufnahme in die Betriebsgemeinschaft aus: Weil Migrant/innen dort unter den Verdacht gestellt werden, dass sie dazu tendieren, mit anderen Migrant/innen gleicher Herkunft eine innerbetriebliche Subkultur zu bilden und sich deshalb nicht als Individuen in die Betriebsgemeinschaft einzufügen, werden in diesem Fall nur wenige Migrant/innen gleicher Herkunft als Auszubildende eingestellt.

## 2.4    Folgen der Entscheidungsunsicherheit in Bewerbungsverfahren

Dass betriebliche Personalentscheidungen anfällig für Diskriminierung sind, resultiert zudem aus den erheblichen Schwierigkeiten der Entscheidungsfindung:

---

23  S. dazu auch die von Schmidt (2006, 2007, 2014) vorgelegten Forschungsergebnisse.

24  Auch die Ergebnisse einer kürzlich publizierten repräsentativen Unternehmensbefragung unterstützen diesen Befund: „Mehr als ein Drittel (38 %) befürchtet Sprachbarrieren oder geht davon aus, dass kulturelle Unterschiede (14,7 %) zu groß sein könnten, die sich belastend auf das Betriebsklima auswirken." (Enggruber/Rützel 2015, S.9)

Wie entscheidungstheoretische und im Anschluss daran systemtheoretische Organisationstheorien gezeigt haben, erfolgen Auswahlentscheidungen als pragmatische Abwägungen, die nicht den Bedingungen einer vollständig rationalen Entscheidung genügen können (s. zusammenfassend Kieser 2002, S. 142ff.; Luhmann 2000, S. 279ff.). Dies ist den betrieblich Verantwortlichen auch bewusst. Bei der Vergabe von Ausbildungsstellen zielen Betriebe deshalb auf eine solche Abwägung, die dazu befähigt, mit vertretbarem zeitlichem und finanziellem Aufwand zu einer hinreichend begründeten Einschätzung von Bewerber/innen zu gelangen. Sie verzichten schon aus betriebswirtschaftlichen Gründen auf den Versuch, verlässlich optimale Bewerber/innen zu finden, sondern „brechen ihre Suchbemühungen [...] ab, sobald eine Kandidatin gefunden ist, welche die multiplen betrieblichen Anforderungen ‚genügend befriedigt'" (Imdorf 2010, S. 264). Insbesondere die folgenden Aspekte schränken die angestrebte Rationalität von Personalentscheidungen notwendig ein:

a. Problemlos verfügbare Informationen über Bewerber/innen (Schulzeugnisse, Bewerbungsschreiben, Selbstdarstellungen in Gesprächen) sind weder zureichend, um deren Eignung hinreichend einzuschätzen, noch ermöglichen sie exakte und verlässliche Einschätzungen von Qualifikationen, Kompetenzen, Motivationen und Entwicklungspotenzialen, die für die künftige Mitarbeit im Betrieb relevant sind. Schulische Vergangenheit ist keine verlässliche Prognose für betriebliche Zukunft, sondern nur ein leicht zugänglicher Indikator.

b. Die betrieblichen Möglichkeiten, durch eigene Verfahren weitere Informationen zu beschaffen, sind aus zeitökonomischen Gründen sowie aus ethischen und rechtlichen Gründen begrenzt. Selbst im Fall der dualen Ausbildung eher untypische aufwendige Assessmentverfahren, wie sie von einem Teil der Betriebe realisiert werden, können nicht alle Informationen erheben, die aus der Sicht von Personalverantwortlichen potenziell relevant sind.

c. Die für eine jeweilige Berufsausbildung und einen Betrieb relevanten Eigenschaften von Bewerber/innen umfassen – wie sich auch in unseren empirischen Daten zeigt – vielfältige und heterogene Aspekte, die aber immer nur in spezifischen individuellen Verbindungen als mehr oder weniger günstige Eigenschaften einer Person auftreten. Folglich ist bei jeder Auswahlentscheidung eine Abwägung erforderlich, etwa zwischen vorhandenen schulischen Qualifikationen, Indizien für angemessenes Sozialverhalten, berufsspezifisch abrufbaren Kompetenzen, der Passung in den Betrieb, Einschätzungen der beruflichen Motivation und der generellen Leistungsbereitschaft – und im Fall von Auszubildenden nicht zuletzt auch der Entwicklungspotenziale. Solche Abwägungen sind nur dann unproblematisch, wenn entweder klar definierte Schwellenwerte für einzelne Aspekte dazu führen, dass Bewerber/innen als nicht geeignet gelten können,

oder wenn eine überdurchschnittliche Eignung in Hinblick auf alle Aspekte festgestellt werden kann.
d. Betriebe treffen, wie sich in unseren Fallstudien zeigt, Auswahlentscheidungen nicht nur unter Leistungsgesichtspunkten, sondern mit der Zielsetzung, Bewerber/innen dauerhaft – also über die Ausbildung hinaus – an den Betrieb binden zu wollen. Dies führt einerseits zu einer Bevorzugung von Bewerber/innen aus dem regionalen Umfeld aufgrund des Kalküls, dass lokale Bindungen betriebliche Bindungen unterstützen. Andererseits führt dies dann zu einem Ausschluss der potenziell Leistungsbesten, wenn von diesen angenommen wird, dass eine berufliche Ausbildung nur eine Übergangsphase darstellt, die früher oder später aufgrund der Aufnahme eines Studiums beendet wird.

Auswahlverfahren bei der Lehrstellenvergabe stellen demnach komplexe und insofern unsichere Entscheidungen dar, in die Aspekte eingehen, die über die berufsspezifische Eignung hinausweisen und zu einem Teil auch nicht exakt messbar sind. Gewichtungen zwischen diesen Aspekten werden auch nicht durchgängig nach einem klaren Entscheidungskalkül vorgenommen, sondern erfolgen als Einzelfallentscheidungen der Personalverantwortlichen.

Auf diese Situation reagieren Betriebe mit unterschiedlich aufwendigen und mehr oder weniger formalisierten Verfahren, die eine aus ihrer Sicht zureichende Verringerung der nicht aufhebbaren Entscheidungsunsicherheit ermöglichen. Luhmann (2000, S.290) weist diesbezüglich daraufhin, dass dabei typischerweise das Fehlen hinreichend eindeutiger Kriterien und Entscheidungskalküle durch eine Festlegung von Mindestanforderungen an Qualifikationen einerseits, eine vergleichende Einschätzung zwischen den jeweils verfügbaren Bewerber/innen andererseits bewältigt wird:

„Das Problem mit unbekannten Personen besteht darin, sie trotzdem auf Tauglichkeit als Entscheidungsprämisse einzuschätzen. Dazu sind viele Instrumente entwickelt worden, vor allem die Information über Lebensläufe, Zeugnisse, externe Beurteilungen, Empfehlungen; ferner Vorstellungsgespräche und Eingangsprüfungen; schließlich Probezeiten, die einer langfristigen Einstellung vorausgehen. In all diesen Fällen sieht sich die rekrutierende Stelle einem Mix von zielgerichteten Selbstdarstellungen und Hintergrundinformationen (zum Beispiel über den Autor von Empfehlungsschreiben oder über die Qualität von Prüfungen) gegenüber. Angesichts der damit gegebenen Unsicherheit verlagert sich der Auswahlgesichtspunkt tendenziell in einen Vergleich verschiedener Bewerber. Ein allgemeiner Qualifikationsfilter wird vorgeschaltet, um dann durch Vergleich verschiedener Bewerber, die für eine engere Auswahl in Betracht gezogen werden, die Entscheidung zu treffen. Bei wichtigen Rekrutierungsentscheidungen erfolgt die Selektion mithin in einem Zwei-Stufen-Verfahren der Unsicherheitsabsorption, wobei die Anforderungen je nach der Bewerberlage (je nach der Selbstselektion von Bewerbern) variabel gehalten werden müssen." (Luhmann 2000, S. 290)

Daraus, dass Personalverantwortlichen in Betrieben diese Entscheidungsunsicherheit durchaus bewusst ist, ziehen sie auch die Konsequenz (s. u.), dass sie nicht mess- und objektivierbare subjektive Einschätzungen, die sie individuell oder in Teams vornehmen, als einen legitimen und unverzichtbaren Bestandteil des Auswahlverfahrens betrachten. Dies gilt nicht zuletzt im Hinblick auf den Gesamteindruck der Persönlichkeit, den Bewerber/innen im Auswahlverfahren vermitteln, sowie auf einzelne Persönlichkeitseigenschaften, die in unterschiedlicher Weise von Betrieben akzentuiert werden (z. B. Ehrlichkeit, Offenheit, Sozialverhalten, Verlässlichkeit).

Im vorliegenden Zusammenhang ist die Beobachtung, dass die prinzipielle und auch mit Assessmentprozeduren nicht vollständig reduzierbare Unsicherheit von Personalentscheidungen den Raum für den Einfluss von Abwägungen und subjektiven Einschätzungen eröffnet, aus drei Gründen relevant:

a. Die gängige Annahme, dass eine strikt meritokratische Auswahl, die sich allein an objektiv messbaren Kriterien der betrieblich und beruflich relevanten Leistungsfähigkeit orientiert, möglich sei, ist damit infrage gestellt. Die Ausbildungschancen migrantischer Bewerber/innen können folglich durch eine Steigerung ihrer fachlichen Kompetenzen, durch verbesserte schulische und nachschulische Qualifizierung, nur begrenzt beeinflusst werden. Denn im typischen Zwischenbereich, für den gilt, dass Bewerber/innen weder an eindeutigen Schwellenwerten (insbesondere: Schulabschluss, Noten, Sprachkenntnisse) scheitern, noch alle Anforderungen optimal erfüllen, entsteht ein kontingenter Entscheidungsspielraum, in dem Einschätzungen relevant werden, die sich – darauf wird an anderer Stelle noch ausführlicher einzugehen sein – auch auf Aspekte der Person beziehen, die weder durch schulische und nachschulische Qualifikationsmerkmale erzeugt sind, noch durch eigene Bemühungen erlernt oder verbessert werden können. In diesem Entscheidungsspielraum können zudem gruppenbezogene Zuschreibungen als ein Mittel verwendet werden, um Entscheidungsunsicherheit zu reduzieren. Dies führt dann zu Diskriminierung, wenn davon ausgegangen wird, dass Migrant/innen mit einiger Wahrscheinlichkeit gruppentypische Eigenschaften aufweisen, die im Betrieb direkt oder indirekt zu Problemen führen können.

b. Zweitens resultiert daraus eine prinzipielle Grenze der Reichweite der Objektivierung und auch der Anonymisierung von Auswahlverfahren. Wie auch in unseren empirischen Daten durchgängig deutlich wird, gilt es den Personalverantwortlichen aufgrund der genannten Problematik als unverzichtbar, einen direkten und persönlichen Eindruck von Bewerber/innen zu gewinnen. Entsprechend wird z. B. wiederkehrend auch betont, dass Passfotos ein wichtiger Bestandteil von Bewerbungsschreiben seien. Insofern kann durch veränderte Formen von Bewerbungen, in denen auf Informationen über die Person, zum Beispiel über einen Migrationshintergrund, das Alter und das Geschlecht, verzichtet wird, bestenfalls[25] der Zugang zur zweiten Stufe des Auswahlverfahrens – der Möglichkeit einer persönlichen Vorstellung – objektiviert werden.

c. Drittens ist – worauf auch Studien zur interkulturellen Organisationsentwicklung hinweisen (s. zusammenfassend etwa Mohe/Stollfuß 2009) – davon auszugehen, dass für Einschätzungen von Eigenschaften und Potenzialen, die über exakt messbare schulische und berufliche Fähigkeiten und Qualifikationen hinausgehen, Normalitätsannahmen und Beurteilungskriterien relevant werden, die an typischen Standards des nationalgesellschaftlichen, des berufskulturellen und des regionalen Kontextes orientiert sind. Denn was etwa als angemessenes Indiz für ein kooperatives Sozialverhalten, als überzeugende Darlegung beruflicher Motivation oder als Hinweis auf überdurchschnittliche Leistungsbereitschaft bewertet wird, hängt von Interpretationen der Selbstdarstellung und der Kommunikation in Bewerbungsgesprächen oder Assessmentverfahren ab, die auf jeweilige sprachliche und soziokulturelle Konventionen verweisen.

## 2.5      Kriterien betrieblicher Auswahlwahlentscheidungen

Im empirischen Material unserer Studie können für die Diskriminierung migrantischer Bewerber/innen – aber auch für die Infragestellung diskriminierender Einstellungen und Praktiken – folgenreiche Kriterien rekonstruiert werden, die in betriebliche Auswahlentscheidungen eingehen. Diese Auswahlkriterien, deren Bedeutung und Gewichtung die Einzelbetriebe unterscheidet, werden hier kurz thesenförmig vorgestellt. Im Weiteren werden diese Thesen dann anhand des empirischen Materials näher begründet und erläutert. In den Fallportraits im Kapitel 4 wird zudem der Frage nachgegangen, was den erheblichen Unterschieden zwischen den Einzelbetrieben zu Grunde liegt.

---

25   Auch dies ist allerdings durchaus ambivalent. Denn wie wir empirisch zeigen können (s. u.), kann umgekehrt auch das Wissen um Migrationserfahrungen von Bewerber/innen und eine eher kurze Aufenthaltsdauer in Deutschland dazu führen, dass z. B. schlechtere Deutschkenntnisse durch Personalverantwortliche dadurch relativiert werden, dass sie in kurzer Zeit erworben wurden und insofern auf relevante Entwicklungspotenziale verweisen.

Alle befragten Betriebe greifen bei ihren Auswahlentscheidungen auf die gesellschaftlich gängige Unterscheidung von Personen mit und ohne Migrationshintergrund zurück.[26] Dabei wird die Kategorie Migrationshintergrund – wie auch in der inzwischen üblichen medialen und politischen Kommunikation – als nicht weiter begründungs- und erläuterungsbedürftige verwendet; sie wird zudem nicht im Sinne einer klar definierten Kategorie (etwa im Sinne der Definitionskriterien des Statistischen Bundesamtes) gebraucht, sondern als eher diffuse Bezeichnung für Personen, die sich im Hinblick auf äußerliche Merkmale, dialektale Einfärbungen der Sprache oder die tatsächliche oder zugeschriebene Herkunft vom Konstrukt des ‚Normaldeutschen' unterscheiden. Die Kategorie Migrationshintergrund verweist damit auf heterogene Aspekte (Staatsangehörigkeit, Erstsprache, äußere Erscheinung, Hautfarbe, ethnische Identität, Religion), die als solche nicht benannt werden müssen. Dies ermöglicht eine Thematisierung von angenommenen Differenzen zwischen Mehrheitsbevölkerung und Personen mit Migrationshintergrund, die eine explizite Benennung von als relevant geltenden Unterscheidungsmerkmalen und damit auch die explizite Verwendung offenkundig diskriminierungsrelevanter Kategorien, etwa im Sinne der im AGG genannten Merkmale, vermeiden kann.

*These 1*

*In den durchgeführten Interviews wird die Kategorie Migrationshintergrund zwar überwiegend als scheinbar neutrale deskriptive Kategorie, d. h. überwiegend ohne manifeste fremdenfeindliche und ethno-rassistische Aufladungen sowie ohne manifeste diskriminierende Absichten verwendet.[27] Gleichwohl fungiert die Kategorie Migrationshintergrund in nahezu allen Interviews als eine problematisierbare, als ein Indikator für mögliche Problematiken. Dies ist auch dann der Fall, wenn Betriebe das Vorliegen migrationsbedingter Probleme negieren.*

Die Einzelbetriebe unterscheiden sich jedoch im Hinblick darauf erheblich, ob und welche Bedeutung sie dem latenten Problematisierungspotenzial der Kategorie Migrationshintergrund zuweisen, ob sie beanspruchen, dieses erfolgreich zu neutralisieren, oder aber ob sie dieses mehr oder weniger stark aktualisieren.

---

26 Dies geschieht in unterschiedlicher sprachlicher Form. Die Rede ist von Ausländer/innen, Migrant/innen und Personen mit Migrationshintergrund.

27 Zu berücksichtigen ist jedoch der im Methodenkapitel (s. Kapitel 3) erläuterte Sampling-Effekt. Folglich ist davon auszugehen, dass die beschriebenen Auswahlkriterien das Problem der Diskriminierung bei der Lehrstellenvergabe eher unter- als überschätzen.

**These 2**

*Eine einheitliche Form der Neutralisierung oder aber der diskriminierenden Aktualisierung des Problematisierungspotenzials der Kategorie Migrationshintergrund ist in der betrieblichen Auswahlpraxis nicht vorzufinden.*

Als Migrant/innen wahrgenommene Bewerber/innen stehen im Falle einer Aktualisierung des Problematisierungspotenzials vor der Anforderung nachzuweisen, dass angenommene migrationsbedingte Problematiken bei ihnen nicht bzw. nicht in einer Ausprägung vorliegen, welche die Möglichkeiten und die Handlungsbereitschaften des jeweiligen Betriebs überfordern. Ist eine solche Überforderung aus der Sicht der Betriebe gegeben, dann ist eine Bevorzugung nicht-migrantischer Bewerber/innen, also eine Diskriminierung migrantischer Bewerber/innen aus der Sicht der Betriebe organisatorisch rational.

**These 3**

*In einigen der von uns beforschten Fälle wird die Kategorie Migrationshintergrund neutralisiert sowie in einigen auch positiv gewendet. In diesen Fällen werden Migrant/innen besondere Fähigkeiten zugeschrieben, die für Auswahlentscheidungen relevant sind.*

Die Kategorie Migrationshintergrund wird nicht nur generalisierend verwendet, sondern auch spezifiziert, indem unterschiedliche Teilkategorien migrantischer Bewerber/innen unterschieden werden, was mit Zuschreibungen jeweils vermeintlich gruppentypischer Eigenschaften sowie mit Bewertungen einhergeht. In Übereinstimmung mit den Ergebnissen vorliegender quantitativer und qualitativer Studien (s. zuletzt die Beiträge in Scherr 2015) kann auch im vorliegenden Material eine folgenreiche Unterscheidungspraxis aufgezeigt werden: die Unterteilung in Teilgruppen der Migrationsbevölkerung, die als unproblematisch gelten und in solche, für die dies nicht angenommen wird. Relevant hierfür sind uneinheitliche gruppenbezogene Stereotype sowie Annahmen über die Nähe und Distanz ethnisch-national gefasster Gruppen zu dem, was als Merkmale der deutschen Gesellschaft bzw. Kultur betrachtet wird.

**These 4**

*Explizite Negativzuschreibungen, die zu Diskriminierung führen, lassen sich nicht generell in Bezug auf Migrant/innen, durchaus aber für nach ethnischen, kulturellen oder religiösen Merkmalen unterschiedene Teilgruppen nachweisen, insbesondere für solche, die als kulturell fremd wahrgenommen werden. Diese Negativzuschreibungen gehen als ein Faktor neben anderen (wie z. B. formale Qualifikation) in Auswahlentscheidungen ein.*

Anders verhält sich dies bei als Muslime wahrgenommenen Bewerber/innen. Bewerber/innen, die als Muslime betrachtet werden, müssen mit erheblichen Zugangsschwellen bei der Ausbildungsplatzvergabe rechnen (s. dazu Kapitel 6). Dies gilt – wie wir im Weiteren zeigen werden – auch für Betriebe, die ansonsten ausdrücklich eine nicht-diskriminierende Einstellungspraxis für sich in Anspruch nehmen.

### These 5

*Gegenüber als Muslime wahrgenommenen Bewerber/innen wird eine spezifische Ausprägung von Diskriminierungsbereitschaft deutlich. Ihre Religiosität bzw. das als Symbol ihrer Religiosität interpretierte Kopftuch stellt nicht nur einen Konkurrenznachteil dar, der gegen andere Merkmale abgewogen wird, sondern für einen erheblichen Teil der Betriebe ein Ausschlusskriterium.*[28]

Dieser Befund ist vor dem Hintergrund von Analysen zur Islamfeindlichkeit in Deutschland (s. Bade 2013) insofern wenig überraschend, wie angenommen werden kann, dass die erhebliche gesellschaftliche Verbreitung ablehnender Einstellungen zum Islam auch auf betrieblicher Ebene Folgen hat. Wie wir im Folgenden aufzeigen, greifen Betriebe dabei auf Argumente zurück, in denen ethnische, religiöse und geschlechtsbezogene Zuschreibungen in einer Weise verknüpft sind, die Diskriminierung legitimiert.

### These 6

*Bewerber/innen, die als Muslime wahrgenommen werden, müssen sich gegenüber zwei geschlechtsspezifischen Argumentationsmustern rechtfertigen: Der (arabische/türkische/muslimische) „männliche Macho" und „die unterdrückte Muslima" sind zwei Zuschreibungsmuster, die in Interviews mit Personalverantwortlichen wiederholt geäußert werden und als Argument dafür verwendet werden, die Passung zu eigenen Wertvorstellungen und zum Betrieb sowie die Akzeptanz durch die Kundschaft in Frage zu stellen.*

Für den Zugang zu betrieblicher Ausbildung sind soziale Netzwerke, in die Bewerber/innen und Personalverantwortliche eingebunden sind, von hoher Bedeutung. In der internationalen Forschung ist die Netzwerkabhängigkeit des Zugangs zu

---

28 Im Material unserer Studie finden sich keine entsprechenden Ausschlusskriterien für andere Teilgruppen. Das heißt aber nicht, dass diese nicht existieren, sondern nur, dass sie in den von uns geführten Interviews nicht artikuliert wurden. Dies kann ein Effekt davon sein, dass es inzwischen als unzulässig gilt, offen rassistisch zu argumentieren. Diesbezügliche Annahmen sind aber solange spekulativ, wie sie nicht durch geeignete Forschung bestätigt oder widerlegt werden.

Auswahlverfahren und der Einfluss sozialen Kapitals auf Auswahlentscheidungen nachgewiesen worden (s. Granovetter 1973; Imdorf 2010, S. 199)

### These 7

*Informelle soziale Netzwerke sind von erheblicher Bedeutung für den Zugang zu Ausbildungsplätzen. Für Bewerber/innen mit Migrationshintergrund sind damit jeweils besondere Zugangshindernisse verbunden.*

Die wissenschaftliche Forschung hat wiederkehrend auf die hohe Bedeutung sozialer Netzwerke auf Arbeitsmärkten hingewiesen. (s. zusammenfassend Kropp 2010) Wie in den von uns geführten Expertengesprächen und Interviews mit Ausbildungsverantwortlichen deutlich wurde, erfolgt die Vergabe von Ausbildungsstellen vor allem in Kleinbetrieben vielfach in Abhängigkeit von Empfehlungen, die Personen aussprechen, die von den Betrieben als verlässliche Bürgen angesehen werden. Der Kontakt zu solchen Bürgenden – und damit das Eingebundensein in außerbetriebliche soziale Netzwerke – stellt deshalb eine wichtige Zugangsbedingung insbesondere für die Ausbildung in Kleinbetrieben dar. Dies ist für Migrant/innen dann problematisch, wenn sie in Folge gesellschaftlicher Benachteiligung und sozialer Abgrenzungen in den lebensweltlichen Beziehungsnetzwerken keine von den Betrieben anerkannten Fürsprecher finden.

Vergleichbare Einflussfaktoren finden sich auch in einigen Mittel- und Großbetrieben: Bevorzugt der jeweilige Betrieb Kinder von Mitarbeiter/innen (sogenannte MiKis) bzw. Kinder von Kund/innen (sogenannte KuKis), dann ergeben sich aus der Zusammensetzung der Belegschaft bzw. des Kundenstamms besondere Zugangsbedingungen zur Lehrstellenvergabe.

### These 8

*Die regionalen Gegebenheiten sind nicht nur generell für die Einmündungschancen in die berufliche Bildung folgenreich, sondern haben auch spezifische Folgen bezüglich der Diskriminierung von Migrant/innen.*

Die von uns befragten Betriebe rekrutieren Bewerber/innen für die duale Ausbildung exklusiv aus dem regionalen Umfeld, überwiegend in einem kleinräumigen Radius von 10 bis 30 Kilometern. Begründet wird dies mit pragmatischen Abwägungen (insbesondere: Wohnsituation und Anfahrtszeiten bei den zumeist jugendlichen Auszubildenden) sowie dem Interesse, die künftigen Auszubildenden langfristig an den Betrieb zu binden. Zudem ist die Mobilität jugendlicher Bewerber/innen gewöhnlich begrenzt. Ausbildungsstellenmärkte sind also überwiegend regionale Märkte (s. Eberhard/Ulrich 2010; Ulrich 2012). Bedeutsam für die Ausbildungschancen migrantischer Bewerber/innen sind folglich unterschiedliche regionale Angebots-Nachfrage-Relationen und die jeweiligen regionalen Anteile der Migrationsbevölkerung an der Gesamtbevölkerung, aber auch unterschiedliche regionale Ausprägungen von Mentalitäten, die jeweilige sektorale Struktur der Ökonomie sowie die relative Bedeutung von Groß-, Mittel- und Kleinbetrieben. Vor allem zwischen ländlichen und städtischen Regionen lassen sich im Material unserer Studie folgenreiche Unterschiede im Umgang mit migrantischen Lehrstellenbewerber/innen nachzeichnen. Eine Ursache davon ist darin zu sehen, dass in städtischen Regionen der Anteil von Migrant/innen an der Wohnbevölkerung höher ist, also eine stärkere Gewöhnung an das Zusammenleben mit Migrant/innen stattgefunden hat, sowie darin, dass Großbetriebe, die seit den 1960er Jahren Arbeitsmigrant/innen angeworben haben, überwiegend in städtischen Regionen angesiedelt sind.

### These 9

*Bewerber/innen mit nicht mehr als einem Hauptschulabschluss werden – auch dann, wenn kein Migrationshintergrund vorliegt – als Angehörige einer Problemgruppe wahrgenommen, deren Eignung für eine Ausbildung fraglich ist. Ihr Schulabschluss wird nicht nur als Indiz für unzureichende schulische Qualifikationen und kognitive Kompetenzen interpretiert, sondern veranlasst auch die Zuschreibungen von Persönlichkeitsdefiziten und führt zu Sozialstereotypen, die ggf. mit migrationsbezogenen Stereotypen verschränkt sind.*

Ein zentrales Kriterium bei der Lehrstellenvergabe sind schulisch erworbene Qualifikationen. Betriebe unterscheiden deutlich zwischen den Abgänger/innen verschiedener Schultypen (Hauptschule, Realschule, Gymnasium), sie schätzen die Aussagekraft der erzielten Noten dagegen nicht hoch ein. In diesem Zusammenhang betonen die befragten Betriebe durchgängig, dass der Hauptschulabschluss kaum noch eine zureichende Grundlage für die Anforderungen im betrieblichen und berufsschulischen Bereich der Ausbildung sei (s. auch BIBB-Datenreport 2013; Reißig/Gaupp/Lex 2008). Wenn in den geführten Interviews von Hauptschüler/innen die Rede ist, dann werden zudem auch Annahmen über einen vermeintlich problematischen sozialen Hintergrund formuliert und es wird angenommen, dass es sich um weniger leistungswillige Jugendliche handelt. Wer nur einen Hauptschulabschluss erreicht, so die implizite Logik der Argumentationen, muss individuelle und/oder soziale Defizite aufweisen, sonst hätte er/sie eine weiterführende Schule besucht. Die gesellschaftliche Entwertung des Hauptschulabschlusses führt zu einer Abwertung von Hauptschüler/innen, von der migrantische Jugendliche aufgrund ihrer Überrepräsentanz an Hauptschulen in besonderer Art und Weise betroffen sind, da sich Ungleichheits- und Diskriminierungseffekte gegenseitig verstärken. (s. dazu Kapitel 7)

**These 10**

*Ein weiteres Auswahlkriterium ist die angenommene Passung in den Betrieb als Organisation und soziale Gemeinschaft. Einflussreich sind dabei auch beobachtete und angenommene Erwartungen der Belegschaft. Dies kann zum Ausschluss von Bewerber/innen mit Migrationshintergrund führen.*

Betriebe wählen Auszubildende nicht ausschließlich nach Qualifikationen aus, die für die individuelle Berufsausübung bedeutsam sind. In der Folge stellt die Passung eines potenziellen Auszubildenden in den Betrieb ein eigenständiges Auswahlkriterium dar, weshalb nicht nur fachliche Anforderungen des Berufs und der jeweiligen Branche, sondern die Passung der ‚ganzen Person' zum Betrieb, zur Betriebskultur und zu den Betriebsangehörigen ein relevantes Auswahlkriterien ist (s. auch Imdorf 2010, S. 205ff.). Als soziale Passung kann hier die Übereinstimmung von realen und zugeschriebenen Persönlichkeitsmerkmalen mit dem gelten, was als Eigenschaften eines ‚normalen', sozial unauffälligen Mitarbeiters gilt. Dabei sind folgende Ebenen zu unterscheiden: Die „Teampassung" (Imdorf 2010, S. 207) und die Passung zum Betrieb als Leistungsgemeinschaft, die Passung für den jeweiligen Beruf (Ebbinghaus et el. 2013, S. 25) sowie die Passung zum Selbstbild und zur Organisationskultur des Betriebs. In Frage steht die Passung dann, wenn das Auftreten oder das Erscheinungsbild eines Bewerbers Zweifel an der Bereitschaft aufkommen lässt, sich problemlos in den sozialen Kommunikationszusammenhang und die eingespielten Normen und Routinen eines Betriebs einzufügen.

Wie wir im Weiteren zeigen, führen unterschiedliche betriebliche Selbstverständnisse und Organisationskulturen zu recht genau konturierten Annahmen, wer sich problemlos in den jeweiligen Zusammenhang einfügt – und wer nicht. Das schließt sowohl Zugangshemmnisse als auch Zugangsmöglichkeiten für Migrant/innen ein.

Ähnlich wie bei Netzwerkeffekten ist auch hier die Organisationsgeschichte folgenreich: Betriebe mit einer langjährigen Tradition der Beschäftigung migrantischer Mitarbeiter/innen haben keinen Anlass, die Passung migrantischer Bewerber/innen in Frage zu stellen. Anders stellt sich die Frage nach der Passung in Betrieben dar, die nicht über einschlägige Erfahrungen verfügen. Folgenreich für Annahmen über Passung sind zudem die unterschiedlichen Orientierungen bzw. Ausrichtungen von Klein-, Mittel- und Großbetrieben. Ob es sich um einen inhabergeführten Familienbetrieb oder um einen internationalen Weltmarktführer handelt, hat Konsequenzen für die Rekrutierung der künftigen Belegschaft. Die eigene Verortung als regionaler Kleinbetrieb oder als offener, weltmarktorientierter Großbetrieb, der Diversity-Programme in Betriebsvereinbarungen verbindlich festschreibt, führt zu unterschiedlichen Zugangsmöglichkeiten zur betrieblichen Lehrstellenvergabe. Auch Präferenzen für eher formelle und eher informelle Auswahlverfahren sind bedeutsam.

## These 11

*Sowohl in die Einschätzung der sozialen Passung als auch in die Einschätzung von ausbildungsrelevanten Persönlichkeitseigenschaften durch Ausbildungsverantwortliche gehen subjektive Bewertungen ein, die dann diskriminierend wirken können, wenn die Selbstpräsentation von Bewerber/innen (etwa: Kleidung, Körpersprache, Interaktionsstile, Sprechweisen) sich von dem unterscheidet, was Personalverantwortliche als ‚normal‘ betrachten, und daraus Schlüsse auf fehlende Passung und/ oder unzureichende soft skills gezogen werden.*

Eng verbunden mit dem jeweiligen betrieblichen Selbstverständnis, den organisationsspezifischen Selbstverständlichkeiten und den damit einhergehenden betrieblichen Konzeptionen sozialer Gemeinschaft ist die Prüfung der ‚soft skills‘. Philip Moss und Chris Tilly (2001, S. 4f. und 209ff.) argumentieren, dass die Bewertung von soft skills in Auswahlprozessen in besonderer Weise anfällig sei für Diskriminierung. Da den soft skills zuzurechnende Persönlichkeitseigenschaften nicht objektiv messbar seien, gehe in deren Bewertung ein stark subjektives Element ein. Die von Moss und Tilly befragten US-amerikanischen Unternehmer/innen weisen dem „gut feeling“ eine nicht hintergehbare Bedeutung zu. Auch im Material unserer Studie ist wiederkehrend vom „Bauchgefühl“ die Rede. Entsprechende subjektive Bewertungen enthalten, so Moss und Tilly, deshalb ein spezifisches Diskriminierungspotenzial, da in ihnen „bias, cultural gaps, and objective skill deficits“ (ebd., S. 254) kaum zu unterscheiden sind. Denn Jugendliche aus benachteiligten Gruppen bzw. mit einem anderen soziokulturellen Hintergrund „speak different ‚languages‘ in terms of dress, work expectations, body language, and conventions of interaction“ (ebd., S. 254). In der subjektiven Wahrnehmung von Unternehmer/ innen liegen deshalb Fehlschlüsse nahe, in denen Formen der Selbstpräsentation, die von ihren eigenen Konventionen und Erwartungen abweichen, als Ausdruck fehlender soft skills bewertet werden. Im Material unserer Studie können wir zeigen, dass subjektiven Einschätzungen selbst in Betrieben, die aufwendige Assessments durchführen, eine hohe Bedeutung zukommt (vgl. auch Voswinkel 2008). Dies gilt selbst in Großbetrieben, in denen aufwendige Assessment-Verfahren auf eine objektive Bewertung von Kompetenzen zielen. Um die möglichen Wahrnehmungsverzerrungen gegenüber Migrant/innen bei den subjektiven Bewertungen empirisch beschreiben zu können, wäre es jedoch erforderlich, detaillierte Beobachtungen von Bewerbungsgesprächen durchzuführen.

Die Passung der Person wird in den von uns geführten Interviews nicht nur als innerbetrieblich bedeutsames Kriterium betrachtet, sondern ebenso in Bezug auf die Frage, ob die Bewerber/innen sich in das soziale Umfeld des Betriebs einfügen und von diesem akzeptiert werden könnten.

## These 12

*Die in Anspruch genommenen Auswahlkriterien beziehen auch die Passung in das soziale Umfeld des Betriebs ein. Einflussreich sind dabei vor allem beobachtete und angenommene Kundenerwartungen.*

Imdorf hat in seiner Untersuchung der Lehrlingsauswahl in kleinen und mittleren Unternehmen in der Schweiz aufgezeigt, wie die angenommene Passung zum Marktumfeld und zu den Kundenbeziehungen in das Auswahlverfahren eingeht (Imdorf 2010; Imdorf 2011). Da der wirtschaftliche Erfolg eines Betriebs u. a. zentral davon abhängt, dass die Kund/innen zufrieden sind und dass erfolgreich dauerhafte Kundenbindungen entwickelt werden können, erhalten die Auszubildenden nach Imdorf „im Direktkontakt mit der Kundschaft einen eigentlichen Marktwert" (Imdorf 2011, S. 16). Aufgrund der hohen Bedeutung, die der Akzeptanz der Auszubildenden durch die Kundschaft in einigen Berufen und Branchen zukommt, werden, wie unsere Daten bestätigen, angenommene Kundenerwartungen bereits im Auswahlprozess relevant. Die äußere Erscheinung sowie Kommunikations- und Interaktionsstile sollen dann zu dem betriebsspezifischen Kundenklientel und dessen vermuteten Normalitätserwartungen passen. Auf diese Weise beeinflussen die angenommenen Präferenzen der Kund/innen und damit deren (angenommene) Bewertungen bestimmter sozialer Merkmale die Entscheidung für oder gegen eine/n Bewerber/in.

## These 13

*Eine anhaltende Abschließung gegenüber Migrant/innen und das Fehlen betrieblicher Erfahrungen mit Auszubildenden mit Migrationshintergrund begünstigt Diskriminierung bei der Ausbildungsplatzvergabe. Betriebe mit langjährigen Erfahrungen mit migrantischen Mitarbeiter/innen neigen dagegen zu einer Neutralisierung oder Infragestellung des Unterscheidungskriteriums Migrationshintergrund.*

Wenn der jeweilige Betrieb auf eine lange und/oder erfolgreiche Inklusionsgeschichte mit migrantischen Mitarbeiter/innen zurückgreifen kann sowie wenn eigene Erfahrungen mit Auszubildenden mit Migrationshintergrund vorhanden sind, dann entstehen Gewöhnungseffekte an die Normalität von Migration. Es sind auch Erfahrungen im Umgang mit migrationsbedingten Problemen und in betrieblichen Konflikten verfügbar; zudem sind Arbeitnehmer/innen mit Migrationshintergrund an der betrieblichen Interessenvertretung beteiligt. Dies begünstigt die betriebliche Akzeptanz migrantischer Bewerber/innen und verschiebt auch den Einfluss von Netzwerkeffekten zugunsten von Migrant/innen (Bommes 1996; Thränhardt 2010; Schmidt 2006). Wie empirisch gezeigt werden kann (Scherr/ Gründer 2011), neigen Betriebe, die Erfahrungen mit migrantischen Auszubildenden machen konnten, zudem zu deutlich positiveren Einschätzungen als Betriebe, die keine einschlägigen Erfahrungen haben. In dem Maß, wie eine Bevorzugung von Einheimischen gegenüber Ausländer/innen bzw. Migrant/innen (auch) auf dem Arbeitsmarkt gesellschaftlich gängige Praxis und weithin akzeptiert war (und zum Teil auch noch ist), war es für Betriebe im Sinne der sozialen Akzeptanz betrieblicher Entscheidungen rational, bei der Lehrstellenvergabe migrantische Jugendliche zu benachteiligen. Denn die Nicht-Einstellung migrantischer Jugendlicher bei vorhandener nicht-migrantischer Konkurrenz war unter diesen Bedingungen leichter rechtfertigbar als ein Vorgehen, das begründen müsste, weshalb migrantische Jugendliche eingestellt wurden, obwohl es geeignete nicht-migrantische Bewerber/innen gab. Dies gilt umso mehr, als die sozialen Netzwerke von Betrieben und Personalverantwortlichen, also die sozialen Zusammenhänge, in denen Entscheidungen ggf. begründet werden müssen, durch eine Dominanz von Nicht-Migrant/innen gekennzeichnet sind (s. Imdorf 2011; vgl. Tilly 2005).

### These 14

*Die Nicht-Einstellung migrantischer Bewerber/innen bei vorhandener einheimischer Konkurrenz entlastet Personalverantwortliche von der Notwendigkeit, Entscheidungen, die – unter Bedingungen einer mehrheitsgesellschaftlichen Dominanz im Betrieb und im sozialen Umfeld – mit einiger Wahrscheinlichkeit kritisiert werden, im sozialen Umfeld rechtfertigen zu müssen. In der Folge ist Diskriminierung migrantischer Bewerber/innen unter Bedingungen eines Nachfrageüberhangs nach Ausbildungsplätzen pragmatisch naheliegend.*

Für die Thematik unseres Forschungsprojekts ist inzwischen jedoch eine Veränderungstendenz in der Lage auf dem Ausbildungs- und Arbeitsmarkt in Baden-Württemberg folgenreich, die öffentlichkeitswirksam unter den Stichworten Bewerber- und Fachkräftemangel diskutiert wird. Diese veranlasst, insbesondere bei den Kammern, Versuche, auf Betriebe im Sinne einer besseren Akzeptanz migrantischer Bewerber/innen hinzuwirken.[29] Hierbei wird nicht ausschließlich oder primär mit moralischer und rechtlicher Geltung des Diskriminierungsverbots argumentiert, sondern mit der betriebswirtschaftlichen Notwendigkeit, gängige Stereotype und Ausschlussmechanismen in Frage zu stellen, um eine zureichende Zahl geeigneter Auszubildender und Mitarbeiter/innen gewinnen zu können.

---

29  Vgl. bspw. das bundesweite Förderprogramm „Integration durch Qualifizierung" (http://www.netzwerk-iq.de/) bzw. für die Region Südbaden das Netzwerk zur „Integration durch Qualifizierung im Handwerk in Südbaden. Arbeitsmarktintegration von Migrantinnen und Migranten" (http://www.netzwerk-iq-bw.de/).

**These 15**

*Unter Bedingungen sinkender Nachfrage nach Ausbildungsstellen erweisen sich tradierte Formen der Diskriminierung aus betriebswirtschaftlichen Gründen als nicht mehr zeitgemäß. Dies führt zu einem Veränderungsdruck, der regional und branchenspezifisch unterschiedlich stark ausgeprägt ist und dessen mittelfristige Auswirkungen schwer einzuschätzen sind. Es zeichnet sich jedoch folgende Tendenz ab: Während international operierende Mittel- und Großbetriebe dazu tendieren, sich auf die Realität der Migrationsgesellschaft offensiv einzustellen und sich zunehmend die Programmatik des Diversity-Managements zu eigen machen, ist die Veränderungsfähigkeit und -bereitschaft lokaler verorteter Klein- und Mittelbetriebe skeptischer einzuschätzen.*

## 2.6    Betriebliche Normalitätserwartungen

In unserer Studie wurde deutlich, dass die Einzelbetriebe sich im Hinblick darauf erheblich unterscheiden, ob und ggf. in welcher Weise sie die Möglichkeiten zur Diskriminierung migrantischer Bewerber/innen nutzen, die aus der gesellschaftlich gängigen Verwendung von Migrationshintergrund als Problemkategorie, auf Untergruppen der Migrationsbevölkerung bezogene Stereotype sowie der mehrheitsgesellschaftlichen Dominanz in Betrieben und ihrem sozialen Umfeld (Mitarbeiter/innen, Kund/innen, soziale Netzwerke) resultieren. Alle oben genannten Kriterien und Kalküle, die sich aus den Interviews mit den jeweiligen Personalverantwortlichen ergeben haben, *können* in die Entscheidungsfindung eingehen: Dies ist aber keineswegs durchgängig und in einheitlicher Weise der Fall. Ein zentraler erster Befund unserer Studie war vielmehr die Beobachtung, dass die betriebliche Realität sehr heterogene Ausprägungen aufweist, dass das, was in Betrieben als Organisationen geschieht, keineswegs zureichend als Auswirkung einer betriebswirtschaftlichen Rationalität und von Gesetzmäßigkeiten des Organisationshandelns verstanden werden kann, die für alle Betriebe bedeutsam sind.

Folglich stellt sich die Frage, ob und wie Aussagen zu den Bedingungen, den Formen und den Prozessen betrieblicher Diskriminierung möglich sind, die über quantitative Daten zum Ausmaß von Diskriminierung einerseits, einzelfallbezogene Beschreibungen der organisationsspezifischen betrieblichen Kalküle und Verfahren andererseits hinausgehen. Anders formuliert: Wie können nicht nur Gemeinsamkeiten, sondern auch die unübersehbaren Unterschiede zwischen Betrieben erklärt werden, ohne allein auf persönliche Haltungen der Betriebsleitungen, die mehr oder weniger große Vorurteilsbereitschaft und die individuellen Überzeugungen von Personalverantwortlichen sowie die spezifische Geschichte des Einzelbetriebs als Organisation zu rekurrieren?

Hierfür ist es hilfreich, *betriebliche Normalitätserwartungen* an Auszubildende und Mitarbeiter/innen als den Rahmen zu fassen, innerhalb dessen Personalentscheidungen getroffen werden und aus dem formelle und informelle Akzeptanz- und Auswahlkriterien abgeleitet werden. Unter betrieblichen Normalitätserwartungen verstehen wir dabei die expliziten und impliziten Annahmen darüber, was unproblematische Eigenschaften und Merkmale von (potenziellen) Mitarbeiter/innen in unterschiedlichen Dimensionen (etwa: körperliche Erscheinung, Hautfarbe, Geschlecht, Religion, Behinderungen, Kleidung, Alter, Erstsprache, nationale oder regionale und soziale Herkunft, Verlauf der Biografie) sind. Den darauf bezogenen Annahmen, was unproblematische Mitarbeiter/innen kennzeichnet, entsprechen Annahmen darüber, was eine mehr oder weniger gravierende Abweichung von der Normalität anzeigt.

Die Funktion solcher betriebsspezifischer Normalitätserwartungen liegt darin, Bewerber/innen zu identifizieren, deren Eignung als ‚ganze Person' für den Beruf und den Betrieb vorausgesetzt werden kann, so dass die Komplexität und Unsicherheit von Auswahlentscheidungen reduziert werden kann. Sichtbar werden solche Normalitätserwartungen in unserer Forschung in den Aussagen, die Personalverantwortliche in den Interviews über Einstellungskriterien treffen, in ihren Erzählungen über positive und negative Erfahrungen mit Auszubildenden sowie ggf. in den Aufmerksamkeiten auf Aspekte der Persönlichkeit, die in Bewerbungsgesprächen und Assessmentverfahren hergestellt werden.

In unserer Forschung zeigt sich, dass betriebliche Normalitätserwartungen, die deutlich über die als Schwellenwerte wirksam werdenden formalen Qualifikationen hinausgehen, als Grundlage der Einschätzung der Passung der Person zum Beruf und zum Betrieb im Auswahlprozess bei der Lehrstellenvergabe von zentraler Bedeutung sind: An Personalentscheidungen Beteiligte haben ein Wissen darüber und auch ein Gefühl dafür, wer die Akzeptanzkriterien des Betriebs bzw. einer Untereinheit innerhalb des Betriebs mehr oder weniger gut erfüllt sowie für Ausschlusskriterien, die auch dann zur Nichteinstellung führen, wenn ansonsten von einer Eignung ausgegangen wird (s. dazu Kapitel 4).

Die Normalitätserwartungen und Akzeptanzkriterien führen jedoch nicht notwendig und direkt zur Benachteiligung von migrantischen Bewerber/innen, sondern stellen die Grundlage dafür dar, dass diskriminierungsrelevante Aspekte für Einzelbetriebe mehr oder weniger relevant oder irrelevant sind.

# Diskriminierung empirisch erforschen: Das methodische Vorgehen 3

Wissenschaftliche Aussagen über das Ausmaß und die Formen von Diskriminierung haben potenziell eine erhebliche politische, rechtliche und pädagogische Relevanz. Jeder Versuch, empirisch fundierte und verlässliche Aussagen dazu zu treffen, ist aber mit einer Reihe von Schwierigkeiten konfrontiert. Denn diskriminierende Praktiken sind – auch im Fall betrieblicher Diskriminierung – durch wissenschaftliche Forschung gewöhnlich nicht direkt beobachtbar; sie geschehen in einem gegen externe Beobachter/innen abgeschotteten Kontext. Dies gilt im Fall betrieblicher Diskriminierung nicht allein aufgrund des Interesses der Akteure, mögliche diskriminierende Praktiken absichtsvoll der Beobachtung zu entziehen, sondern schon deshalb, weil Betriebe privatrechtliche Institutionen sind, zu denen die Forschung nur dann Zugang findet, wenn dieser durch die Verantwortlichen gewährt wird.

Auch durch Befragungen beteiligter Akteure lässt sich die Realität der Diskriminierung nicht problemlos erschließen. Denn Akteure haben – sofern sie um die Norm des Diskriminierungsverbots wissen und dieser ggf. auch prinzipiell zustimmen – Gründe, sich nicht als jemand darzustellen, der diskriminiert, da sie mit sozialer Ablehnung und in bestimmten Fällen auch mit rechtlicher Sanktionierung rechnen müssten. Es gehört zu den Grundeinsichten der empirischen Forschung, dass dies auch im geschützten Kontext des anonymisierten Interviews zu sozial erwünschten Antworten und auch zu Antwortverweigerung führen kann. Diskriminierungsforschung kann aber auch die Berichte Betroffener nicht als verlässliche Datenquelle zu Grunde legen. Denn methodisch stellt subjektiv erlebte und berichtete Diskriminierung eine spezifische Interpretation sozialer Ereignisse dar. Dabei kann geschehene Diskriminierung sowohl unterschätzt werden, z. B. wenn sie verdeckt geschieht, nicht als solche wahrgenommen oder verdrängt wird, aber auch eine unangemessene und projektive Deutung sein. Auch Befragungen, die Einschätzungen der gesellschaftlichen Diskriminierungsrealität durch nicht direkt Betroffene erheben, sind problematisch, denn sie bilden nicht zuletzt, wie international vergleichende Studien zeigen, die selektive Aufmerksamkeit und Sensibilität der Befragten ab. Auch Analysen, die aus Daten über Benachteiligungen sozialer Gruppen Rückschlüsse auf Diskriminierung ziehen, haben erhebliche Grenzen: Durch die aufwendige statistische Kontrolle möglicher intervenierender Variablen sind zwar Einschätzungen über die relative Bedeutung des Faktors Diskriminierung beim Zugang zum Ausbildungs- und Arbeitsmarkt möglich, aber keine Aussagen über die sozialen Strukturen und Prozesse, in denen und durch die Diskriminierung geschieht.

Als ein Königsweg zur Erforschung von Diskriminierung[30] gelten – jedenfalls für den Bereich der betrieblichen Personalentscheidungen – deshalb Bewerberexperimente, die als Korrespondenztests durchgeführt werden. Hier werden auf ausgeschriebene Stellen fingierte Bewerbungen versandt, die sich nur in Bezug auf ein diskriminierungsrelevantes Merkmal, etwa durch einen eine deutsche oder nicht-deutsche Herkunft nahe legenden Namen unterscheiden (s. SVR 2014). Aber auch dieses Vorgehen hat seine Grenzen: Potenzielle Diskriminierung bei Stellenbesetzungen, die ohne Ausschreibungen – durch Bekanntschaften und Empfehlungen – zu Stande kommen, können so nicht erfasst werden. Auch die Begründungen und Rechtfertigungen von Diskriminierung können auf diese Weise nicht erhoben werden, denn sichtbar wird nur das Ergebnis Einladung oder Nicht-Einladung zu einem Bewerbungsgespräch. Zudem erreichen die bislang in Deutschland durchgeführten Korrespondenztests nur die erste Schwelle der betrieblichen Auswahlverfahren. Sie lassen Aussagen darüber zu, wer zu einem Vorstellungsgespräch eingeladen wird und wer nicht. Inszenierte Bewerbungsgespräche, in denen quasi-identische Personen mit einem diskriminierungsrelevanten Unterscheidungsmerkmal an echten Bewerbungsgesprächen teilnehmen, gelten als zu aufwendig und als forschungsethisch problematisch. Dies nicht zuletzt deshalb, weil sie ohne Explikation des Zwecks geführt und auch verdeckt aufgezeichnet werden müssten.

Ausgehend von den verfügbaren Ergebnissen der quantitativen Forschung und in Anlehnung an die US-amerikanische Studie von Philip Moss und Chris Tilly (2001) sowie die schweizerische Studie von Christian Imdorf (2005) war das Interesse des Projekts ‚Auswahlprozesse bei der Lehrstellenvergabe‘ darauf gerichtet, die Perspektiven derjenigen zu rekonstruieren, die betriebliche Personalentscheidungen treffen. Unsere Forschungsstrategie zielte dabei nicht darauf, diskriminierenden Praktiken sowie ihre Begründung und Rechtfertigung direkt zu erheben. Vielmehr war das Projekt darauf ausgerichtet, den Prozess, in dem Bewerbungen zu Stande kommen

---

30  S. als Übersicht zu Konzepten der Diskriminierungsforschung Pager/Shepherd 2008 und Scherr/Janz/Müller 2015.

und in dem eine Auswahl zwischen Bewerber/innen getroffen wird, umfassend in den Blick zu nehmen. *Dies sollte es ermöglichen, alle Aspekte des Bewerbungs- und Auswahlprozesses zu erfassen, die potenziell zu Diskriminierung führen und nicht nur solche Einschätzungen von Bewerber/innen und Auswahlkriterien zu erfassen, die unmittelbar und explizit zu Diskriminierung führen, sondern auch solche, bei denen dies indirekt und implizit der Fall ist.*

In Anlehnung an die ‚Grounded Theory' war die Forschung als ein offener Prozess angelegt, in dem unterschiedliche Formen der Datenerhebung realisiert wurden. Zentrale Grundlage des hier dargestellten Forschungsprozesses sind 30 ausführliche Interviews mit Personalverantwortlichen von Klein-, Mittel- und Großbetrieben. Ergänzend haben wir 8 Expertengespräche mit Mitarbeiter/innen von Wirtschaftsverbänden, Gewerkschafter/innen und in der Jugendberufshilfe tätigen Sozialarbeiter/innen geführt sowie an mehreren thematisch einschlägigen Tagungen von Wirtschaftsverbänden und Gewerkschaften beobachtend teilgenommen. Die Interviews mit Personalverantwortlichen wurden mit einer narrativen Interviewaufforderung eingeleitet, im weiteren Gang der Interviews wurden immanente sowie leitfadengestützte Nachfragen gestellt.[31] Geplant waren zudem teilnehmende Beobachtungen an Assessment- und Auswahlverfahren. Dies konnte jedoch nur in einem Fall realisiert werden, da diesbezügliche Anfragen wiederkehrend abgelehnt wurden.

Die Gewinnung von Interviewpartner/innen erfolgte durch schriftliche und telefonische Anfragen an Betriebe. Angefragt wurden Groß-, Klein- und Mittelbetriebe aus den Wirtschaftssektoren Industrie, Handwerk und Dienstleistung aus städtischen und ländlichen Regionen in Baden-Württemberg, also in einem wirtschaftlich prosperierenden Bundesland. Dabei wurde darauf geachtet, ein möglichst breites Spektrum von Berufen einzubeziehen, um auch berufsspezifische Besonderheiten erfassen zu können. Bei den Interviewanfragen wurde mitgeteilt, dass wir uns dafür interessieren, wie im jeweiligen Betrieb Ausbildungsstellen für die duale Ausbildung vergeben werden und wie der Auswahlprozess verläuft. Um die Ablehnungswahrscheinlichkeit zu verringern und eine unerwünschte Selektivität von Zusagen zu vermeiden, wurde das Thema Diskriminierung in den Anfragen nicht angesprochen. Dies war jedoch nur begrenzt erfolgreich (s. u.).

Einbezogen in den Forschungsprozess wurden auch Presseveröffentlichungen, Internetseiten und verbandliche Materialien, in denen sich Wirtschaftsverbände und Unternehmen zu den Veränderungen auf dem Ausbildungsstellenmarkt und

---

31  Die Interviews wurden nach dem GAT-Verfahren transkribiert. Für die vorliegende Veröffentlichung wurden die angeführten Belegstellen anonymisiert und sprachlich so aufbereitet, dass leichtere Lesbarkeit gegeben ist.

den daraus zu ziehenden Konsequenzen äußern. Parallel zum Forschungsprojekt ‚Auswahlprozesse bei der Lehrstellenvergabe' wurde eine quantitative Betriebsbefragung durchgeführt, deren Ergebnisse die Ergebnisse der qualitativen Forschung ergänzen und bestätigen (s. Scherr/Janz/Müller 2013, Scherr/Janz/Müller 2015).[32] Zwischenergebnisse der Forschung wurden bei mehreren Fachveranstaltungen und Tagungen vorgestellt sowie mit Expert/innen aus der betrieblichen Praxis und mit Wissenschaftler/innen diskutiert. In keiner der Diskussionen wurden dabei die zentralen Ergebnisse substantiell in Frage gestellt. Allerdings wiesen Vertreter/innen der Wirtschaft wiederkehrend auf die sich gegenwärtig vollziehenden Veränderungen hin, die ihrer Einschätzung nach dazu führen, dass Betriebe zunehmend lernen bzw. lernen müssen, einen nicht-diskriminierenden Umgang mit Migrantinnen zu praktizieren: Im Zeitraum der Datenerhebung (März 2013 bis August 2014) war für die duale Berufsausbildung eine folgenreiche Verschiebung des Diskurses zu beobachten. Zentrales Thema in den Verbänden und in den Medien war die Annahme, dass sich eine demografische Entwicklung abzeichne, die zu einem gravierenden Rückgang an Bewerber/innen mit der Folge eines Fachkräftemangels führe. In diesem Zusammenhang wurden seitens der Wirtschaftsverbände Kampagnen entwickelt, durch die Betriebe aufgefordert wurden, ihre bisherigen Einstellungspraktiken zu überdenken, sich u. a. auch für migrantische Bewerber/innen stärker zu öffnen als bislang. Die Steigerung der Ausbildungsbeteiligung migrantischer Jugendlicher wurde seitens der Kammern als strategisches Ziel gefasst. 2014 wurde dann auf Bundesebene ein Programm zur Anwerbung von Auszubildenden aus den Krisenregionen Südeuropas aufgelegt. Unsere Datenerhebung fand also in einer Situation statt, die von Wirtschaftsverbänden und Betrieben als eine solche wahrgenommen wurde, in der die objektiven Bedingungen zu einer Überprüfung eingespielter Sichtweisen und Praktiken bei der Personalauswahl zwingen. Damit waren Kontextbedingungen gegeben, die dazu geführt haben, dass eine Benachteiligung von Migrant/innen von Repräsentanten der Wirtschaft und Politik als eine schon aus betriebswirtschaftlichen Gründen nicht mehr zeitgemäße Praxis bewertet wurde, eine Sichtweise, die in den Experteninterviews wie auch in einem Teil der Interviews mit Personalverantwortlichen explizit formuliert wird. Das ökonomische Interesse und die diskriminierungsrechtliche Normativität stimmen nach Einschätzung von Vertreter/innen der Wirtschaft gegenwärtig überein.

---

32  Ursprünglich geplant war eine kombinierte qualitative und quantitative Studie; v. a. aufgrund des Einwands, dass von einer quantitativen Studie nur sozial erwünschte Antworten zu erwarten seien, konnte dies nicht in der beabsichtigten Form realisiert werden.

Insofern ist davon auszugehen, dass die Interviews in einem Zeitraum statt-fanden, in dem einem Teil der Interviewten bewusst war, dass diskriminierende Äußerungen gegenüber Migrant/innen nicht nur im Widerspruch zur Rechtslage, sondern auch zum Selbstverständnis einer zeitgemäßen Ökonomie stehen. Dies legt die Einschätzung nahe, dass das, was in den Interviews zur Sprache kommt, die reale Ausprägung diskriminierender Überzeugungen und Kalküle nur ein-geschränkt abbildet; zumal eine Interviewsituation, in der Sozialwissenschaftler/innen Unternehmer/innen bzw. leitende Mitarbeiter/innen befragen, eine sozial akzeptable Selbstdarstellung der Befragten nahe legt. Entsprechend wurden wir von Expert/innen[33] in Gesprächen auch darauf hingewiesen, dass in einigen Betrieben durchaus offen fremdenfeindliche Äußerungen üblich sind, die aber nicht öffentlich getätigt werden. Dass es sich bei unserem Forschungsthema auch um ein durchaus ‚heikles Thema' handelt, bei dem öffentliche Äußerungen von Vertreter/innen von Politik und Verbänden sorgfältig abgewogen werden (insbesondere in Bezug auf die Diskriminierung kopftuchtragender Muslimas), wurde uns bei mehreren Gelegenheiten deutlich signalisiert.

Ein ähnlicher Effekt ist als Folge der Selektivität des realisierten Samples anzu-nehmen. Ausgehend von ersten Interviewinterpretationen und in Übereinstimmung mit vorliegenden Forschungsergebnissen waren wir zu der Annahme gelangt, dass eine offene Diskriminierungsbereitschaft am ehesten in Kleinbetrieben in ländlichen Regionen mit einer vorherrschend politisch konservativen Einstellung vorzufin-den ist. Entsprechend haben wir – um das Spektrum relevanter Haltungen und Praktiken möglichst breit zu erfassen – erhebliche Anstrengungen unternommen, um Zugang zu solchen Betrieben zu finden. Während Mittel- und Großbetriebe relativ leicht für Interviews zu gewinnen waren, wurden Interviewanfragen von Kleinbetrieben in ländlichen Regionen jedoch überproportional häufig abgelehnt. Begründet wurde dies mit fehlender Zeit und fehlendem Interesse. Wir können im Folgenden also zwar durchaus aufzeigen, dass es Betriebe gibt, in denen diskrimi-nierende Praktiken offen und unreflektiert artikuliert werden, können dies aber nur durch wenige Interviews belegen und keine Aussage dazu treffen, ob dies für bestimmte Branchen und Regionen mehr oder weniger typisch oder atypisch ist.

Mittels qualitativer Forschung sind ersichtlich prinzipiell keine Aussagen über die Häufigkeit möglich, mit denen ein Phänomen in der sozialen Wirklichkeit vorkommt. *Was wir mit den methodischen Mitteln unserer qualitativen Studie*

---

33  Im Forschungsprozess kam es auch zu informellen Gesprächen, in denen die Gesprächs-partner/innen betonten, dass sie mit ihren Äußerungen nicht zitiert werden möchten, um ihre Stellung nicht zu gefährden. Um Rückschlüsse auf die Personen zu vermeiden, kann hier keine weitere Spezifizierung dieser Aussagen vorgenommen werden.

*leisten können, ist, unterschiedliche Ausprägungen der Bedingungen und Gründe aufzuzeigen, die bei Betrieben zu diskriminierenden und zu nicht-diskriminierenden Praktiken bei der Vergabe von Lehrstellen führen. Aus den genannten Gründen ist davon auszugehen, dass durch das gewählte Vorgehen die für nicht-diskriminierende Praktiken förderlichen Bedingungen in unseren Daten deutlicher sichtbarer werden als ihr Gegenteil.* Eine ideale Strategie der Diskriminierungsforschung, die es ermöglichen würde, diese potenzielle Verzerrung zu kontrollieren, ist nicht in Sicht. Möglicherweise könnten Formen einer Feldforschung in lokalen Kontexten und Betrieben, die an die Tradition der Chicago-School der Soziologie anschließen, weiterführende Einsichten ermöglichen.[34] Die Bereitschaft, eine solche langwierige und aufwendige Forschung zu finanzieren, ist aber in Deutschland ebenso gering wie die Bereitschaft von Wissenschaftler/innen, sich auf eine solche Forschung einzulassen.

---

34 Was eine solche Forschung leisten kann, wurde zuletzt erneut in der von Alice Goffman (2014) durchgeführten Studie ‚On the Run' deutlich.

# Organisationsspezifische Akzeptanz-kriterien und betriebliche Passung

Betriebe sind, wie gezeigt, bei der Vergabe von Ausbildungsstellen mit einer prin-zipiellen Unsicherheit in Bezug auf die Eignung von Bewerber/innen konfrontiert. Um das Risiko einer Fehlentscheidung möglichst zu vermeiden, werden die Quali-fikationen, Kompetenzen und Persönlichkeitseigenschaften der Bewerber/innen in Auswahlverfahren geprüft, die sich in Hinblick auf den Grad der Formalisierung und den zeitlichen Aufwand erheblich unterscheiden. In allen Fällen wird jedoch eine mehrdimensionale Bewertung vorgenommen (s. Imdorf 2010, S. 202ff.), auf deren Bedeutung für die Diskriminierung migrantischer Bewerber/innen wir in diesem und im anschließenden Kapitel noch ausführlich eingehen werden. Dabei sind die folgenden Aspekte von zentraler Bedeutung: *Erstens* soll sichergestellt wer-den, dass die kognitiven, manuellen und sozialen Kompetenzen ausreichen, um die jeweiligen berufsspezifischen Anforderungen zu erfüllen. *Zweitens* sollen Bewerber/innen für den jeweiligen Beruf ausreichend motiviert sein sowie bereit sein, sich längerfristig an den Betrieb zu binden. *Drittens* soll überprüft werden, inwieweit es in der Biografie bzw. im Verhalten Hinweise auf Fähigkeiten und persönliche Eigenschaften gibt, die Auswirkungen darauf haben, ob sich die Bewerber/innen in die betrieblichen Abläufe und den Betrieb als Sozialgebilde, als Leistungs-Gemein-schaft – als ein soziales Gebilde mit spezifischen Kooperationszusammenhängen und einer Organisationskultur, die sich durch formelle und informelle Normen und Werte, Kommunikationsstile und Kooperationsformen auszeichnet – problemlos einfügen können und wollen. *Viertens* werden Bewerber/innen in Auswahlverfah-ren darauf beobachtet, ob sie den Betrieb nach außen, gegenüber Kund/innen und Geschäftspartner/innen, in akzeptabler Weise repräsentieren können.

In Auswahlverfahren geht es folglich um eine Abwägung zwischen unterschiedli-chen Aspekten und es ist unwahrscheinlich, dass Bewerber/innen alle Anforderungen umfassend erfüllen.[35] Deshalb geht es in Auswahlverfahren faktisch darum, eine pragmatische Passung zwischen Betrieb und Bewerber/innen herzustellen, d. h. solche Bewerber/innen auszuwählen, welche die betrieblichen Anforderungen zureichend erfüllen (vgl. Imdorf 2010, S. 202). Unter *Passung* können dabei „Annahmen über ein Zueinanderpassen von Erwartungen der Organisation, die über Stellen definiert sind, und dem, was eine Person an Fähigkeiten und Einstellungen mitbringt" (Luhmann 2000, S. 287) verstanden werden. Passung konzipieren wir damit als ein Konstrukt der jeweiligen Betriebe, welches explizite und implizite Annahmen der Betriebe über die Entsprechung der Eigenschaften von Bewerber/innen zu den jeweiligen beruflichen und betrieblichen Anforderungen beinhaltet.[36] Das heißt, Betriebe verfügen über ein für sie selbst plausibles und hinreichend bewährtes, aber nicht über ein objektives und sicheres Wissen darüber, was erforderliche Eigenschaften von Bewerber/innen sind; sie operieren deshalb mit mehr oder weniger starren, mehr oder weniger expliziten und mehr oder weniger formalisierten Kriterien, die zu einer Einschätzung der Passung herangezogen werden.

*Im Auswahlprozess geht es also um eine pragmatische Abwägung, die dazu führen soll, mit einem vertretbaren Aufwand hinreichend geeignete Bewerber/innen zu finden und dabei Risiken zu minimieren.* Ein Mittel hierfür sind *Ausschlusskriterien*, die auch dann zur Nicht-Einstellung führen, wenn ansonsten eine Eignung angenommen wird. Bedeutsame Ausschlusskriterien sind nicht nur aus Sicht der Betriebe unzureichende schulische Qualifikationen oder Testergebnisse, sondern auch Merkmale, die als Indizien für unzureichende soziale Anpassungsfähigkeit gelten, wie etwa die Mitgliedschaft in rechtsextremen Gruppierungen oder eine strafrechtliche Vorbelastung (s. Scherr/Gründer 2011, S. 27). Ein Ausschlusskriterium, das nachweisbar zu einer direkten Benachteiligung migrantischer Bewerber/innen führt, ist die erhebliche Diskriminierungsbereitschaft gegenüber Bewerber/innen mit muslimischer Religionszugehörigkeit (s. Scherr/Gründer 2011, S. 26ff.; Scherr/Janz/Müller 2013; s. u. Kapitel 6).

---

35  „Mehrfache Strukturprobleme im Selektionsprozess (u. a. multidimensionale Anforderungen des Stellenprofils, die kein Bewerber in ihrer Gesamtheit annähernd perfekt erfüllt) führen dazu, dass ‚der beste Kandidat' gar nicht gefunden werden kann. […] Betriebe brechen ihre Suchbemühungen frühzeitig ab, sobald ein Kandidat gefunden ist, der die multiplen betrieblichen Anforderungen ‚genügend befriedigt'" (Imdorf 2010, S. 202).

36  Diese Konzeption von Passung unterscheidet sich von der gängigen Verwendung dieses Terminus in der Bildungssoziologie, die im Anschluss an Bourdieu das Verhältnis milieubedingter habitueller Dispositionen zu schulischen Anforderungen thematisiert – womit Passung als objektives Verhältnis von Person und Institution beschrieben wird (vgl. Kramer/Helsper 2010).

Berufsfachliche und soziale Ausschlusskriterien schränken die Bewerber/innenauswahl – vom Fall der Berufe mit erheblich defizitärer Nachfrage abgesehen – jedoch nicht zureichend ein. Die Einschätzung der betrieblichen (Nicht-)Passung erfolgt deshalb mittels einer Beurteilung der erreichbaren Informationen auf der Grundlage von zum Teil expliziten, zum Teil impliziten *Akzeptanzkriterien*. Diese Akzeptanzkriterien stellen den Rahmen dar, in dem entschieden wird, ob eine hinreichende betriebliche Passung gegeben ist.

Im empirischen Material unserer Studie zeigt sich zunächst, dass Auswahlverfahren, Akzeptanzkriterien und Passungskonzepte in einem hohen Maße betriebsspezifisch ausgeprägt sind – und dies in einer Weise, die für die Diskriminierung bzw. Nicht-Diskriminierung migrantischer Bewerber/innen folgenreich ist. Sie sind zu einem erheblichen Teil eine Folge der Spezifika des Einzelbetriebs, etwa seiner Geschichte als Organisation, seiner Situierung im jeweiligen regionalen Kontext und auch persönlichen Überzeugungen und Präferenzen der jeweils für die Personalentscheidungen Verantwortlichen. Diese Besonderheiten können nicht ignoriert werden. Gleichwohl können *Merkmale* aufgezeigt werden, *die zu jeweils typischen Ausprägungen der Akzeptanzkriterien und Passungskonzepte beitragen*: a) der regionale Kontext, insbesondere Unterschiede zwischen städtischen und ländlichen Betrieben; b) die Betriebsgröße, insbesondere Unterschiede zwischen Klein-, Mittel- und Großbetrieben; c) branchen- und berufsspezifische Merkmale, insbesondere Unterschiede in Abhängigkeit von der Bedeutung von Kundenkontakten; d) das Selbstverständnis des Betriebs, insbesondere im Zusammenhang mit einer Weltmarktorientierung oder einer regionalen Ausrichtung der Organisationsstruktur, der Produktion und der Kundenbeziehungen.

Um sowohl die – für die Einstellungschancen migrantischer Bewerber/innen hoch folgenreiche – Varianz der Ausprägungen von betrieblichen Ausschlusskriterien, Akzeptanzkriterien und Passungskonzepten, als auch die für deren Ausprägung bedeutsamen Einflussfaktoren aufzuzeigen, werden im Folgenden fünf Fälle dargestellt. Die Auswahl dieser Fälle aus dem umfangreichen Material unserer Studie erfolgte unter dem Gesichtspunkt, die erheblichen Unterschiede der betrieblichen Auswahlverfahren exemplarisch zu verdeutlichen.

## 4.1    Fallportrait 1: Migrantische Auszubildende als unproblematischer Normalfall

> *„Ich find das gehört zu 'nem internationalen Hotel mit dazu, dass Menschen sämtlicher Couleur im Service arbeiten, auch im direkten Kontakt."* (I6, 489f.)

Die Verwendung der Unterscheidung von einheimischen und migrantischen Bewerber/innen führt nicht notwendigerweise zu einer Benachteiligung von Migrant/innen (s. Kapitel 5.2.2). In dem vorliegenden Fallbeispiel wird vielmehr deutlich, dass unter den gegebenen spezifischen Bedingungen ein Migrationshintergrund nicht als problematisch betrachtet wird. Vielmehr gilt die Unterscheidung Einheimische/Migranten als weitgehend irrelevant und ein Migrationshintergrund wird auch als positives Merkmal bewertet. Anstatt die Unterscheidung Deutsche vs. Person mit Migrationshintergrund als Auswahlkriterium zu verwenden und auf ethnische und nationale Gruppenkategorien zu rekurrieren, werden in diesem Fall branchen- und berufsspezifische bedeutsame Persönlichkeitseigenschaften, insbesondere soziale Verhaltenskompetenzen, als zentrale Auswahlkriterien wirksam.

Im vorliegenden Fall handelt es sich um ein Hotel mit über hundert Mitarbeiter/innen, das in einer im Verhältnis zu Migrant/innen als liberal und tolerant geltenden Großstadt angesiedelt ist. Der Befragte betont zudem die aus seiner Sicht branchentypische Internationalität des Hotelgewerbes (s. u.). Wie auch in anderen Branchen zeigt sich hier, dass eine internationale bzw. globale Verortung des Betriebs im Hinblick auf Märkte und Kunden auch dahingehend Rückwirkungen auf das Selbstverständnis hat, dass eine prinzipielle Offenheit gegenüber migrantischen Mitarbeiter/innen beansprucht wird.

Ein fallspezifisches Merkmal besteht darin, dass der Hotelmanager sich als Kind eines Arbeitsmigranten und damit als Person mit Migrationshintergrund positioniert: *„Also ich bin auch <unverständlich>, ich hab auch Migrationshintergrund; mein Vater kam in den 60er Jahren aus [Land, d. A.] nach Deutschland und war damals der Gastarbeiter."* (I6, 491ff.) Sein Selbstverständnis als Migrant führt dazu, dass er für sich beansprucht, keine negativen Einstellungen gegenüber Migrant/innen zu haben.

Die Situation des Betriebes und die der Gastronomie im Allgemeinen zeichnet sich in der Sicht des befragten Managers derzeit durch die geringe Attraktivität von Gastronomie-Berufen aus. Die Gründe hierfür liegen seines Erachtens in den für Jugendliche in besonderer Weise unattraktiven Arbeitsbedingungen (Abendarbeitszeiten, Schicht- und Wochenenddienste) sowie dem geringen Prestige, das die angebotenen Ausbildungsberufe gesamtgesellschaftlich und unter Jugendlichen sowie in deren Peergroups genießen: *„Die Schichtzeiten, und wenn wir ehrlich sind, einen Dienst zu leisten, ist in Deutschland immer noch nicht angesehen."* (I6, 1275f.) Dies habe in Zusammenhang mit der demografischen Entwicklung zu einer extremen Verschlechterung der Ausbildungsplatznachfrage in den letzten fünf Jahren geführt: *„Wir haben hier im Haus von 23 Stellen, über alle Ausbildungsberufe, seit letztem Sommer fünf Stellen nicht besetzen können."* (I6, 154f.) Hierbei handelt es sich um *„hauptsächlich Köche und Restaurantfachleute"* (I6, 159f.). Er weist darauf hin, dass deshalb erhebliche Anstrengungen unternommen werden, diese Ausbildungsberufe aktiv in Schulen und auf Messen zu bewerben.

Der Auswahlprozess besteht im vorliegenden Fall aus einer einzureichenden schriftlichen Bewerbung, einem Vorstellungsgespräch und dem Probearbeiten. Die Noten sind dabei – wie auch in Fallportrait 3 (s. u.) – nicht zentral, weitaus wichtiger ist das Vorstellungsgespräch.

*„Da sind Noten mal, um das nochmal einzuwerfen, manchmal gar nicht so wichtig, sondern eher, wie ist er im Vorstellungsgespräch; kommt er rüber, ist er ein herzlicher Mensch, ist er offen, ist er interessiert, stellt er viele Fragen. Wenn das passt, dann ist der nächste Schritt ein Probearbeiten."* (I6, 272ff.)

Die hier genannten Kriterien lassen sich branchen- bzw. berufsspezifischen Anforderungen und Standards zuordnen. Im Dienstleistungssektor allgemein und im Hotelgewerbe im Besonderen gelten – wie unsere Interviews zeigen – ein freundlicher, aufgeschlossener Umgang mit den Kund/innen als eine zentrale Grundanforderung. Über diese geben schulische Noten ersichtlich keine Auskunft und sind deshalb nur von nachrangiger Bedeutung.

Wenn das Vorstellungsgespräch erfolgreich war, werden die Bewerber/innen zu einem mehrtägigen Probearbeiten eingeladen. Im weiteren Auswahlprozess gibt die Probearbeit den entscheidenden Ausschlag für oder gegen Bewerber/innen, so dass eine gute Bewertung des Probearbeitens auch ein schlechtes Vorstellungsgespräch aufwiegen kann. Andersherum ist dies nicht möglich:

*„Umgekehrt haben wir in den letzten zwei Jahren eigentlich keinen eingestellt, der erst gut war im Gespräch, aber dann im Probearbeiten strittig war. Also letztendlich ist so: Das, da, wo die Entscheidung getroffen wird, ist das Probearbeiten in den drei Tagen; wie gibt er sich im Team, wie verhält er sich, wie geht er mit Kollegen um, wie ist das mit den Vorgesetzten, wie ist er am Gast. Gerade im Service, da sieht man es ja sehr sehr gut, das ist ja meistens, dass er dann so drei vier Stunden im Frühstücksservice mit dabei ist, und da*

*merkt man relativ schnell, wie offen sind die, wie schnell gehen die auf Menschen zu, oder verstecken sie sich lieber und da muss man schon ein bisschen aufpassen." (I6, 727ff.)*

Die hier betonten Kriterien beziehen sich alle auf Formen der Selbstpräsentation und des sozialen Handelns, die eng mit Persönlichkeitseigenschaften verbunden, d. h. keine von der Persönlichkeit ablösbaren und einfach antrainierbaren Fertigkeiten sind. Diese werden als besonders wichtig für die Arbeit in einem Hotel bewertet. Freundlichkeit taucht als zentrales Kriterium immer wieder auf: *„Freundlichkeit, Pünktlichkeit, ordentliches Arbeiten etc. also wirklich ganz grob gefasst." (I6, 687f.) „Ja und dann, ist er eine freundliche Person oder ist er generell jemand, der den Mundwinkel unten hat." (I6, 337f.)*

Zu den weiteren Anforderungen, die im Interview genannt werden und die sich ebenfalls auf den Bereich der Persönlichkeitseigenschaften beziehen, gehören außerdem das Interesse an Kommunikation sowie die psychische Belastbarkeit, auch bei konfliktträchtigen Kundenkontakten.

*„Ist ein offener Mensch, ein an Menschen interessierter Mensch vor allem. Also er ist gerne in Kommunikation, und er muss natürlich auch belastbar sein durch diese, durch diese Schichtarbeiten, Frühdienst, Spätdienst, und muss auch ein breites Fell entwickeln können, so gerade wenn man an der Rezeption arbeitet." (I6, 809ff.)*

Als entscheidende branchen- und berufsspezifische Anforderungen und Erwartungen an Bewerber/innen können hier Persönlichkeitseigenschaften bestimmt werden, die soziale Fähigkeiten im Umgang mit Menschen betreffen (vgl. dazu auch Fallportrait 2).

Im Hotel- und Restaurantgewerbe wird darüber hinaus – auch im vorliegenden Fall – dem äußeren Erscheinungsbild eine zentrale Bedeutung zugewiesen. Dies kann je nach regionalem Kontext, Selbstverständnis des Hotels und angesprochener Zielgruppe zur Benachteiligung oder zur Bevorzugung von Bewerber/innen führen, deren Aussehen die Zuschreibung eines Migrationshintergrundes nahe legt.[37] Im vorliegenden Fall stellen die Hautfarbe und/oder eine Sprechweise, die zur Annahme eines Migrationshintergrundes führen, keinen Problemindikator bei der Auswahlpraxis dar. Im Gegenteil: Mehrsprachigkeit und eine heterogene

---

37  Entscheidend ist diesbezüglich nicht, ob tatsächlich ein eigener oder familialer Migrationshintergrund vorliegt, sondern ob körperliche Merkmale eine solche Zuschreibung mit hoher Wahrscheinlichkeit veranlassen.

Zusammensetzung der Belegschaft werden hier positiv und als funktional für das Hotel bewertet.

> *„Wir brauchen sehr, sehr viel Italienisch im Sommer. Wir brauchen arabische Sprachen, wir brauchen im Sommer Holländisch und wenn da Muttersprachler mit dabei sind, die zweisprachig aufgewachsen sind, ist das nur ein Plus für uns." (I6, 789ff.)*

Da die Angestellten auch mit deutschen Kund/innen kommunizieren können müssen, werden Deutschkenntnisse vorausgesetzt, allerdings nicht Deutsch als Erstsprache:

> *„Also es muss keine Muttersprache sein, aber es sollte schon so sein, dass man sich, dass man, dass man ihn versteht." (I6, 762f.)*

Dass darüber hinaus eine heterogene Herkunft der Belegschaft in diesem Hotel als normal gilt und nicht weiter hinterfragt wird, wird in folgenden Aussagen deutlich:

> *„Ich find das gehört zu 'nem internationalen Hotel mit dazu, dass Menschen sämtlicher Couleur im Service arbeiten, auch im direkten Kontakt." (I6, 489ff.)*
> *„Also, wenn ich mein Serviceteam anschaue, wir haben wirklich alles; wir haben jemanden aus Sri Lanka, wir haben Italiener, wir haben Deutsche, wir haben Ostdeutsche, wir haben aus dem Nordafrikanischen, also jetzt irgendwo Marokko, junge, junge Menschen, junge Damen. Die uns eben unser Getränk gebracht hat, kam als Au-Pair-Mädchen aus Madagaskar."(I6, 940ff.)*

Darüber hinaus betont der Hotelmanager, dass unterschiedliche Hautfarben und Migrationshintergründe im Hotel- und Gastronomiegewerbe seines Erachtens allgemein zur Normalität gehören, es sich seines Erachtens um eine branchenspezifische Offenheit handelt: *„Auch Hautfarbe oder, oder so das spielt überhaupt keine Rolle [...] also, ich glaub wir sind da im Hotel weiter als in anderen Branchen." (I6, 460ff.)*

Auch aus Sicht der von uns befragten Expert/innen aus Wirtschaftsverbänden lässt sich im Hotel- und Gastronomiegewerbe aufgrund des Mangels an Bewerber/innen eine weitgehende Öffnung gegenüber migrantischen Jugendlichen feststellen. Allerdings legen unsere Befragungen von Klein- und Mittelbetrieben in ländlichen Regionen die Einschätzung nahe (vgl. Fallportrait 2 und 3), dass es in ländlichen Regionen mit einem geringen Migrant/innenanteil auch im Hotelgewerbe zu einer deutlich ausgeprägten Abschließung bei der Personalauswahl kommen kann, insbesondere dann, wenn es sich um einen mit regionalen Besonderheiten werbenden Tourismus handelt. Insofern handelt es sich bei dem vorliegenden Fall nicht um eine durchgängig branchentypische Ausprägung. Vielmehr werden hier spezifische Faktoren (städtischer Kontext mit hohem Migrantenanteil, internationale Kundschaft, Migrationshintergrund des Managers) wirksam, die dazu beitragen, dass ein Migrationshintergrund nicht als negatives Merkmal gilt.

Im vorliegenden Fall wird zwar einem Aussehen, das die Zuschreibung eines Migrationshintergrunds veranlasst, keine negative Bedeutung zugeschrieben. Für die Passung zum Betrieb sind andere Aspekte der äußeren Erscheinung jedoch von erheblicher Relevanz. Diesbezügliche Akzeptanzkriterien – insbesondere ein gepflegtes Erscheinungsbild –, die in den Aussagen zu einer angemessenen/ nicht-angemessenen äußeren Erscheinung für die Arbeit in diesem Hotel deutlich werden, werden mit Annahmen über die kommunikative Signalwirkung bestimmter Merkmale gegenüber den Kund/innen begründet:

> *„Das muss irgendwo ins Gesamtbild des Hauses in irgendeiner Art und Weise passen. Es geht jetzt nicht darum, dass hier nur Models rumlaufen, männlich und weiblich, sondern, dass der junge Mensch, der sich hier für eine Ausbildung zum Hotelfachmann bewirbt, einen gewissen Wert aufs Äußere auch legt. Dass er gepflegt erscheint, dass die Kleidung, er muss nicht im Kostüm kommen, aber es muss irgendwo stimmig sein."* (I6, 322ff.)

Es kommt damit nicht darauf an, welche Hautfarbe eine Person hat oder welche Körpermaße, sondern vielmehr, ob die Gesamterscheinung ordentlich und gepflegt ist. *„Und da habe ich auch schon beides erlebt, dass jemand, der sehr, sehr, sehr übergewichtig war, doch dennoch ein sehr gepflegter Mensch sein kann. Der muss halt darauf achten, dass er vielleicht öfters mal ein Deo nimmt etc. etc. Wenn das Übergewicht da ist und der Rest auch nicht stimmt, DANN wird's zum Problem."* (I6, 368ff.)

Damit sind sehr allgemein gefasste Erwartungen benannt, die aus der Sicht des Hoteldirektors den Erwartungen der Kund/innen entsprechen. Anders wäre dies bei spezifischeren Körpernormen und Schönheitsidealen, da diese sich je nach soziokulturellem Kontext erheblich unterscheiden. Insofern ist es für den Befragten im Hinblick auf seine internationale Kundschaft funktional, eher unspezifische Kriterien wie ein gepflegtes Äußeres und eine ordentliche Erscheinung zu beachten, als gesellschaftlich und kulturell spezifischere wie Körpermaße oder Hautfarbe.

In die Einstellungsentscheidungen gehen damit im vorliegenden Fall keine askriptiven Merkmale ein, die zu einer Diskriminierung von Migrant/innen führen – mit einer Ausnahme: dem muslimischen Kopftuch. Die Ablehnung wird hier zunächst vordergründig mit einem Verweis auf die Uniformpflicht begründet:

*„Da haben wir die Schwierigkeit, dass wir auch eine Uniformpflicht haben. Das*
*heißt, die Hausordnung besagt, dass wir keine Mützen, keine Kopftücher haben.*
*Also ich hab kein Problem mit, wenn die junge Dame im Vorstellungsgespräch*
*ein Kopftuch tragen würde. Ich würde aber direkt im Vorstellungsgespräch*
*darauf hinweisen, dass das Kopftuch während der Arbeitszeit nicht getragen*
*werden kann." (I6, 513ff.)*

Die Ablehnung des Kopftuchs als Bestandteil der Arbeitskleidung markiert eine
Grenze der Akzeptanz, die in einem auffälligen Kontrast zu der Offenheit steht,
die im Hinblick auf andere Merkmale beansprucht wird.
Dies ist auch deshalb erklärungsbedürftig (s. dazu Kapitel 6), weil diese Ablehnung
im vorliegenden Fall nicht auf eigene schlechte Erfahrungen mit kopftuchtragenden Mitarbeiterinnen und auch nicht auf negative Reaktionen von Kund/innen
basiert. *„Aber auf der anderen Seite, ich habe den Fall noch nicht gehabt, muss ich*
*ganz ehrlich sagen." (I6, 537f.).*

Zusammenfassend kann festgestellt werden, dass im vorliegenden Fall Kriterien
für Auswahlentscheidungen wichtig sind, die erheblich über formale Qualifikationen
hinausgehen und persönlichen Eigenschaften eine zentrale Bedeutung zugewiesen
wird. Dies schränkt die Auswirkungen schulischer Benachteiligung von Migrant/
innen auf ihre Ausbildungschancen ein. Zudem werden branchenspezifische Besonderheiten und Erfordernisse (gepflegter Eindruck, Erscheinungsbild, persönliche
Ausstrahlung, Kommunikationsverhalten) dabei in einer Weise gefasst, die nicht zu
einer Bevorzugung einheimischer Bewerber/innen führt. Wichtiger als die Noten
sind damit im Auswahlverfahren das Vorstellungsgespräch und ausschlaggebend das
Probearbeiten. Wenn der Gesamteindruck des Bewerbers/der Bewerberin zum „Gesamtbild des Hauses" passt und damit den betriebsspezifischen Akzeptanzkriterien
entspricht, wird der Ausbildungsvertrag abgeschlossen. Das angestrebte „Gesamtbild
des Hauses" ist dabei dezidiert international. Ein sichtbarer Migrationshintergrund
und Mehrsprachigkeit gehören damit zum Selbstbild des Hotels. Erklärbar ist dies
durch die sich gegenseitig bedingenden Einflussfaktoren: die städtische Lage und
die als tolerant geltende Stadt, die ein spezifisches Klientel an Kund/innen anziehen,
der sich als Person mit Migrationshintergrund positionierende Hotelmanager sowie
das bereits aus verschiedenen Ländern stammende Personal.

## 4.2    Fallportrait 2: Die zentrale Bedeutung der Ortsansässigkeit und der Reputation der Familie

> *„Aber trotzdem, bei uns wir gucken drauf oder versu-*
> *chen, noch ein paar Informationen noch dazu zu kriegen,*
> *was ist da für 'ne Familie, wie fällt die auf."* (I15, 607f.)

Im folgenden Fall – einer Bank in einer Gemeinde mit ca. 16.000 Einwohner/innen, die in etliche Ortschaften untergliedert und in einer ländlichen Region gelegen ist – wird die soziale Herkunft, insbesondere die Reputation des Elternhauses, als entscheidende Voraussetzung für eine erfolgreiche Bewerbung und Ausbildung zum Bankkaufmann dargestellt. Aufgrund der Situation in der strukturschwachen Region und der damit gegebenen Abwanderung eines erheblichen Teils der Jugendlichen nach der Schule wird zudem eine lokale Bindung von Bewerber/innen als wichtiges Auswahlkriterium betrachtet.

Die starke Bedeutungszuschreibung, die die soziale Herkunft hier erfährt, hängt *erstens* mit der ländlich-kleinstädtischen Sozialstruktur des Standortes der Bank und der damit einhergehenden Tatsache zusammen, dass die alteingesessenen Familien in der Gemeinde sich gegenseitig kennen und durch soziale Netzwerke verbunden sind. Damit werden bei der Lehrstellenvergabe nicht nur soziale Verpflichtungen gegenüber dem privaten sozialen Umfeld relevant. Dies führt zudem dazu, dass die soziale Reputation der Familie auf Bewerber/innen ausstrahlt, diese also nicht einfach als Individuen, sondern als Mitglieder einer mehr oder weniger reputierlichen Familie wahrgenommen werden. Bedeutsam wird dies im vorliegenden Fall *zweitens* aufgrund eines Spezifikums des Berufs Bankkaufmann/ Bankkauffrau: Im Interview wird hervorgehoben, dass dieser Beruf mit Einblicken in die Einkommens- und Vermögensverhältnisse, also die Privatsphäre der Kund/ innen einhergeht und deshalb ein Vertrauensverhältnis zwischen Kund/innen und Berater/innen zentral für die Berufsausübung sei.[38] Insbesondere müssen Kund/ innen – wie in anderen, z.B. medizinischen, therapeutischen und rechtspflegerischen Berufen, sich darauf verlassen können, dass das Wissen, das sie preisgeben, nur im jeweiligen beruflichen Kontext und in ihrem Interesse verwendet wird. Im

---

38  In einem Gespräch mit einem lokalen Informanten aus dem Bankgewerbe wurde darauf hingewiesen, dass manche Kund/innen sich dazu strategisch verhalten, indem sie die Einblicke der Bank in ihre Vermögensverhältnisse dadurch begrenzen, dass sie ihr Vermögen zwischen unterschiedlichen Banken aufteilen. Auch hierin wird die Einschätzung des Bank-Kunden-Verhältnisses als ein besonderes Vertrauensverhältnis deutlich, das seitens der Banken sorgfältig gepflegt werden muss.

Zusammenhang damit ist *drittens* bedeutsam, dass von künftigen Mitarbeiter/innen ein für die Branche typisches ordentliches Erscheinungsbild, formelle Kleidung und korrekte Umgangsformen erwartet werden, die eine Beachtung sozialer Regeln und die Wahrung sozialer Distanz symbolisieren.

Diese aus Sicht des Betriebes betriebswirtschaftlich-rationalen Vorgaben führen im vorliegenden Fall aus den folgenden Gründen zu einer Benachteiligung migrantischer Bewerber/innen: Deren Familien gehören nicht zu den etablierten alteingesessenen Familien mit hoher Reputation, sondern zu den zugewanderten Außenseitern (vgl. Elias/Scotson 1993). Ihnen werden hier zudem eher schwierige Familienverhältnisse, die Zugehörigkeit zu einer niedrigeren sozialen Schicht sowie schlechtere Deutschkenntnisse zugeschrieben.

In dem vorliegenden Fall handelt es sich um eine Bank mit ca. 60 Beschäftigten und aktuell fünf Auszubildenden. Die Bewerber/innenlage wird als stabil und ausreichend beschrieben:

*„Wir kriegen genügend qualifizierte Bewerbungen hier, so dass wir eine gute Auswahl treffen können."* *(I15, 45f.)* Einschränkend wird aber die Einschätzung *formuliert, dass „die [Bewerber/innen, d. A.] von der schulischen Qualität her schlechter aufgestellt sind wie früher."* *(I15, 58f.)*

Im Auswahlprozess können demnach gezielt diejenigen ausgesucht werden, die den betrieblichen Anforderungen entsprechen. Das Auswahlverfahren umfasst die Begutachtung der schriftlichen Bewerbungen – *„sondiere ich einfach mal die Bewerbungsunterlagen, angefangen über, wie ist alles aufgemacht, Lebenslauf; in aller Regel, sind das ordentliche Bewerbungen"* (I15, 276ff.) – ein Vorstellungsgespräch – *„das ist Vorstandssache, in der Regel, wie gesagt, treff' ich eine gewisse Vorauswahl für auch dieses Vorstellungsgespräch"* (I15, 321ff.) – und ein Betriebspraktikum. Der Schulabschluss, vorausgesetzt wird ein Realschulabschluss, und die schulischen Noten sind als Schwellenwerte relevant, relativ bessere schulische Noten führen jedoch nicht direkt zu besseren Einstellungschancen: *„Natürlich 'ne gewisse schulische Grundbildung, also sagen wir mal im Bereich schulische Noten Durchschnitt befriedigend."* (I15, 516ff.) Entscheidend für die Zu- oder Absage an Bewerber/innen sei jedoch, welchen Eindruck die Jugendlichen in der Praxis vermitteln würden: *„Hauptbeurteilungskriterium ist natürlich, wie gibt er sich hier in der Praxis."* (I15, 118ff.)

Rekrutiert wird nach Aussage des Personalverantwortlichen in einem regionalen Kontext, der klar umrissen wird: *„Wir bevorzugen Leute, die hier aus der Gemeinde kommen, die hier aus dem Geschäftsgebiet kommen."* (I15, 197f.) Dieser regionale

Kontext der Bank ist gekennzeichnet durch eine sehr homogene Bevölkerungszusammensetzung, in der es kaum Personen mit Migrationshintergrund gibt.

> *„B: Hier jetzt in [Gemeinde, d. A.], taucht das [Gruppen mit Migrationshintergrund, d. A.] eigentlich weniger auf, aber mit, ist so zu erklären, ich hab den Hauptwohnsitz in [Stadt, d. A.]*
> *I: ah ok, hm hm*
> *B: und das ist natürlich ein ganz anderer Brennpunkt wie [Gemeinde, d. A.], hier ist ein bisschen noch heile Welt; hier gibt's auch nicht so diese Konzentrationen von Aussiedlern." (I15, 1046ff.)*

Die Gemeinde kämpft außerdem mit rückläufigen Einwohnerzahlen:

> *„Weil das Angebot ist einfach in der Stadt attraktiver, wie speziell jetzt hier in [Gemeinde, d. A.]. Ist ja eine Gemeinde wo seit Jahren rückläufige Einwohnerzahl hat." (I15, 1201ff.)*

Die Tatsache, dass der Standort der Bank in einer ländlich geprägten strukturschwachen Region angesiedelt ist, hat, wie erwähnt, einen erheblichen Einfluss auf die Akzeptanz- und Ausschlusskriterien der hier untersuchten Bank. So rekrutiert die Bank ihre Azubis ausschließlich aus der Gemeinde:

> *„Und wenn die Leute dann von auswärts sind, uns liegen schon Bewerbungen vor, dann schreiben wir denen gleich ab. Also, die kommen gar nicht in die engere Wahl, auch wenn sie gute Noten hatten, weil wir bevorzugen Leute hier aus der Gemeinde." (I15, 284ff.)*

Das heißt, die regionale Herkunft ist ein Ein- und Ausschlusskriterium (wohnhaft in der Gemeinde vs. Wohnort außerhalb der Gemeinde mit mehr als 20 bis 30 km entfernt). Diesem Vorgehen liegt, so der Personalverantwortliche, die strategische Überlegung zu Grunde, dass die Chancen höher sind, die Jugendlichen nach ihrer abgeschlossenen Ausbildung übernehmen zu können, wenn sie aus der Gemeinde selber kommen und dort beheimatet sind:

> *„Und unsere Einstellung ist die: Wenn wir unsere Leute nicht selber ausbilden, in ein strukturschwaches Gebiet wie [Gemeinde, d. A.] kommen die Leute nicht, oder bleiben die Leute nicht, die jungen Leute; die gehen dann weg studieren, was weiß ich." (I15, 79ff.)*

Die notwendigen Anstrengungen in einer strukturschwachen Region den eigenen Nachwuchs nicht nur selber auszubilden, sondern v. a. auch dauerhaft an den Betrieb binden zu können, führt nach Aussagen des Personalverantwortlichen auch zu einer Relativierung der Bedeutung guter schulischer Noten (vgl. auch Fallportrait 3).

*„Und dann muss ich halt irgendwie versuchen die reinzukriegen, fertige Leute kommen ungern nach [Gemeinde, d. A.]. Ja, also sind wir gezwungen selber auszubilden." (I15, 184ff.)*

Anstatt die Besten auswählen zu wollen und Gefahr zu laufen, diese an weiterführende Karrieremöglichkeiten zu verlieren, werden *„bodenständige"* Personen bevorzugt:

*„Und deshalb mein ich auch, da läuft die Demographie dann auch gegen uns, und deshalb sind wir auch gut beraten, wenn wir nicht die Überflieger aus der Schule nehmen, sondern einfach Jungs und Mädchen, ja die eben hier bodenständig sind." (I15, 1214ff.)*

Damit wird für die betriebliche Passung die regionale Herkunft stärker gewichtet als gute Noten bzw. Schulabschlüsse:

*„B: Ein Realschüler hat dann eine sehr gute Chance, wenn er dann im Schnitt Minimum bei 3 liegt*
*I: ok*
*B: Das muss kein Überflieger sein. Das wie gesagt, wir brauchen auch Indianer und nicht nur Häuptlinge, und wenn dann die Leute sich in der Praxis bewähren, dann haben wir länger davon." (I15, 1106ff.)*

Als zentrales berufsspezifisches Akzeptanzkriterium nennt der Personalverantwortliche die äußere Erscheinung:

*„B: Das sind zum Beispiel Äußerlichkeiten, wo beispielsweise ein Knock Out Kriterium sein kann; also Leute, die mit Piercing und Tattoos an sichtbaren Stellen*
*I: ok*
*B: Piercing je nach dem, man kann ja mal hier an der Nase im Nasenflügel ein Brilli haben, das ist natürlich anders wie ein Nasenring oder, oder Lippe durchstochen, das passt nicht zu dem Bild bei 'ner Bank generell." (I15, 616ff.)*

In einer Bank müsse der Auszubildende auch dem Bild eines Bankangestellten entsprechen. Da in einer Bank Einblicke in sehr persönliche Belange geschehen würden und dies ein Vertrauensverhältnis voraussetzt – *„Und wenn der Kunde nachts aufwacht und an Geld denkt, und der zweite Gedanke muss ihm eigentlich sein Berater sein"* (I15, 1413f.) – müssen die Auszubildenden sich in einer Weise präsentieren, die einen seriösen Eindruck vermittelt:

> *„Oder wenn sich im Praktikum schon jemand sehr gut präsentiert, und ich sag den Leuten das auch immer, wenn ihr den Beruf mal ergreifen möchtet, dann präsentiert euch jetzt schon ordentlich."* (I15, 213ff.)

Neben der äußeren Erscheinung schreibt der Personalverantwortliche den sozialen Umgangsformen der Bewerber/innen eine entscheidende Bedeutung bei der Beurteilung der berufs- und damit auch betriebsspezifischen Passung zu:

> *„Dem schreib ich eigentlich ganz viel Talent zu für diesen Beruf, er hat sehr gute Umgangsformen, freundlich, aufgeschlossen, hat sich im Praktikum auch so gegeben. Die Kollegin, die ihn betreut hat, war begeistert."* (I15, 227ff.)

Weiter wird die Kommunikationsfähigkeit als wichtiges Element der beruflichen Eignung hervorgehoben. Auf die Frage nach den Eigenschaften eines idealen Auszubildenden antwortet der Personalverantwortliche:

> *„Also in erster Linie kontaktfähig, eine auffällig hohe Kontaktfähigkeit. Natürlich 'ne gewisse schulische Grundbildung, also sagen wir mal im Bereich schulische Noten Durchschnitt befriedigend; aber Kontaktfähigkeit, gepflegtes Auftreten, und das halte ich eigentlich hier für elementar."* (I15, 512ff.)

In die Bewertung von Bewerber/innen geht dabei nicht nur das Verhalten während des Vorstellungsgesprächs bzw. während des Probearbeitens ein. In den Blick genommen werden auch die Umgangsformen, die die Bewerber/innen außerhalb des Bankgebäudes haben:

> *„Wenn ich ihn anruf' und er hat schon keine vernünftige Meldeformel am Telefon, hallo, oder ja, oder, da kriegt er schon die ersten Minuspunkte."* (I15, 361ff.) Und: *„Wenn sich jemand mit dem Namen meldet, dann ist das schonmal ein Plus; und dann kommt er hier her und man gibt sich die Hand."* (I15, 441f.)

In die Auswahlentscheidung geht die Überlegung ein, dass Mitarbeiter/innen und Kund/innen sich im lokalen Kontext auch außerhalb der Bank kennen und begegnen, so dass das private Auftreten auf die Einschätzung von Mitarbeiter/innen ausstrahlt. Bewertet werden damit nicht nur spezifische berufliche Qualifikationen, sondern auch das persönliche Image eines Bewerbers als Gemeindemitglied:

> *„B: Freundlichkeit, Freundlichkeit und Umgangsformen, die sind schon sehr wichtig, weil unsere Kunden reflektieren dann auch ganz schnell, wenn die mitkriegen, ihr Nachbarkind wird jetzt Auszubildender bei uns. Jetzt hat dieses Nachbarkind ja plötzlich Einblicke in meine Vermögensverhältnisse.*
> *I: aja ok hm hm*
> *B: Da hatten wir schon die Situation, dass eine gesagt hat, wenn ihr die nimmt, dann hör, dann brech' ich die Kundenverbindung zu euch ab, oder die Bankverbindung.*
> *I: ok hm hm*
> *B: Und dann haben wir das mal mehr hinterfragt. Ursache war, das Nachbarskind ist immer an der vorbeigelaufen, ohne die jemals zu grüßen; immer sich weggedreht, Nase hoch. Und jetzt plötzlich kommt die auf die Bank und soll sich von der beraten lassen, dann auch beraten und bedienen lassen und die ist dann freundlich; also, ja, und das passt dann nicht zusammen."* (I15, 385ff.)

Aus der Sicht des Interviewten können die erforderlichen Verhaltensformen nicht einfach schulisch oder in der beruflichen Ausbildung erlernt werden, sondern müssen in der familialen Sozialisation erworben worden und habituell verankert sein. Schon damit wird die Herkunft von Bewerber/innen für deren Beurteilung relevant:

> *„B: Aber ich hab's schon gesagt, und ich hoffe es ist rübergekommen: Berufsbild Bankkaufmann ist 'ne ganz wichtige Voraussetzung, dass die Jugendlichen diese Kontaktfähigkeit vom Elternhaus mitkriegen*
> *I: ja hm hm.*
> *B: Das lernen die nicht in der Schule, sondern das müssen die Eltern, müssen das vorleben. Wenn die Eltern sich nicht am Telefon schon vernünftig melden können, wenn die Eltern aufs Äußere keinen Wert legen oder den Nachbar nicht einmal grüßen, ja, dann rennen sie hier in die Kirche und dann heißt's, gebt euch ein Zeichen des Friedens [unverständlich, d. A.], schickle eine Runde rum, die Hand; und am Nachbar laufen sie vorbei, zehnmal am Tag und können nicht mal guten Tag sagen. Und das sind so, das sind einfach ganz wichtige Voraussetzungen, dass man erfolgreich sein kann."* (I15, 1384ff.)

Hier wird, im Unterschied zu Fallportrait 1, die Passung zu dem Beruf und zum Betrieb nicht nur in Hinblick auf die individuellen Bewerber/innen überprüft, vielmehr wird das familiäre Umfeld des Bewerbers/der Bewerberin auf eine mögliche Passung hin geprüft. Dies gilt nicht nur in Bezug auf die Effekte der familialen Erziehung, sondern auch für die Reputation der Familie. Angenommen wird, dass für die Kund/innen das familiale Prestige und damit die Stellung in der lokalen Sozialstruktur ein wichtiges Akzeptanzkriterium ist:

*„B: Ja unsere Gesellschaft ist einfach auch so strukturiert, und aufgestellt, dass sie eben manche Leute gar nicht akzeptieren würden als Berater; nur aufgrund der Herkunft.[...] Wenn jetzt jemand aus ganz einfachen bescheidenen Verhältnissen lebt. Ich nenn es jetzt einfach, in einer unteren sozialen Schicht*
*I: hm hm ok*
*B: lebt, und wo einfach auch die Eltern immer ordentlich waren, aber irgendwo in einfachsten Verhältnissen gelebt haben, und es vielleicht zu nichts gebracht haben, wie man hier so schön sagt ja, dann muss man sich das, muss man da schon mal einen Blick drauf werfen, weil das Elternhaus prägt so junge Leute auch mit*
*I: ja ja*
*B: und es ist tatsächlich so. Also ich bin da schon auch davon überzeugt, dass das mit eine Rolle spielen muss und dass es so jemand schwerer hat, ich will nicht sagen, er hat keine Chance." (I15, 554ff.)*

Bei Jugendlichen aus einfachen, bildungsfernen Familienverhältnissen wird die betriebliche Passung damit in Frage gestellt – selbst wenn die konkrete Familie den sozialen Verhaltenserwartungen entspricht. In der Folge recherchiert die Bank im Auswahlverfahren Hintergrundinformationen zu den Familien der Bewerber/innen:

*„Unsere ganzen 60 Mitarbeiter sind ja weitgehend aus dem Geschäftsgebiet, oder aus der Gemeinde selbst, also irgendeiner kann immer wieder was zur Familie sagen." (I15, 525ff.)*

*„Aber trotzdem bei uns wir gucken drauf oder versuchen noch ein paar Informationen noch dazu zu kriegen, was ist da für 'ne Familie, wie fällt die auf." (I15, 607f.)*

Die hohe Bedeutung, die der Einschätzung der Familie von Bewerber/innen im vorliegenden Fall zukommt, führt schon dadurch zu einer Benachteiligung migrantischer Jugendlicher, dass deren Familien im lokalen Kontext nicht zu den Familien mit einem hohen sozialen Status und entsprechender Reputation gehören.

Zudem wird durch den Personalverantwortlichen bezweifelt, dass migrantische Jugendliche durch ihre familiale Erziehung angemessen auf einen Beruf im Bankgewerbe vorbereitet sind. Auf die Frage, ob er den Eindruck vieler migrantischer Jugendlicher teilt, dass sie auf dem Ausbildungsmarkt benachteiligt sind, antwortet er, indem er zunächst eine negative Zuschreibung vornimmt, die er dann jedoch wieder relativiert:

*„Also die schulische Bildung, die schulische Bildung, aber auch Erziehung, vom Elternhaus, die lässt vielmehr bei Leuten mit Migrationshintergrund doch zu wünschen übrig; gibt's aber auch, also Erziehung, das Problem gibt's bei deutschen Jugendlichen genau gleich, also da braucht man die Hand nicht rumdrehen." (I15, 971ff.)*

Im Weiteren werden dann defizitäre Kenntnisse der deutschen Sprache als typisch für migrantische Jugendliche und ihre Familien behauptet: *„Das meine ich dann auch mit schulische Ausbildung, ja dass, wenn die Eltern schon nicht die Sprache können, tun die Jugendliche sich dann nat' – unter Umständen auch schwerer, sich das selber beizubringen. Die können nicht einfach sagen, lies mal durch meine Bewerbung." (I15, 102ff.)*

Diese Problematisierung wird relativiert, indem der Befragte darauf verweist, dass – dies jedoch in einem anderen regionalen Kontext – die Einstellung migrantischer Jugendlicher mit einer gepflegten äußeren Erscheinung und sehr guten Kenntnissen der deutsche Sprache möglich war.

*„Ich hab selber schon Leute ausgebildet, Türke, Türkin hab ich gehabt als Auszubildenden, ein anderer war ein, ach vom Balkan unten, ein Albaner. Das waren junge Leute, die haben ein sehr gepflegtes Äußeres gehabt, sie haben perfekt Deutsch gesprochen, die sind auch von unserer Kundschaft wunderbar angenommen worden, und sind da sehr beliebt gewesen." (I15, 629ff.)*

In der Bank, in der er aktuell arbeitet, wurden bislang jedoch noch keine migrantischen Jugendlichen ausgebildet. Der große Einfluss, den die ländliche Region auf die Akzeptanzkriterien der Bank hat, wird im Weiteren in Reaktion auf die Frage, ob der Personalverantwortliche auch eine Muslima mit Kopftuch einstellen würde, erneut deutlich:

*„B: Ja, sehe ich hier in unserer ländlichen Struktur, sehe ich das als schwierig an. Ich würde sagen, es ist allgemein im Bankwesen ein Knock Out Kriterium. I: Ein Kopftuch oder?*

*B: Das Kopftuch als solches, während der Dienstzeit das Kopftuch zu tragen, wäre mir nicht bekannt, dass das, also zumindest hier in der Provinz in Baden-Württemberg irgendwo der Fall ist." (I15, 750ff.)*

In diesem Zusammenhang wird zur Begründung auf die christliche Prägung der lokalen Bevölkerungsmehrheit und deren konservative Einstellungen verwiesen:

*„Ja nee, also ich muss selber dran festmachen an der Kundschaft, hier die Region, das ist ja auch eine Region wo viele Freikirchen sind, wo viele Leute kirchlich, christlich organisiert sind; und das sind unsere Kunden, und die, glaub ich, dass die nicht alle so aufgeschlossen sind." (I15, 1660ff.)*

In städtischen Regionen könne er es sich dagegen durchaus vorstellen, dass das Kopftuch, welches er hier als Äußerlichkeit neben Piercings und Tattoos einordnet, angenommen werden würde:

*„B: Aber wie gesagt, Muslimin in der Ausbildung, selbst das ist kein Knock Out Kriterium; es ist mehr die Äußerlichkeit und das wird auch eigentlich, wenn man so in die Kleiderordnung spricht, sind eben bestimmte Dinge, wie eben Piercing oder Tattoos an sichtbarer Stelle, das ist auf der Bank nicht gewünscht.*
*I: ja jaja*
*B: Man mag das blöd finden, aber meine Überzeugung ist zwischenzeitlich schon auch, dass das, ja es muss eigentlich bei unserer Kundschaft oder von unserer Kundschaft letztlich angenommen werden.*
*I: ja hm hm*
*B: Da gibt's vielleicht auch Leute, die das gut können, oder im städtischen Bereich, ich könnte mir vorstellen, dass das in Frankfurt oder in Mannheim irgendwelche so Ballungszentren oder Berlin sogar ein Plus sein kann." (I15, 775ff.)*

Im vorliegenden Fall wird exemplarisch deutlich, wie die Auswahlkriterien im Dienstleistungsgewerbe sowie in einer ländlichen Gemeinde den Zugang migrantischer Jugendlicher zu einer beruflichen Ausbildung erschweren können. In das Entscheidungskalkül gehen weitreichende Annahmen über die Bedingungen ein, die Bewerber/innen und ihre Familien erfüllen müssen, um als Mitarbeiter/innen einer Bank geeignet zu sein. Dabei werden die soziale Klassenlage und in Verbindung damit auch der Migrationshintergrund dadurch relevant, dass diese für den Zugang zu sozialen Netzwerken folgenreich sind, zu Annahmen über sozialisatorische Dispositionen führen sowie Auswirkungen auf die Reputation der Familie haben – und damit auch auf die seitens der Bank und ihrer Kund/innen angenommene Vertrauenswürdigkeit potenzieller Mitarbeiter/innen. Dies führt in der Konsequenz dazu, dass im vorliegenden Fall bislang keine migrantischen Auszubildenden eingestellt wurden. Folgt man der Argumentation des Befragten, dann ist dies im gegebenen lokalen Kontext auch künftig unwahrscheinlich, da aus den betrieblichen Eignungskalkülen folgt, dass Jugendliche aus migrantischen Familien nur dann geeignet wären, wenn ihre Familie eine zureichende soziale Reputation in der Gemeinde erworben hat, sowie eine familiale Erziehung realisiert wurde, in der die aus der Sicht des Betriebs erforderlichen habituellen Dispositionen zureichend erworben sind.

## 4.3    Fallportrait 3: Berufliche Eignung und regionale Passung als Auswahlkriterien

> *„Weil doch die Unterschiede sehr groß sind; welche, die einfach gar keine Ahnung haben, ist ja nicht schlimm, aber man merkt das dann, wenn sie mitarbeiten, ob sie ihre Finger einsetzen können"* (I14, 39ff.)

Bei dem im Folgenden skizzierten Handwerksbetrieb handelt es sich um eine kleine, inhabergeführte Bäckerei mit neun Angestellten und derzeit einem Auszubildenden, die seit einigen Generationen im Ort, einer ländlichen Gemeinde, ansässig ist. Der Kundenstamm weist in großen Teilen Übereinstimmungen zu dem im Fallportrait 2 dargestellten Unternehmen auf. Wie im Folgenden gezeigt werden kann, wirkt sich der Einfluss des regionalen Kontextes – in Form von antizipierten Kundenerwartungen – auch hier im erheblichen Maße auf die Akzeptanzkriterien des Betriebes aus. Im Vergleich der beiden Fallbeispiele kann gezeigt werden, dass sich in den für die betriebliche Ausbildungsplatzvergabe relevanten Akzeptanzkriterien branchenspezifische und regionale Einflüsse überlagern.

Das Interview wurde mit dem Firmeninhaber in den Räumlichkeiten der Firma geführt. Zu Beginn gibt er einen Grund an, warum es in den letzten Jahren keinen Bedarf an Auszubildenden gegeben habe: Da *„war einfach der Personalbedarf gedeckt, man konnte das alles so auch abfangen."* (I14, 11f.) Eine Ausbildungsplatzvergabe erfolge nur dann, wenn die betrieblichen Belange dies erforderten. Zudem habe es bis vor kurzem auch keine Anfragen mehr gegeben: *„Also, die letzten drei Jahre hatten wir gar keine Anfragen und früher hatten wir zwei bis drei im Jahr, mindestens."* (I14, 18ff.) Die schulischen Abschlüsse der aktuell eingegangenen Bewerbungen seien ein Haupt- und ein Realschulabschluss. Jedoch gilt das Interesse an der Ausbildung und das Interesse am Beruf als weitaus wichtiger als der Schulabschluss: *„Wenn du* *gerne lernen möchtest [eine Ausbildung beginnen, d. A.], kannst du. Und da war's dann auch nicht so wichtig, jetzt unbedingt ein Zeugnis zu bringen."* (I14, 31f.) Dies ermöglicht den Zugang zur Ausbildung für Bewerber/innen, die nur über einen Hauptschulabschluss verfügen. Allerdings können erforderliche schulische Vorkenntnisse durch Engagement und Interesse nicht außer Kraft gesetzt werden. Es lässt sich eine Schwelle von Mindestanforderungen nachzeichnen, die nicht unterschritten werden soll und die durch die berufsspezifischen Anforderungen erklärt wird. In dem vorliegenden Fall stellt aus der Sicht des Bäckers ein mathematisches Grundverständnis eine Voraussetzung dar, um die Aufgaben in einer Konditorei erfolgreich ausführen zu können:

*„Es ist mir jetzt nicht so wichtig, wenn da mal in Mathe ein Vierer drin steht, das kann auch mit 3,5 sein, aber durch das, dass ich so einen schlechten Gesellen mal hatte, drei, vier Monate, das war also, der hat auch viel kaputt gemacht, weil er einfach nicht rechnen konnte und das ist dann halt so schlecht gewesen, dass ich einfach gesagt hab, ich möchte wissen, ob sie in Mathe einen Dreier haben oder nicht."* (I14, 164ff.)

Dennoch dominieren neben dieser schulischen Mindestanforderung für den Auswahlprozess vor allem Einschätzungen, die auf handwerkliches Geschick (im Sinne manueller Fertigkeiten), eine pragmatisch-angemessene Arbeitsorganisation und vor allem auf eigenes Interesse und Engagement bezogen sind. Zentral für die vorgenommene Eignungsprüfung sind entsprechend handwerklich-praktische Fähigkeiten, die während eines Probearbeitens überprüft werden sollen:

*„Weil doch die Unterschiede sehr groß sind; welche, die einfach gar keine Ahnung haben, ist ja nicht schlimm, aber man merkt das dann, wenn sie mitarbeiten, ob sie ihre Finger einsetzen können; und deshalb lass ich eigentlich meistens zwei, drei Tage probearbeiten, dass sie es einfach mal sehen. Die wissen ja manchmal auch nicht, auf was sie sich einlassen."* (I14, 39ff.)

Bereits vorhandene handwerkliche Fähigkeiten sind nach Aussage des Bäckers von Vorteil und sollen im Zuge des Probearbeitens sichtbar werden können.

*„Die haben sicherlich ein bisschen einen Vorteil, die dann auch schon mal zu Hause einmal ein bisschen was gemacht haben"* (I14, 54f.) *„und das merkt man unheimlich im Handwerk"* (I14, 71f.).

Erwartet wird weiter die Fähigkeit zur eigenständigen Planung des Arbeitsprozesses:

*„Grundlegend ist einfach, dass er begreift, was so dahinter steckt. Er sollte einfach wissen, ok, ich muss mir jetzt das und das überlegen, dass ich am Ende dann dieses Produkt fertig machen kann, und nicht jetzt 25 Mal hin und her renne." (I14, 358ff.)*

An anderer Stelle heißt es dazu:

*„Jetzt geh ich raus, dann nehm ich noch den Mülleimer mit, dann komm ich hoch, dann nehm ich noch was mit, so praktische Umsetzungssachen." (I14, 79f.)*

Die hohe Bedeutung, die der Bäcker der hier skizzierten pragmatischen Herangehensweise an alltägliche Aufgaben im Betrieb beimisst, muss vor dem Hintergrund der spezifischen Situation a) handwerklicher Kleinbetriebe, in denen von Mitarbeiter/innen eine weitgehend selbständige Erledigung von Arbeitsaufgaben gefordert wird sowie b) der Branche und des Betriebs im Besonderen gesehen werden, in der unter Zeitdruck kurzfristig eingegangene Bestellungen bewältigt werden müssen.

Zu den berufsspezifischen Anforderungen, die explizit angeführt werden, gehören auch eine positive Einstellung gegenüber dem Beruf und die Akzeptanz der dazugehörigen berufsspezifischen Arbeitszeiten:

*„Einfach, dass es auch schön ist, wenn man das macht; und nicht sagen, o Gott ich muss jeden Tag um halb fünf aufstehen. Das habe ich ihr auch gesagt, ich hab gesagt das ist so, man findet sich am besten gleich damit ab. Man muss sich halt mittags zwei Stunden hinlegen, dann ist man wieder fit." (I14, 890ff.)*

Während des Probearbeitens werden zudem weitere Anforderungen und Erwartungen geprüft. Dem angemessenen Umgang mit Kolleg/innen wird eine besondere Bedeutung zugesprochen, womit die soziale Passung in die Belegschaft in die Entscheidungsfindung einbezogen wird, die aus Sicht des Befragten in einem Kleinbetrieb von besondere Bedeutung ist: *„Einfach auch die Umsicht mit den anderen Mitarbeitern, schon wichtig einfach, gerade besonders, wenn man in so einem kleinen Betrieb ist." (I14, 370)*

Die Bewerber/innen müssen den Eindruck machen, sich in den Betrieb als soziales Gebilde problemlos einfügen zu können. Denn ein Kleinbetrieb hat kaum Möglichkeiten, auf Spannungen und Konflikte zwischen Mitarbeiter/innen zu reagieren:

*„Ja, wenn sie zu eigen sind, dann funktioniert das nicht in so einem kleinen Betrieb. In so 'nem Großbetrieb kann man vieles abdecken, aber hier merkt man schon die einzelnen Eigenschaften, was jemand hat oder nicht hat,*

*das merkt man schon ziemlich schnell. Also, wenn sich jemand nur so ganz zurückzieht und irgendwie nicht, ist schlecht fürs Umfeld einfach dann, fürs Klima." (I14, 493ff.)*

Die Einschätzung der Mitarbeiter/innen wird bei der Entscheidung zur Ausbildungsplatzvergabe in der Folge auch berücksichtigt, die abschließende Entscheidung trifft jedoch der Inhaber:

*„Also, natürlich arbeiteten sie mit und dann fragt man natürlich die Kollegen auch, wie haben sie sich angestellt oder, wie war der Eindruck und so; aber letzten Endes entscheide ich." (I14, 194ff.)*

Neben dem Probearbeiten wird das Vorstellungsgespräch für die Auswahl als wesentlich erachtet: *„Aber letzten Endes entscheidet sich's ja dann doch beim Gespräch."* (I14, 668ff.) Dabei ist – wie in den anderen Fällen – die subjektive Einschätzung der Person ein bedeutsames Auswahlkriterium, im vorliegenden Fall vor allem im Hinblick darauf, ob der Betriebsinhaber gegenüber den Bewerber/innen Sympathie empfindet:

*„Also, das ist schwierig zu sagen. Manchmal ist es einfach auch der Eindruck, den jemand vermittelt, wenn einem jemand gegenübersteht. Gerade mit den Bewerbungen, was für ein Bild das ist, manchmal auch sympathisch und man weiß schon, ok, das wird einem zusagen, man reagiert einfach so." (I14, 466ff.)*

Als weitere Auswahlkriterien genannt werden *„Ehrlichkeit"* (I14, 374) sowie eine *„gewisse Art von Erziehung"* (I14, 384), die eine Orientierung an gängigen gesellschaftlichen Normen nahelegt.

Auch in Bezug auf die äußere Erscheinung wird aus der Sicht des Befragten auf gesellschaftlich gängige Standards als Maßstab verwiesen:

*„Also, sie müssen nicht frisch rasiert sein, und geschminkt und so weiter, also da halt ich mich ein bisschen zurück. Natürlich würd ich's gerne sehen, wenn sie dementsprechend anständig ist." (I14, 320ff.)*

Die Bedeutung des äußeren Erscheinungsbildes wird im Weiteren jedoch – in Abgrenzung zu Branchen mit strengeren Standards – relativiert: *„Also ganz extrem muss es nicht sein; wie auf der Bank muss es nicht sein."* (I14, 327f.) Wie im Fallportrait 1 (Hotelbetrieb) ist auch hier letztendlich der Gesamteindruck der Person ausschlaggebend. Solange dieser den generellen Erwartungen entspricht, die hier über Kriterien wie berufliche Motivation, Passung zum Team, Akzeptanz der Arbeitsbedingungen, „anständig" und „Ehrlichkeit" gefasst werden, werden auch Abweichungen vom Idealfall akzeptiert, so im Fallportrait 1 Übergewichtigkeit und im vorliegenden Fall kleinere Piercings und ungewöhnliche Frisuren.

Der Entscheidungsprozess zur Lehrstellenvergabe folgt im vorliegenden Fall keiner starr festgelegten und formalisierten Gewichtung von Kriterien, sondern erfolgt als einzelfallbezogene Abwägung: *„Also ich hab jetzt kein so ein richtiges Raster, wo sie reinpassen müssen." (I14, 300f.)*

Dieses Vorgehen ist vor dem Hintergrund der Situation des vorliegenden handwerklichen Kleinbetriebs organisatorisch rational. Da es darum geht, jeweils nur eine Ausbildungsstelle zu besetzen, die Zahl der Bewerbungen gering ist sowie die praktische Bewährung im Betrieb und der persönliche Eindruck entscheidend sind, wird kein Anlass für eine Formalisierung des Verfahrens gesehen.

Neben den bislang genannten Kriterien wird im vorliegenden Fall, ähnlich wie im Fallportrait 2, deutlich, dass die Auswahlentscheidungen nicht nur in Hinblick auf berufliche Eignung und Passung ins Team getroffen werden, sondern auch der lokale Kontext berücksichtigt wird. Deutlich wird dies zunächst in der Schilderung eines Falles (I14, 204ff.), in dem eine Auszubildende über Bekannte aus der Gemeinde eingestellt worden war, bei der es dann zu Unstimmigkeiten zwischen der Auszubildenden und dem Betrieb gekommen war. Der Konflikt hatte negative Auswirkungen auf den Ruf des Betriebs in der lokalen Öffentlichkeit.

Vor diesem Hintergrund hat der Befragte – im Unterschied zu Fallportrait 2 – keine Präferenzen mehr für Auszubildende, deren Familien in der Gemeinde leben. Gleichwohl bleibt die Akzeptanz im lokalen Kontext entscheidend für die Lehrstellenvergabe. Dies zeigt sich in der Reaktion auf die Frage, ob Mitarbeiterinnen mit muslimischem Kopftuch als Verkäuferinnen im Betrieb arbeiten könnten. Der Befragte nimmt dazu eine Abwägung vor, in der explizit auf regional einflussreiche Mentalitäten hingewiesen wird. Dabei nimmt er eine Charakterisierung vor, die auf die Bedeutung christlicher Religiosität hinweist, weshalb er Akzeptanzprobleme, insbesondere bei älteren Kund/innen, annimmt:

*„Ich denke, das würde schon was ausmachen, also so 'ne gewisse Toleranz ist mittlerweile schon da, auch aufm Land, aber das ist ein bisschen, ohne Kopftuch würd's schon eher noch; also würd ich nicht sagen, aber das ist jetzt etwas, wo ich jetzt selber vielleicht auch nicht für ganz so gut empfinde. [...] Aber jetzt hier, das können halt vielleicht die ältere Kundschaft nicht so richtig mit umgehen, sagen wir mal so; die Jüngeren wüsste ich jetzt nicht, ob das so ein Problem wäre. Ja, also manche würden das jetzt nicht so akzeptieren, weil es ist halt doch ziemlich christlich geprägt, lutherisch geprägt ist's hier,*

*protestantisch, und das ist einfach dann komisch für viele dann, würd ich mal
sagen; ja, so würd ich's einschätzen." (I14, 567ff.)*

Dabei wird der lokale Kontext von Städten unterschieden, in denen andere Nor-
malitätsstandards gelten:

*„Wenn ich jetzt da in Mannheim schon war und bin da mal in 'ne Metzgerei
da links draußen, ahja, das sind ja türkische Metzger, und klar haben die alle
ihre Kopftücher, und sieht alles gleich und einheitlich aus und dann stört mich
das auch gar nicht." (I14, 592ff.)*

Die Einschätzung der Mentalität der Kund/innen ist auch in diesem Fall für die
Akzeptanzkriterien des Betriebes folgenreich. Zudem äußert der Befragte eigene
Vorbehalte gegenüber muslimischen Bewerber/innen, die er mit pragmatischen
Überlegungen zu Schwierigkeiten begründet, die möglicherweise zu erwarten sind:

*„Klar, wenn jemand Muslim ist, das ist halt schwierig, weil wir Weihnachts-
feiertage haben, und da sind unsere Arbeitstage so und so, und bei dem halt
nicht, oder wie auch immer, aber da müsste man sich halt arrangieren, gell.
Das muss jetzt nicht heißen, dass er nicht reinpassen würde. Ich lasse jedem
wie er will, in dem Maße, aber fürs Geschäft müsste es halt geregelt sein. Also,
da kann man dann nicht besonders Rücksicht nehmen, freitags ist bei uns
einfach viel los." (I14, 532ff.)*

Damit wird auch eine nicht sichtbare islamische Religionszugehörigkeit tendenziell
als problematisch eingeordnet. Es handelt sich dabei jedoch nicht um eine prinzipielle
Ablehnung. Ein Zugang muslimischer Bewerber/innen ist für den Befragten dann
vorstellbar, wenn angenommene Probleme der Arbeitsorganisation gelöst werden
können. Dabei wird jedoch spekulativ argumentiert: Der Befragte verweist auf die
eigene Unsicherheit bezüglich möglicher Probleme, die aus religiösen Vorschriften
resultieren könnten.

Insgesamt wird im Fall dieses kleinen inhabergeführten Handwerksbetrieb zum
einen beispielhaft sichtbar, dass eine pragmatische Einschätzung der beruflichen
Eignung und der Passung zum Betrieb für die Lehrstellenvergabe zentral ist, während schulisch erworbene Kenntnisse nur als ein Schwellenwert bedeutsam sind.
Zum anderen zeigt sich, dass die vor dem Hintergrund des regionalen Kontextes
angenommenen Kriterien der sozio-kulturellen Passung von Bewerber/innen zu den
Erwartungen von Kund/innen entscheidend sind. Für Bewerber/innen mit Migra-

tionshintergrund, insbesondere für Muslimas, ergeben sich daraus im vorliegenden Fall besondere Nachteile, da ihre Akzeptanz durch die Kund/innen als fraglich gilt. In den beiden zuletzt diskutierten Fallportraits 2 und 3 wird der Einfluss einer relativ strukturschwachen ländlichen Region mit einem geringen Migrant/innenanteil an der Bevölkerung auf die betrieblichen Passungskonzepte deutlich. Die im regionalen Kontext angenommene Akzeptanz bzw. Nicht-Akzeptanz seitens der Kund/innen stellt in branchenspezifischer Ausprägung ein eigenständiges Auswahlkriterium dar. Dies führt unabhängig von schulischer Qualifikation und beruflicher Eignung zu Nachteilen für diejenigen, deren sozialer Hintergrund zu Vorbehalten bei den Kund/innen führen kann. Als problematisch betrachtet wird dabei nicht generell ein Migrationshintergrund, sondern islamische in Differenz zur lokal vorherrschenden christlichen Religiosität. Im Fall der porträtierten Bank ist darüber hinaus die sozialstrukturelle Position der Herkunftsfamilie folgenreich. Denn in der kleinen ländlichen Gemeinde mit ihren dichten Sozialbeziehungen werden Bewerber/innen nicht nur als Individuum mit bestimmten individuellen Fähigkeiten und Qualifikationen, sondern zugleich auch als Mitglieder ihrer Herkunftsfamilie wahrgenommen.

## 4.4 Fallportrait 4: Selbstverständlicher Umgang mit migrantischen Auszubildenden

> *„Also es [die Beschäftigung von Personen mit Migrationshintergrund, d. A.] war auch schon vor meiner Zeit, also das war noch nie ein Thema hier."* (I16, 1010f.)

In diesem Fall führt eine lange Betriebsgeschichte mit Mitarbeiter/innen mit Migrationshintergrund zu einer Gewöhnung, die zu einem unaufgeregten Umgang führt, für den ein Migrationshintergrund bzw. eine äußere Erscheinung, die die Zuschreibung eines Migrationshintergrunds veranlasst, keine bedeutende Rolle spielt. Die langjährigen Erfahrungen mit Personen mit Migrationshintergrund sind sowohl durch die Branche (Automobilindustrie) als auch durch den regionalen Standort des Betriebs (hoch industrialisierte städtische Region mit einem hohen Migrant/innenanteil) bedingt. Anstatt die Unterscheidung einheimische/migrantische Bewerber/innen und ethno-nationale Stereotype zu verwenden, stehen berufsspezifische Anforderungen und Fertigkeiten (s. u.: betriebseigene berufsspezifische Tests und Clusterbildungen), das Wissen, wofür der Betrieb und seine Produkte stehen, und die Einschätzung der betrieblichen Passung sowie die Sozialkompetenz der Auszubildenden im Vordergrund.

In dem vorliegenden Fall handelt es sich um einen Betrieb eines international agierenden Konzerns der Automobilindustrie mit mehreren Tausend Mitarbeiter/innen und ungefähr 40 Auszubildenden pro Jahr. Ebenso wie die Belegschaft ist auch die Kundschaft des Betriebes in Bezug auf die Nationalität und den Migrationshintergrund heterogen. Die Bewerber/innenlage des Betriebs zeichnet sich nach Aussage des Personalverantwortlichen durch einen anhaltend hohen Eingang an Bewerbungen aus:

> *„Ich kann jetzt hier Zahlen sagen. Ich habe in vier Wochen über 250 Bewerbungen bekommen und kann lediglich vierzehn Azubis aufnehmen für 2014, und das ist natürlich für uns sehr komfortabel." (I16, 37ff.)*

Das unverändert große Interesse an einer Ausbildung in dem hier untersuchten Betrieb führt der Personalverantwortliche auf die Größe und die Bekanntheit des Betriebs in der Region zurück:

> *„Also wir kriegen aufgrund der Größe und natürlich aufgrund dessen, dass halt die Werke hier in der Nähe sind, kriegen wir zum einen sehr, sehr viele Initiativbewerbungen. [...] Hier in dieser Region zählt halt hauptsächlich auch noch gerade der Konzern. Alle wollen sie zu [Firma, d. A.] und oder auch [Firma, d. A.], wie sie alle heißen, zu den Großen. Und die werden von den Schülern bevorzugt als Erstes angeschrieben." (I16, 18 ff.)*

Damit unterscheidet sich die Situation des hier porträtierten Falles erheblich von den bisherigen Fällen. Die für den Betrieb günstige Nachfragesituation beeinflusst auch das Auswahlverfahren und die betriebsspezifischen Akzeptanz- und Ausschlusskriterien: Der hier beschriebene Betrieb kann mit einem aufwendigen mehrstufigen Auswahlverfahren aus einem Pool an Bewerber/innen diejenigen Personen herausfiltern, die den betrieblichen Anforderungen und im Besonderen den Anforderungen eines bestimmten Berufsbilds am meisten entsprechen. Das Auswahlverfahren wird als zielgenau und anspruchsvoll charakterisiert:

> *„Und unsere Auswahlverfahren, die Tests, die sind so genau, dass ich tatsächlich sagen kann, wenn jemand den Test gerade so besteht, der wird auch gerade so die Berufsschule schaffen. Wenn er im Test sehr gut hat, dann hat er auch mit der Berufsschule nachher überhaupt keine Schwierigkeiten." (I16, 77ff.)*

Auch aufgrund der Auswahlmöglichkeiten kann der Betrieb hier an schulischen Noten bzw. seit Einführung eines neuen Verfahrens an guten Testergebnissen als Eingangsschwellen festhalten. Im Unterschied zu Fallportrait 1 können schlechtere Noten bzw. Testergebnisse auch nicht durch ein überzeugendes Probearbeiten relativiert werden. In den ersten zwei Stufen des Auswahlverfahrens geht es allein um die Testergebnisse der Bewerber/innen und deren berufsspezifische Eignung, die über betriebsinterne Tests ermittelt wird:

*„Früher war es so, dass die Leute, also dass sie die Bewerbung in der Ausschreibung gesichtet haben und wir anhand von der eigentlichen Bewerbung gesagt haben, den möchte ich zum Vortest haben, für den EDV-Test, und den möchte ich nicht haben und war schon die erste Vorselektion, und heute ist es so, dass jeder unabhängig von den Noten einen sogenannten Pretest macht. Das heißt circa dreißig Minuten zu Hause einen Test, der alles Mögliche abfragt, wo man nachher Rückschlüsse daraus ziehen kann, ob er für dieses Berufsbild geeignet ist." (I16, 471ff.)*

Mit diesem Testverfahren werden nunmehr auch Schulabschlüsse relativiert, da sie durch eigene Tests ersetzt werden:

*„Und das gefällt mir persönlich sehr, sehr gut, weil ich nicht selber sagen muss, hm, der hat jetzt Hauptschule, wird das was? Ja, wenn ich sage der ist auch da grün oder zumindest gelb, aber passt voll in das Berufsbild, dann ist mir das egal, was der für eine Schulbildung hat." (I16, 576ff.)*

In dem beschriebenen Verfahren wird die schulische Benachteiligung von Migrant/innen damit nicht direkt fortgeschrieben, sondern die Folgen schulischer Benachteiligung und Diskriminierung von migrantischen Jugendlichen werden in dem Maß relativiert, wie diese trotz schlechterer formaler Qualifikationen ausreichende Fähigkeiten erworben haben. Dennoch stellt der Personalverantwortliche Überlegungen zu den Schulabschlüssen an, die a) die prekäre Situation von Hauptschüler/innen auf dem Ausbildungsmarkt betreffen und b) neben berufsspezifischem Fachwissen andere Dimensionen wie Loyalität berücksichtigen. Denn der Betrieb muss, so eine Einschätzung des Personalverantwortlichen, versuchen, der hohen Abwanderung von bereits ausgebildeten Mitarbeiter/innen entgegenzuwirken.

Hauptschüler/innen schreibt der Interviewte eine höhere Loyalität zu, da diesen sehr bewusst sei, dass der Betrieb ihnen mit der Einstellung eine gute Chance angeboten habe:

*„Und die Hauptschüler sind sehr loyal, weil die oftmals dann sehen aha, das ist jetzt so eine Chance, die ich hier bekommen habe und deshalb bleibe ich dann da. Und wenn ich Richtung Abiturienten gehe, dann kann ich davon ausgehen, dass die Hälfte sowieso zum Studieren geht."* (I16, 88ff.)

Dass es jedoch auch hier um die Passung der ganzen Person zu einem Berufsbild geht, wird an der folgenden Aussage deutlich:

*„Ich persönlich finde einen Punkt, was in dem neuen System mit reinspielt sehr vorteilhaft, weil wir eher auf die Person schauen, dass die Noten keine große Rolle mehr spielen. Also, die Noten kriegen auch so einen Umschlagfaktor, werden auch mit Punkten nachher bewertet, aber rutscht ein bisschen in den Hintergrund. Also, es wird tatsächlich geschaut, ist diese Person auf dieses Berufsbild geeignet. Und auch von der Persönlichkeit her nachher über den Pretest."* (I16, 567ff.)

Die Passung zu den berufsspezifischen Anforderungen umfasst damit sowohl die Fertigkeiten und ein berufsspezifisches Wissen als auch persönliche Eigenschaften. Die hohe Bedeutung, die den berufsspezifischen Akzeptanzkriterien zukommt, schlägt sich zudem in den Strukturen des Auswahlverfahrens nieder:

*„Jedes Berufsbild ist in eins von fünf Clustern hinterlegt, also Cluster 1 ist zum Beispiel [Beruf, d. A.], also das Niedrigste, Cluster 5 ist schon fast DH-Studium und anhand von dem Pretest kann ich sehen in welchem Cluster ist das, passt das für das Berufsbild oder ist er da draußen. Dann könnte ich ihm direkt, zum Beispiel bei [Beruf, d. A.] ist ein Vierercluster, [Beruf, d. A.] ist ein Dreiercluster, könnte ich sagen, das war es nicht, möchtest du nicht lieber auf [Beruf, d. A.] bewerben? Darf ich es einfach umswitchen?"* (I16, 471ff.)

Auf diese Weise entscheiden die internen Testergebnisse bereits vor einem Bewerbungsgespräch bzw. einer Gruppenaufgabe, ob bzw. für welches Berufsbild die Voraussetzungen gegeben sind. Kriterien wie die äußere Erscheinung, das Zu- bzw. Absprechen von geforderten sozialen Kompetenzen und einer betrieblichen Passung auf der Grundlage eines „Bauchgefühls" (vgl. Fallportrait 2) werden damit hier in den ersten Stufen des Auswahlverfahrens nicht relevant. Die erste Selektion geschieht nach einer meritokratischen Logik und hängt mit der guten Bewerber/innensituation des Betriebes und der Branche zusammen.

Die Erwartungen im Hinblick auf einzelne Ausbildungsberufe sind, wie bereits angedeutet, differenziert. Auf die Frage *„Ja, wie sieht denn der ideale Azubi aus, wenn*

*Sie den darstellen könnten?* (I16, 246f.) konkretisiert der Personalverantwortliche
die berufsspezifischen Anforderungen:

*„Das kommt jetzt auf den Ausbildungsberuf, auf das Berufsbild an. Ich könnte
jetzt auch nur hier für [Betrieb, d. A.] sprechen. Wir brauchen natürlich Leute,
die eine gewisse Sozialkompetenz haben, die ein gewisses Standing haben und
die sich getrauen, auch in Kontakt zu gehen mit Menschen. Na, also jetzt gerade
für Automobilkaufleute, Industriekaufleute kann ich niemanden gebrauchen,
der sehr introvertiert ist, sehr zurückhaltend ist. Wenn dann ein Kunde etwas
vehement auf den zugeht, dass der dann sich sofort in seinem Schneckenhaus
vergräbt. Also, das heißt, ich brauche da eine gewisse Sozialkompetenz, ich
brauche Leute, die nicht aufbrausend sind. Ja, die eine gewisse Ruhe ausstrahlen
können und natürlich auch, wo ich mir sicher sein kann, sie schaffen auch die
Berufsschule, weil wir auch unsere Ausbildungsberufe alle um ein Jahr verkürzt
anbieten. Das heißt, sie müssen da auch ziemlich Gas geben. Andersrum ist
es jetzt, wenn wir Richtung Fachlageristen, Fachkräfte für Lagerlogistik gehen, da geht es dann eher darum, dass sie zupacken können. Wo man dann
auch ein bisschen schaut von der Körperstatur her. Wenn man mal da so eine
LKW-Schwungscheibe oder Bremsscheibe durch die Gegend trägt, dass die
nicht im ersten halben Jahr schon zusammenklappen." (I16, 251ff.)*

Benannt sind damit berufsspezifische funktionale Kriterien. Trotz der Betonung,
dass für die verschiedenen Berufsbilder unterschiedliche Kriterien gelten, nennt
der Personalverantwortliche jedoch auch Sozialkompetenzen, die alle Bewerber/
innen mitbringen müssten:

*„Da spielt also pro Berufsbild schon so ein bisschen was rein, aber hauptsäch-
lich ist es tatsächlich eine gewisse Sozialkompetenz, weil der Kunde ist hier
überall im Haus." (I16, 271f.)*

Woran sich diese Sozialkompetenz zeigen kann, wird im weiteren Gesprächsverlauf
verdeutlicht: Das Gespür für eine angemessene Erscheinung im Konzern und generell
ein aufgeschlossener (kein introvertierter) Umgang mit Menschen und damit auch
im Team. Dies seien auch Grundvoraussetzungen, die er den jungen Menschen nicht
mehr beibringen könne, und die deshalb vorausgesetzt werden müssen:

*„Was eigentlich bei mir ein No-go ist, das ist, wenn jemand hier rein kommt
und sich überhaupt nicht rührt. Ja, also wenn man, ich, jede Antwort aus der
Nase ziehen muss. Und was ich schon hatte, wenn sie tatsächlich in Flipflops*

*und kurzen Hosen kommen. Ja, also, das ist für mich so ein Punkt, wenn zu
mir jemand sagt ja, er hat eine große Affinität zu [Firma, d. A.], dann weiß
er auch, um was es da geht, was, was für ein Klientel hier im Haus ist. Und
dementsprechend verpacke ich mich dann auch. Ja, also, wobei das Zweite, also
diese Introvertierten, die, die also natürlich wirklich gar nichts rausbringen,
wo keine einzige Antwort rauskommt, das geht leider nicht. Na, das sind also
Punkte, die kann ich auch keinem beibringen. Alles andere kann man als
Handwerkszeug mitgeben, aber auf Leute zugehen, wenn es einer von Grund
aus nicht kann, dann geht es nicht." (I16, 317ff.)*

Eine passende Erscheinung bewertet der Leiter hier auch deshalb als relevant, da
diese zeigt, dass die Bewerber/innen sich mit dem Betrieb und dessen Produkten
auseinandergesetzt haben und auch wissen, welches Klientel damit angesprochen
wird und wofür der Konzern steht. Damit spielen nicht nur die Erwartungen der
Kund/innen in Bezug auf die äußere Erscheinung eine Rolle im Auswahlprozess,
sondern darüber hinaus wird bei unangemessener Kleidung das wirkliche Interesse der Bewerber/innen an einem Ausbildungsplatz in dem Betrieb hinterfragt.

Die Bedeutung, die der Kleidung und der äußeren Erscheinung zugesprochen
wird, begründet der Personalverantwortliche, wie bereits ausgeführt, mit dem
Hinweis auf die Erwartungen der Kund/innen:

*„Auf jeden Fall. Also das Klientel ist deutlich älter, wie jetzt zum Beispiel bei
[Firma, d. A.] oder bei [Firma, d. A.], und die haben eine gewisse Erwartungshaltung. Wir sind weit weg von dem, dass mittlerweile, also dass ein Anzug
mit Krawatte und allem getragen werden muss. Das machen die Verkäufer
noch, aber so jetzt im Backofficebereich oder in Bereichen, das sieht man jetzt
auch an mir, Hemd, Jeans ist auch okay." (I16, 283ff.)*

Aufgrund des Kundenklientels werden auch sichtbare Tattoos nicht akzeptiert.

*„Ja, da kriegen unsere Kunden Angst. Ja, wenn da so ein Achtzigjähriger hier
rein kommt und volltätowiert einen vor sich hat, kann das sein, dass der einen
Schritt zurück macht." (I16, 647f.)*

Im Auswahlverfahren wird jedoch ein pragmatischer Umgang mit auffallenden
und gemäß dem Klientel des Betriebs unpassenden Äußerlichkeiten wie freien
Schultern und Tattoos angestrebt. Anstatt diese Jugendlichen gleich auszuschließen,
wird deren Bereitschaft abgefragt, sich gemäß den Erwartungen der älteren und
eher konservativen Klientel anzupassen:

*„Wie er dazu steht und was er noch vor hat mit den Tattoos. Sagt er ja, das war damals, er will es auch so beibehalten, er hätte es extra auch so gemacht, dass man nicht weiter sieht. Wo ich dann schon sage, ja, aber im Sommer ist es halt so, dass ein langes Hemd dann für dich Pflicht ist, ob er sich das vorstellen könnte. Von den meisten kommt auch ja."* (I16, 649ff.)

Deutlich wird hier, dass die spezielle Kundenklientel des hier untersuchten Betriebs die Akzeptanzkriterien in Bezug auf die äußere Erscheinung der Bewerber/innen maßgeblich beeinflusst. Dabei ist das hier herausgestellte Charakteristikum der Kundschaft (älteres Klientel, eher konservativ) nicht durch den Standort des Betriebes beeinflusst (wie in Fallportrait 2 und 3), sondern hängt mit den Produkten und dem Image dieses Betriebs zusammen.

Obwohl dem Erscheinungsbild große Bedeutung zugemessen wird, sind die Hautfarbe oder/und ein (zugeschriebener) Migrationshintergrund nach Einschätzung des Personalverantwortlichen kein relevantes Kriterium bei der Bewerberauswahl und auch für die Kundschaft nicht bedeutsam. Diesbezüglich verweist der Personalverantwortliche auf die Geschichte des Betriebs, die langjährigen Erfahrungen mit Migrant/innen als Mitarbeiter/innen in seinem Betrieb. Hautfarbe und/oder Herkunft seien in einem Großbetrieb, in dem migrantische Mitarbeiter/innen bereits seit mehreren Generationen die Regel darstellen, nicht (mehr) relevant.

*„Ich habe viele mit Migrationshintergrund, ich kann sagen, bestimmt ein Drittel ist es immer mindestens, was mit Migrationshintergrund ist."* (I16, 747f.)

Darüber hinaus werden die Erfahrungen mit migrantischen Mitarbeiter/innen als positiv qualifiziert:

*„Ich habe den Vorteil, ich habe sehr viele mit Migrationshintergrund gehabt und habe mit den meisten sehr, sehr gute Erfahrungen gemacht. Oder sagen wir mal so, ich habe nicht mehr schlechte Erfahrungen gemacht wie mit Deutschen."* (I16, 795ff.)

Noch etwas ungewöhnlich sei hingegen der Umgang mit praktizierenden Muslim/innen, der nach den Aussagen des Personalverantwortlichen einerseits durch eine generelle Akzeptanz und andererseits durch Unwissenheit bezüglich eines angemessenen Umgangs mit deren Religionsausübung und der Suche nach pragmatischen Lösungen gekennzeichnet ist:

*„Wir haben auch ein, ein Muslim, der auch vom, von seinen Gebetsgewohnheiten sich auch immer wieder zurückziehen muss; auch das ist kein Thema. <lacht> Am Anfang war es ein bisschen schwierig, kann ich so eine kleine Anekdote erzählen. Wir machen [...] ein Kennenlerngrillen [...] Da sind wir dann mitten im Wald [...] und da grillen wir alle gemeinsam und dann kam er, ja, wo er denn beten könnte. Wir sind im Wald hier <lacht>; wusste man nicht. Ja und dann haben wir einen Sprinter, wo wir ja die ganzen Sachen hinten transportiert haben, ausgeräumt. Dann konnte er hinten in der Ladefläche, das war dann also ein geschlossener Raum, da konnte er dann sein Gebetsteppich ausrollen <lacht>; hat dann noch eine Flasche Sprudel mitbekommen, weil er sich ja vorher reinigen muss. Klar, fließendes Wasser gibt es auch nicht, aber Flasche Sprudel ging dann auch. Das war dann für uns so, oh ähm, da müssen wir ein bisschen umdenken. Das war der erste, der das jetzt so konsequent macht. [...] Ist sehr spannend, werden wir uns sicher auch noch ein bisschen drauf einstellen müssen, ist aber von meinen Kollegen, ist ein Technischer. Das ist natürlich schon eine Sache, aber grundsätzlich kein Thema."* (I16, 397ff.)

Auf die Frage „*Ja, okay. Viele Personen mit Migrationshintergrund würden sagen, oder fühlen sich auf dem Ausbildungsmarkt benachteiligt. Würden Sie diese Einschätzung für realistisch halten?*" (I16, 731ff.) reagiert der Personalverantwortliche, indem er diese Einschätzung zurückweist und als Entlastungsargument qualifiziert. Dies geschieht auf der Grundlage einer Unterscheidung zwischen denjenigen, die sich anstrengen, arbeiten und sich integrieren wollen und solchen, die dies nicht tun.

*„Die, ich sage jetzt mal, sehr oft auf der Straße rumhängen, die mit einer Null Bock-Haltung in der Schule sind, die im Verhalten und im Mitarbeiten ausreichend stehen haben, das sind die, die dann auch nachher schimpfen, dass sie dann nachher kein Ausbildungsplatz kriegen. Alle anderen, die sich, die sich anstrengen, ist alles überhaupt kein Thema. Ich habe viele mit Migrationshintergrund, ich kann sagen bestimmt ein Drittel ist es immer mindestens, was mit Migrationshintergrund ist. Das sind die, die sich aber auf den Hosenboden setzen. Ja und was wollen und von sich selber aus was wollen und erarbeiten."* (I16, 742ff.)

Der Migrationshintergrund sei nicht das entscheidende Ein- bzw. Ausschlusskriterium, sondern die Haltung, das Verhalten und eine entsprechende Motivation.

An einer anderen Stelle betont der Personalverantwortliche darüber hinaus die Funktionalität von Mehrsprachigkeit. Gerade auch aufgrund ihres regionalen Standortes mit vielen Durchreisenden und Kund/innen, deren Muttersprache nicht Deutsch ist, bewertet er Mehrsprachigkeit explizit als positive Zusatzqualifikation. Auf die Frage *„Sie sind jetzt gar nicht auf sowas wie Herkunft oder Geschlecht eingegangen. Spielt das irgendeine Rolle?"* antwortet der Personalverantwortliche folgendermaßen:

> *„Überhaupt nicht, überhaupt nicht. Es ist sogar so, also jetzt von der Herkunft, wir haben viele Durchreisende. Wir haben hier im Großraum [Stadt, d. A.] auch alle Nationalitäten vorhanden. Es ist oftmals sehr von Vorteil, wenn man ausländische Azubis oder nachher Mitarbeiter im Haus hat, wenn mal jemand kommt, wo man die Sprache überhaupt nicht spricht; und das wird auch sehr gerne genutzt, dass wenn auch mal jemand mit super Spanischkenntnissen oder auch türkisch oder wie auch immer sich gezielt mit den Kunden unterhalten kann. Ja, weil es doch mal schwer ist, wenn ein türkischer Kunde oder nur sehr gebrochen deutsch spricht und der will einem erklären, was an seinem Auto nicht stimmt, dann wird es auf Deutsch oftmals schwierig und Englisch ist dann auch oftmals keine Alternative und von dem her ist das deutlich von Vorteil, wenn man da also auch verschiedene Nationalitäten mit dabei hat." (I16, 334ff.)*

Auch innerhalb eines durchstrukturierten Auswahlverfahrens mit festgelegten Akzeptanz- und Ausschlusskriterien, in dem auch das Allgemeine Gleichbehandlungsgesetz berücksichtigt wird, bleibt – gemäß den Aussagen des Personalverantwortlichen – gleichwohl ein gewisser persönlicher Ermessensspielraum. Dieser beträfe z. B. die Festsetzung und/oder Relativierung von Schwellenwerten als Ein- und Ausschlusskriterien sowie den Umgang mit Bewerbungen von Menschen mit Behinderung sowie Mitarbeiter- und Kundenkindern:

> *„Das fängt an von der Ausschreibung, wo ich mir Gedanken machen muss, welchen Notendurchschnitt möchte ich so haben. Das ist mittlerweile über die Jahre natürlich festgesetzt. Will ich Hauptschüler, will ich sie nicht. Passt das, kriege ich es hin. Wie stehe ich zu Behinderten, wie stehe ich zu Mitarbeiterkindern, wie stehe ich zu Kundenkindern. Diese ganzen Sachen, die zwar in einem gewissen Rahmen festgezurrt sind über Betriebsvereinbarungen; aber die Gedanken mache ich mir natürlich und dann geht es direkt in die Ausschreibung, mit den eigentlichen Tests. Nicht jeder Test sieht dann gleich aus, es gibt verschiedene Stufen, die man durchlaufen muss und da muss ich schon die Entscheidung treffen, ist das jemand, den ich eine Stufe weiter nehme oder ist halt in dieser Stufe der Bewerbung für den ein oder anderen Bewerber dann schon Schluss" (I16, 106 ff.)*

Innerhalb des Bewerbungsverfahrens verfügt der Personalverantwortliche nach eigener Einschätzung über einen Ermessensspielraum und kann damit die Chancen von bestimmten Personengruppen beeinflussen. Damit kommt den persönlichen Einstellungen und Überlegungen des Personalerverantwortlichen wie auch denen der einzelnen Ausbildungsverantwortlichen im Auswahlverfahren eine Bedeutung zu:

> *„Ansonsten, ich persönlich, liegt in jeder Entscheidung von jedem Ausbilder selber, macht er es oder macht er es nicht. Ich persönlich finde es sehr schön, immer wieder mal einen Behinderten dabei zu haben. Meistens sind es bei mir Gehörbehinderte." (I16, 174ff.)*

Seine Einstellungen gegenüber ansonsten benachteiligen Gruppen basiert – wie im Folgenden deutlich wird – auch auf eigenen biografischen Erfahrungen:

> *„B: Ich sage mal bei mir, ich war früher auch ein Spätzünder, ja, ich hatte damals Realschule, ich war stinkend faul. Ja? Bin zu spät aufgewacht und das hängt mir auch ein bisschen nach, deshalb denke ich da auch immer an die, die vielleicht gleich waren wie ich damals. Wo dann mit der ersten Bewerbung, mit den ersten Absagen dann gemerkt haben hoppla, Mama und Papa haben vielleicht doch Recht gehabt, dass man sich mal auf den Hosenboden setzen muss. I: Ja, okay.*
> *B: Und deshalb finde ich das eigentlich schön, wenn das so ein bisschen in den Hintergrund rückt, wenn man dann sagen kann, okay, du kriegst deine Chance." (I16, 518ff.)*

Neben den oben beschriebenen gesetzten Rahmenbedingungen des Auswahlverfahrens und dem persönlichen Ermessensspielraum des Personalverantwortlichen seien die Akzeptanzkriterien bzw. die Festsetzung der Akzeptanzkriterien auch an die strukturellen Gegebenheiten und Möglichkeiten des Betriebes gekoppelt. Relevant sei, ob es die finanzielle Situation des Betriebes wie auch die Räumlichkeiten ermöglichten, auf die speziellen Bedürfnisse einzelner Personen einzugehen.

> *„Das heißt, die sind nicht ganz taub, aber sie hören etwas schwerer und das muss gewährleistet sein, dass auch ein Gehörbehinderter bei einem Brandfall zum Beispiel das Gebäude rechtzeitig verlassen kann. Auch wenn mal seine Gehör- oder seine Hörgeräte zum Beispiel defekt wären. Okay, ja? [...] Visuell und so laut, dass es auch ein Gehörbehinderter ohne Hörgeräte hört; und genau so muss ich mir Gedanken machen, wenn ich zum Beispiel ein Rollstuhlfahrer hätte. Kann ich den Rollstuhlfahrer in alle Betriebe, die die IHK fordert, weil die kriegen ja deshalb keinen Bonus, ja? Die sagen ja gut, das ist*

*ein Rollstuhlfahrer, der muss die Buchhaltung nicht durchlaufen, kann ich ihn überall einsetzen?" (I16,19ff.)*

In dem hier analysierten Großbetrieb, der über eine hohe Reputation verfügt und wirtschaftlich erfolgreich ist, wurde für Gehörbehinderte der Einbau von speziellen Brandschutzmeldern finanziert. Da es hierfür jedoch keine staatlichen Unterstützungsleistungen gegeben hat, musste der Betriebe die höheren Kosten in Kauf nehmen (können). Bei der Bewerber/innenauswahl ist auch im vorliegenden Fall die Passung ‚der ganzen Person' zu den verschiedenen innerbetrieblichen Berufsbildern sowie die Passung zu dem, was der Betrieb für seine Kundschaft verkörpert, ein relevantes Entscheidungskriterium. Dies führt aber nicht zu einer Diskriminierung migrantischer Bewerber/innen. Vielmehr wird akzentuiert, dass in der Geschichte des Betriebs eine Gewöhnung erfolgt ist, in deren Folge keine Unterscheidung zwischen migrantischen und nicht-migrantischen Mitarbeiter/innen mehr vorgenommen wird. Hinzu kommt, dass der Standort des untersuchten Betriebs (heterogene Bevölkerung, viele Kund/innen, deren Muttersprache nicht Deutsch ist) und die Weltmarktorientierung zu einer positiven Bewertung von Mehrsprachigkeit führt. Ein Migrationshintergrund bzw. eine Hautfarbe und/oder eine Sprechweise, die zur Annahme eines Migrationshintergrundes führen, stellen damit keinen Problemindikator bei der Auswahlpraxis dar. Im Unterschied zu den Fallportraits 1 und 3 gibt es keinen Mangel an geeigneten Bewerber/innen. Aufgrund der hohen Bekanntheit des Großbetriebes sowie der Attraktivität der Branche (Automobilindustrie bzw. Dienstleistung) ist ein Bewerber/innenpotenzial gegeben, das eine Auswahl nach Gesichtspunkten der beruflichen Eignung und der betrieblichen Passung ermöglicht. Noten bzw. berufsspezifische Testergebnisse stellen die Eintrittsschwellen dar.

## 4.5 Fallportrait 5: Ethno-nationale und ethno-rassistische Differenzkonstruktionen reduzieren die Chancen von migrantischen Jugendlichen

> *„Wenn man es ihm nicht so ansieht, dass es dann ein Türke ist, dann hat der nachher eher Chancen."* (I25, 546)

In dem vorliegenden Fall – einem kleineren Handwerksbetrieb – werden diskriminierende Unterscheidungen in offenkundiger Weise verwendet. Dabei wird explizit die äußere Erscheinung (als ausländisch versus als deutsch klassifiziertes

Aussehen) als Akzeptanz- bzw. Ausschlusskriterium genannt. Dies geschieht im Kontext einer mehrstufigen, ethno-national gefassten Differenzkonstruktion. Der Leiter des Betriebs unterscheidet zwischen Deutschen und Ausländern, zwischen nicht europäischen und europäischen Ausländern sowie zwischen integrierten und nicht-integrierten Ausländern; dies mit einer klaren Abstufung zugunsten derjenigen, die er als Deutsche und als integrierte Ausländer einordnet. Entscheidende Kriterien für die Einordnung von Bewerber/innen in diese Kategorien sind zum einen die Kenntnisse der deutschen Sprache, zum anderen aber auch die physische Erscheinung. Vom Aussehen ausgehend werden dabei stereotype Zuschreibungen auf das Verhalten und die Eigenschaften einer Person vorgenommen. Damit handelt es sich hier um eine offene ethno-rassistische Argumentation, in welcher körperliche Merkmale – wie der Farbe der Haare und der Haut sowie das Tragen eines Bartes – für die Einschätzung der betrieblichen Passung als entscheidend betrachtet werden.

Bei dem untersuchten Handwerksbetrieb handelt es sich um ein Elektro-Fachgeschäft, das zur Zeit des Interviews vier Mitarbeiter/innen und einen Auszubildenden beschäftigt hat. Der Betrieb liegt in einer ländlichen Region in einer Kleinstadt. Bewerber/innen werden über informelle Wege rekrutiert, insbesondere auf Grundlage persönlicher Empfehlungen vertrauenswürdiger Personen: *„Die sagen, wir haben da einen Guten im Angebot, der hat noch keine Lehrstelle.“* (125, 7f.) Zudem werden Anzeigen in der lokalen Presse geschaltet, offene Ausbildungsstellen werden der Bundesagentur für Arbeit bekannt gegeben und der Betrieb wird auf Messen vorgestellt. Geeignete Auszubildende zu finden ist nach Einschätzung des Befragten für Handwerksbetriebe generell und auch für den eigenen schwieriger geworden. Die Qualität der Bewerber/innen würde aufgrund eines generellen Mangels an guten Lehrlingen auf dem Markt nachlassen. Die verfügbaren Bewerber/innen werden als „Bodensatz" abgewertet:

*„B: Wird langsam schwierig Gute zu bekommen. Es kommt dann meistens nur das, was überall anders übrig bleibt. Weil selbst [Autofirma, d. A.] oder die großen Firmen nehmen jetzt schon die nicht so Guten. Weil es halt an den Lehrlingen krumm wird, gehen die auch schon eine Stufe runter. Die, wo sie früher nicht genommen hätten, die werden zwischenzeitlich auch schon von den großen Firmen genommen, weil die ja nichts anderes kriegen. Und dann ist das immer noch besser wie nichts und dann bleibt halt das Niveau für die restlichen Handwerker immer weniger oder ist immer weniger Niveau da.*
*I: Ja.*
*B: Da bleibt dann bloß noch der Bodensatz" (125, 810ff.)*

Dies geht mit einer Hierarchisierung nach Schultypen einher. Es würden sich fast nie Realschüler/innen bei dem Betrieb bewerben:

*„Ja Realschule ist da ja schon wie ein Sechser im Lotto. Meistens kommen da bloß die Werkrealschüler."* *(125, 99f.)*

Regional sei es besonders schwer, gute Azubis zu rekrutieren, da die im regionalen Umfeld präsente Industrie eine überlegene Konkurrenz darstelle:

*„Und die guten Normalrealschüler, die haben eine freie Auswahl an Berufswahl, und die verschwinden dann halt meistens irgendwo bei [Firma, d. A.]. In der Industrie, die wo dann Elektriker werden wollen."*

Auf die Nachfrage *„Das heißt, die große Konkurrenz ist hier die Industrie?"* antwortet der Befragte mit einem Verweis auf den regionalen Kontext: *„Ja, also hier schon in der Gegend, weil es zu viel hat oder zu viel gibt."* (125, 105f.)

Zudem geht es – wie auch in dem Fallportrait 2 – nach den Aussagen des Befragten nicht nur darum, gute Azubis zu bekommen, sondern auch darum, diese auch auf Dauer an den Betrieb binden zu können. Aus diesem Grund würden gezielt nicht die Leistungsbesten eingestellt, sondern *„Mittelmäßige"*. Denn dadurch seien die Chancen höher, dass die Azubis im Betrieb bleiben:

*„B: Ja, das Problem ist halt nachher, wenn er zu gut ist, ist er dann weg. Haben wir auch schon gehabt. Zwei zu gute.*
*I: Ja.*
*B: Die haben dann Auszeichnungen bekommen und danach ist der eine in die Industrie verschwunden und der andere hat seine Meisterprüfung gemacht. Dann hat man auch nichts davon gehabt.*
*I: Ja.*
*B: Man ist besser, man hat einige Mittelmäßige, die bleiben dann wenigstens."*
*(125, 112ff.)*

Die Situation des Handwerksbetriebs wie des lokalen Handwerks generell zeichnet sich in der Perspektive des Befragten durch einen Mangel an passenden Auszubildenden und der Schwierigkeit aus, die bereits Ausgebildeten zu halten.

Im Auswahlverfahren werden die Schulnoten berücksichtigt und das Verhalten der Bewerber/innen im Praktikum ist von entscheidender Bedeutung. Allerdings relativiert der Betriebsinhaber die Bedeutung der Schulnoten, indem er darauf verweist, dass sein letzter Azubi keinen deutschen Schulabschluss vorweisen konnte, er die ausländischen Noten nicht einschätzen konnte und er ihn dennoch eingestellt habe, da dieser das Praktikum erfolgreich absolviert hatte:

> *„B: Den Letzten haben wir halt genommen, weil er halt vier Wochen Praktikum gemacht hat.*
> *I: Ja.*
> *B: Und dann halt sich im Praktikum bewährt hat, obwohl der keinen deutschen Schulabschluss und nichts gehabt hat." (125, 19f.)*

Dies verdeutlicht erneut (vgl. Fallportrait 2, 3 und 4), welche hohe Bedeutung den Praktika im Auswahlprozess zukommt.

Auf die Frage, welche Kriterien wichtig seien für die Vergabe eines Ausbildungsplatzes, wird zunächst auf Arbeitstugenden und das Erscheinungsbild, das die Akzeptanz sozialer Normen signalisiert, hingewiesen:

> *„B: Eigentlich muss er erst mal bloß pünktlich sein.*
> *I: [Das ist-].*
> *B: [Und sauber angezogen.] Das ist das A und O, ja, und einen ordentlichen Auftritt hinlegen, also nicht verstrubbelt kommen oder ungewaschen, sondern anständige Klamotten und pünktlich." (125, 150ff.)*

Dies sei v. a. auch relevant aus wirtschaftlichen Kalkülen:

> *„B: Erst mal das und das das Problem ist halt, wenn dann die Mitarbeiter warten. Bis dass der eine dann irgendwann mal auftaucht, wenn er überhaupt auftaucht.*
> *I: Ja.*
> *B: Dann ist das ja noch ein Kostenfaktor im Geschäft, das hindert ja dann noch das Geschäft." (125, 159ff.)*

Wie in Fallportrait 3 werden auch in dem vorliegenden Handwerksbetrieb pragmatische wirtschaftliche Kalküle zur Begründung der Auswahlkriterien herangezogen. Argumentiert wird dabei, dass in Kleinbetrieben keine Fehlertoleranz bei der Personalauswahl verkraftbar sei, dass es auf die Leistung jedes Mitarbeiters für den Erhalt des Betriebes ankomme. Zur Begründung der Entlassung eines Mitarbeiters mit unzureichendem Arbeitstempo wird argumentiert:

> *„B: Du musst ja dann seinen Mindestlohn bezahlen.*
> *I: Ja.*

B: Oder den *Tariflohn, nur ist das dann zu teuer für unseren Betrieb wenigs-*
*tens, unseren kleinen Betrieb. Bei einem Großbetrieb wird er halt mitgezogen."*
*(I25, 258f.)*

Auch die Bedeutung, die einer „ordentlichen" Erscheinung beigemessen wird, wird
im Interview zunächst mit den funktionalen Erfordernissen eines Dienstleitungs-
betriebs, bei dem der Umgang mit Kund/innen zentral ist, begründet.
     Dass dies jedoch nicht das einzige bzw. allein entscheidende Akzeptanzkriterium
in Bezug auf die äußere Erscheinung ist, wird im Laufe des Interviews deutlich.
Ausdrücklich werden Merkmale, die als Indikatoren für die ethno-nationale
Zugehörigkeit gelten (Haarfarbe und die Farbe der Haut), als relevante Entschei-
dungskriterien benannt. Auf die Anmerkung des Interviewers, dass manchmal
*„Bewerber mit türkischem oder mit arabischem Hintergrund den Eindruck [haben],*
*dass sie bei der Lehrstellenvergabe nicht so berücksichtigt werden wie andere vielleicht*
*berücksichtigt werden"* (I25, 269f.), antwortet der Betriebsinhaber zunächst mit dem
knappen Kommentar *„Kann schon sein".* (I25, 273f.)
     Auf die daran anschließende Frage *„woran könnte man das festmachen, oder gibt*
*es da Beispiele?"* (I25, 274f.), antwortet er, indem er auf die Bedeutung des ersten
Eindrucks verweist und die Entstehung dieses ersten Eindrucks wie folgt erläutert:

*„B: Woran kann man das festmachen, ja, man darf ja offiziell nichts sagen,*
*wenn man einen Bewerber ablehnt. Man kann immer nur sagen, der war halt*
*fachlich nicht geeignet." (I25, 274f.)* Auf die unmittelbare Nachfrage „woran
macht man es dann fest, war halt nicht geeignet?" folgt die Antwort *„Meistens*
*ist es halt der erste Eindruck oder irgendwas in der Richtung.*
*I: Ja.*
*B: Wenn er halt nicht europäisch genug aussieht, oder wenn er halt türkisch*
*aussieht, oder wie sagt man dazu." (I25, 279f.)*

Die Rahmung *„man darf ja offiziell nichts sagen"* zeigt an, dass der Betriebsinhaber
davon ausgeht, dass er seine eigene Sichtweise aufgrund gesellschaftlich gängiger
Erwartungen und gesetzlicher Regelungen (Arbeitsrecht, Allgemeines Gleichbehandlungsgesetz) nicht problemlos zur Sprache bringen kann. Gleichwohl werden
im Weiteren die als eigentlich nicht zulässig markierten negativen Auswahlkriterien
*„nicht europäisch"* aussehen oder *„halt türkisch aussehen"* benannt. An einer anderen
Stelle wird noch deutlicher, dass Bewerber/innen wegen äußerlicher Merkmale,
aufgrund deren ihnen ein Migrationshintergrund zugeschrieben wird, im vorliegenden Fall weniger Chancen auf einen Ausbildungsplatz eingeräumt werden:

*„Wenn man es ihm nicht so ansieht, dass es dann ein Türke ist, dann hat der*
*nachher eher Chancen. Schwarzer Bart und schwarze Haare." (I25, 546f.)*

Neben der damit eingeführten Unterscheidung zwischen einem wünschenswerten
„europäischen" und einem türkischen Aussehen verwendet der Betriebsinhaber
die Unterscheidung in Hinblick auf den Grad der Integration, wobei darunter die
Anpassung an die regionale Mehrheitsgesellschaft verstanden wird:

*„Die, wo dann integriert sind, die haben dann bessere Karten wie die, die sich*
*nicht so arg integriert haben." (I25, 290f.)*

Auf die Frage, was Kriterien der Integration sind, antwortet der Betriebsinhaber:

*„Meistens sieht man es, wenn er breit schwäbisch spricht, dann ist er integriert.*
*I: Mhm, mhm. Ja.*
*B: Wenn er halt dann seinen Ghettoslang drauf hat, dann ist er meistens nicht*
*so arg integriert." (I25, 294f.)*

Für die Zuschreibung integriert vs. nicht integriert, wird hier der gesprochene
Dialekt und Soziolekt als Indikator verstanden. Was betrieblich relevante Aspekte von Integration sind, wird nicht weiter erläutert, sondern die Unterscheidung
Integrierte/Nicht-Integrierte wird als selbsterklärend vorausgesetzt. Die Problematisierung unzureichender Integration wird im Weiteren erneut in Bezug auf
sozialpädagogische Unterstützungsangebote formuliert, von denen der Befragte
annimmt, dass migrantischen Jugendlichen dort beim Schreiben von Bewerbungen geholfen wird. Bewerbungen, bei denen unterstellt wird, dass sie durch solche
Unterstützung zustande gekommen sind, werden abgelehnt: *„Die schicken wir eh*
*gleich wieder zurück. Dann hat es ja keinen Wert."* (I25, 411f.) Eine vergleichbare
Problematisierung findet in Bezug auf die Unterstützung nicht-migrantischer
Jugendlicher bei Bewerbungsschreiben, etwa in der Familie, nicht statt.

Dass unter Integration eine Anpassungsleistung an die ethno-national gefasste
Gesellschaft verstanden wird, zeigt sich auch darin, dass positive betriebliche Erfahrungen mit einem türkischstämmigen Migranten als erklärungsbedürftig und
als Ergebnis eines Anpassungsprozesses gekennzeichnet werden:

*„Aber das war halt dann auch ein eingedeutschter Türke. Mit sehr guten*
*Deutschkenntnissen." (I25, 536ff.)*

Auf die Nachfrage, ob die sprachlichen Kenntnisse das entscheidende Kriterium seien, wird abwehrend reagiert, indem generalisierend erneut auf „die Integration" verwiesen wird. Dies wird dann erläutert, indem Integrierte von jemandem unterschieden werden, für den angenommen wird, dass er „bloß eine große Klappe hat und nichts dahinter" (I25, 544f.). Die Argumentation unterstellt erneut, dass angemessene Fähigkeiten keine Eigenschaften von Migrant/innen, sondern Ergebnisse von Integration seien. Direkt daran anschließend werden äußerliche Merkmale („Schwarzer Bart und schwarze Haare" (I25, 549f.)) als Indizien für unzureichende Integration genannt. Ein aus der Sicht des Befragten türkisches Aussehen scheint nahe zu legen, dass die Person nicht integriert ist.

Diese Verwendung äußerlicher Merkmale im Sinne einer ethno-rassistischen Unterscheidung wird bei der Beschreibung des Auswahlverfahrens erneut deutlich. Der Befragte bestätigt die Nachfrage, ob das Aussehen als Indikator für Nationalität betrachtet werde, und verbindet dies mit der Qualifizierung, dass migrantisch aussehende Bewerber/innen den Normalitätserwartungen des Betriebs und der Kund/innen nicht gerecht werden:

> „I: Schaut man sich das Bild auch an, das Passfoto?
> B: Wenn eins dabei ist, dann schon.
> I: Ja.
> B: Und dann denkt man: Oh, zu schwarze Haare." (I25, 700ff.)

Damit geht der Befragte über die Unterscheidung integrierte/nicht-integrierte Migrant/innen hinaus: Schon allein das migrantische Aussehen gilt als Eigenschaft, das Benachteiligung begründet. In diesem Betrieb liegen damit auch ethno-rassistische Auswahlkriterien bei der Lehrstellenvergabe vor.

Innerhalb der Unterscheidung zwischen integrierten und nicht-integrierten Ausländer/innen unterscheidet der Betriebsleiter weiter nach ethno-nationalen Gruppen:

> „Ich denke mal mit den Italienern und den Griechen hat man weniger Probleme. Die sind ja schon europäischer." (I25, 582f.)

So wäre der Betriebsleiter auch bereit, einen Azubi aus Spanien einzustellen. „Wir hätten dann auch mal einen genommen, zum Gucken wie das so ist." (I25, 898f.) Aber auch wenn er ethno-nationale Gruppen in Bezug auf angenommene kulturelle Nähe oder Distanz unterscheidet, wird relativierend auf die im Einzelfall festzustellende Integrationsbereitschaft hingewiesen. Dabei werden die elterliche Unterstützung und die Integration der Eltern als weiteres Auswahlkriterium eingeführt:

> *„B: Ja, schon, aber wenn die Eltern von dem Türken dann auch hinterher sind,*
> *dass der was wird.*
> *I: Ja.*
> *B: Dann funktioniert das ja." (I25, 348f.)*

An anderer Stelle wird formuliert:

> *„Dann kommt es halt auch wieder, wie bei den anderen, auf die deutsche*
> *Sprache an und ob sie integriert sind.*
> *I: Ja.*
> *B: Und wie auch die Eltern dann integriert sind und mithelfen, dass der Junge*
> *was wird." (I25, 497f.)*

Die Einschätzung der Eltern der Jugendlichen wird damit auch in diesem Fall zu einem entscheidenden Akzeptanzkriterium im Auswahlverfahren, das wichtiger zu sein scheint als das Zeugnis:

> *„Ja, auch wenn man noch nichts von dem gesehen hat oder gehört hat oder*
> *noch kein Zeugnis gesehen hat. Und meistens ist es halt dann, wenn die Eltern*
> *dabei sind und gucken, dass aus dem Kerl was wird, dann wird das meistens*
> *was. Und wenn dann die Eltern genauso schlampig sind wie das Kind selbst,*
> *dann wird es meistens auch nichts." (I25, 214ff.)*

Allerdings setzt die Relativierung des Negativmerkmals Migrationshintergrund durch eine positive Einschätzung der Eltern voraus, dass überhaupt die Chance besteht, sich vorstellen zu dürfen. Wie die obigen Äußerungen zeigen, haben in diesem Fall jedoch migrantische Bewerber/innen schon aufgrund äußerer Merkmale, die auf ihrem Bewerbungsfoto sichtbar werden, geringere Chancen überhaupt eingeladen zu werden.

Als nicht relativierbar gilt auch in dem vorliegenden Fall jedoch das Merkmal Kopftuch. Bewerber/innen mit Kopftuch würde der Befragte nicht einstellen und begründet das wie folgt:

> *„B: Weil das in meinen Laden nicht rein passt.*
> *I: Ja.*
> *B: Und wahrscheinlich zieht dann das Kopftuch zu viele andere Kopftücher an.*
> *I: Mhm. Also obwohl das-*
> *B: Und dann geht das zu wie auf dem türkischen Basar.*

*I: Also obwohl das eventuell, sagen wir mal, neue Kundschaft sein könnte oder Erweiterung der Kundschaft sind Sie da vorsichtig?*
*B: Aber mit der Kundschaft hat man dann zu viel Ärger und Stress. Weil die dann halt nicht den normalen Preis bezahlen möchten, sondern halt wie es halt in der Heimat gewöhnt ist, handeln.*
*I: Gab es da schon Erfahrungen in der Vergangenheit, wo es, wo es sowas, wo es sowas gab?*
*B: Immer mal wieder. Wenn dann ausländische Mitbewohner kommen.*
*I: Ja.*
*B: Und dann am Preis umeinander handeln wollen.*
*I: Ja.*
*B: Immer noch billiger, noch billiger und irgendwann langt es halt." (125, 555ff.)*

Als eine abzuwehrende Gefahr sieht der Leiter des hier untersuchten Handwerkbetriebs damit, dass durch kopftuchtragende Mitarbeiterinnen, die er generell als nicht passend zum Betrieb bewertet, auch eine unerwünschte Kundschaft angezogen würde, der er negative kollektive Eigenschaften zuschreibt. Das Kopftuch ist damit hier ein eindeutiges und nicht relativierbares Ausschlusskriterium.

Dies gilt nicht in gleicher Weise für die Hautfarbe. Trotz der deutlichen persönlichen Vorbehalte und rassistischen Bedeutungszuschreibungen (s. o.), weist der Befragte darauf hin, dass er in einem Fall einen dunkelhäutigen Auszubildenden eingestellt habe. Dabei habe sich gezeigt, dass die Kundschaft dies akzeptiert hat. In der Region des Betriebs ist der Anteil der Bevölkerung mit afrikanischem Migrationshintergrund gering, so dass keine Gewöhnung erfolgt ist:

*„B: Nein, die haben wir ja vorher ausgetestet beim Praktikum, weil es ist ja eher unüblich, dass da ein Dunkelhäutiger zu den Leuten nach Hause kommt, aber nachdem die aufgeschlossen waren.*
*I: Ja.*
*B: Haben wir gesagt, dass wir ihn nehmen." (125, 44ff.)*

Dies verdeutlicht zum einen, welchen – hier positiven – Einfluss die Reaktionen der Kund/innen auf die Akzeptanz- und Ausschlusskriterien des Betriebs haben. Dass der Betriebsinhaber trotz seiner persönlichen Vorbehalte einen dunkelhäutigen Jugendlichen eingestellt hat, ist auch auf die geringe Nachfrage nach Ausbildungsstellen und die Notwendigkeit, den Kreis potenzieller Auszubildender aufgrund von Lehrlingsmangel (s. o.) auszuweiten, zurückzuführen.

In dem vorliegenden Fallportrait haben askriptive Merkmale (Haarfarbe, Hautfarbe) der Bewerber/innen einen entscheidenden Einfluss auf deren Chancen, einen

Ausbildungsplatz zu bekommen. Aufgrund bestimmter Äußerlichkeiten werden ethno-nationale Einordnungen und damit einhergehende stereotype Zuschreibungen vorgenommen. Migrantische Bewerber/innen werden unter den Verdacht gestellt, problematische Eigenschaften zu haben und müssen sich als integriert darstellen, um diesen Verdacht auszuräumen. Ein zugeschriebenes ausländisches bzw. nicht-europäisches Aussehen gilt als Indiz für potenziell unzureichende Integration. Aus diesem Grund ist es hier für Kandidat/innen von Vorteil, wenn man ihnen *„nicht so ansieht, dass es dann ein Türke ist."* (I25, 546) Die hohe Bedeutung, die der Betriebsleiter ethno-national und ethno-rassistisch gefassten Unterscheidungen zuweist, ist zunächst als ein Ausdruck seiner persönlichen Überzeugungen und Einstellungen einzuordnen, die sich aufgrund des geringen Formalisierungsgrads des Verfahrens und der Tatsache, dass er in einem kleinen Betrieb allein verantwortlich für die Auswahl ist, direkt auf die Lehrstellenvergabe auswirken.

In einer sozialwissenschaftlichen Perspektive ist jedoch darüber hinaus darauf zu verweisen, dass die Wahrscheinlichkeit, dass solche Einstellungen bei einem Personalverantwortlichen vorzufinden sind, in einem Zusammenhang mit der regionalen Situierung des Betriebs und den dort vorherrschenden Einstellungen und Mentalitäten steht.

## 4.6    Folgerungen aus den Fallportraits

Im Vergleich der Fälle zeigt sich, dass sowohl die Entscheidungsverfahren als auch die Kriterien, die für Auswahlentscheidungen bei der Lehrstellenvergabe bedeutsam sind, in einem hohen Maß organisationsspezifisch sind. Dabei gehen in die Argumentationen der Personalverantwortlichen aus der Perspektive des jeweiligen Betriebs organisationell und wirtschaftlich rationale Kalküle ein, die sich mit unterschiedlicher Gewichtung vor allem auf Anforderungen des Berufs, die Motivation für den Beruf und die dauerhafte Bindung an den Betrieb, die Kooperation im Betrieb als Leistungs-Gemeinschaft sowie auf die Zusammensetzung der Kundschaft beziehen. Für die Kundschaft werden typische Mentalitäten und daraus abgeleitete Erwartungen an Mitarbeiter/innen angenommen. Grob vereinfachend lässt sich feststellen, dass eine Diskriminierung migrantischer Jugendlicher dann am wahrscheinlichsten ist, wenn Betriebe über keine eigenen Erfahrungen mit migrantischen Mitarbeiter/innen verfügen, wenn ihre Markt- und Kundenbeziehungen regional ausgerichtet sind, wenn im regionalen Kontext der migrantische Bevölkerungsanteil gering ist sowie wenn angenommen wird, dass ablehnende nationalistische, ethnisierende und/oder anti-islamische Haltungen im Umfeld des Betriebs einflussreich sind. Wie gezeigt bedeutet dies aber nicht, dass es in städtisch situierten Betrieben und in global operierenden Großbetrieben aus Sicht der Personalverantwortlichen keine Gründe für Personalentscheidungen mit diskriminierenden Folgen gibt – dies nicht zuletzt im Hinblick auf kopftuchtragende Muslimas.

Die dargestellten Unterschiede zwischen den Betrieben sind zu einem erheblichen Teil als Folge der Organisationsgeschichte, sowie der für den Betrieb als Organisation bedeutsamen Merkmal und Kontexte (Markt- und Kundenbeziehungen) sowie durch branchentypische Merkmale erklärbar. Gleichwohl kann nicht davon abgesehen werden, dass auch an die Person der jeweiligen Personalverantwortlichen gebundene Überzeugungen einen Einfluss auf die Deutung von betrieblichen Erfordernissen und Kontextbedingungen sowie den angemessenen Umgang damit haben. Personalverantwortliche haben – wie im Weiteren noch deutlicher werden wird – mehr oder weniger vorurteilshafte Einstellungen gegenüber Migrant/-innen bzw. ethno-nationalen Gruppen und sie reagieren in unterschiedlicher Weise auf tatsächliche oder erwartete ablehnende Haltungen in der Belegschaft und bei Kund/innen. Diese können als Sachzwang verstanden und in der Folge zur Legitimation diskriminierender Praktiken verwendet werden oder aber als ein Problem gelten, das zur Suche nach einer aktiven und nicht-diskriminierenden Problemlösung führt.

In den Interviews wird weiter deutlich, dass in den Betrieben eine pragmatische Haltung dominant ist, die die Frage nach dem Umgang mit migrantischen Bewerber/innen nicht primär in einem rechtlichen, moralischen, politischen oder ideologischen Rahmen bearbeitet, sondern vor allem unter dem leitenden Gesichtspunkt, was diese für die Leitungsfähigkeit des Betriebes unter den jeweils gegebenen Bedingungen bedeutet. Dies stellt eine durchaus ambivalente Beobachtung dar: Ein unideologischer Pragmatismus ist für die Überwindung von Diskriminierung einerseits dadurch förderlich, dass Personalentscheidungen unter sachlichen Gesichtspunkten getroffen werden, also die Unterscheidung Einheimische/Migranten nur dann bedeutsam ist, wenn damit Annahmen über beruflich und betrieblich bedeutsame Folgen dessen verbunden werden, was Migrant/innen ggf. aus der Sicht der Betriebe von Einheimischen unterscheidet. Andererseits führt dieser Pragmatismus dazu, dass Betriebe bei Personalentscheidungen sich nicht zentral den menschenrechtlichen, politischen und rechtlichen Vorhaben des Anti-Diskriminierungsgrundsatzes als einer verbindlichen Entscheidungsgrundlage verpflichtet sehen, sondern darauf – wenn überhaupt – nur nachrangig Bezug nehmen.

Gleichwohl sind wir bei unserer Forschung auf Fälle gestoßen, in denen Verantwortliche dem Anti-Diskriminierungsgrundsatz eine starke Bedeutung zuschreiben und deshalb auch bereit waren, aus ihrer Sicht betriebswirtschaftlich riskante Entscheidungen zu treffen. Hierbei handelt es sich um Fälle, in denen persönliche politische und moralische Überzeugungen zur Geltung gebracht werden. Da Personalentscheidungen von individuellen Entscheider/innen – dies mehr oder weniger in Abstimmungen mit anderen Beteiligten, in Großbetrieben ggf. auch als Gruppenentscheidungen – getroffen werden, kann von der Individualität der Entscheider/innen bei einer Betrachtung der Auswahlverfahren nicht abstrahiert werden. Dies gilt analog auch in den Fällen, in denen Personalverantwortliche selbst erhebliche Vorbehalte gegenüber Migrant/innen bzw. gegenüber ethno-national-gefassten Gruppen artikulieren, denen sie problematische Eigenschaften zuschreiben.

# Wie Betriebe unterscheiden: Migrationshintergrund und ethno-nationale Zuschreibungen

Diskriminierende Praktiken haben kategoriale Unterscheidungen zur Grundlage, die mit Zuschreibungen vermeintlich typischer Eigenschaften einhergehen, die zur Begründung und Rechtfertigung von Ungleichbehandlung verwendet werden. In der vorliegenden Studie sind zwei Ausprägungen von für migrationsbezogene Diskriminierung folgenreichen Unterscheidungen bedeutsam: Zum einen werden generalisierend *Bewerber/innen mit Migrationshintergrund*, zum anderen *spezifische ethno-national gefasste Gruppen* vom implizit postulierten Normal- bzw. Idealfall der/s deutschen Staatsbürger/in mit deutscher Herkunft, Muttersprache und ‚Verwurzelung' in der national gefassten Gesellschaft und Kultur unterschieden. Dies geschieht jedoch keineswegs einheitlich: Das Spektrum der Verwendungsweisen reicht von der offenkundigen Verwendung diskriminierender Zuschreibungen bis hin zur prinzipiellen Infragestellung der Angemessenheit der gängigen Unterscheidung von Einheimischen und Migranten.

Bevor im Folgenden auf die unterschiedlichen Verwendungsweisen der Kategorie Migrationshintergrund und ethno-national gefasster Kategorien in den Interviews sowie auf deren Kontexte und Bedeutungen näher eingegangen wird, ist hier zunächst zusammenfassend zu charakterisieren, wie Personalverantwortliche diese Kategorien verwenden.

## 5.1 Die Zuschreibung problematischer und unproblematischer Unterschiede

Die Unterscheidung von Einheimischen und Menschen mit Migrationshintergrund ist in der gesellschaftlichen Kommunikation inzwischen gängig. Sie hat die ältere Unterscheidung von Deutschen und Ausländern weitgehend abgelöst. Außerhalb wissenschaftlicher Spezialdiskurse wird sie als selbstverständliche, nicht weiter

irritierende und begründungsbedürftige Unterscheidung verwendet. Ihre Verwendung behauptet einen sozial in irgendeiner Weise bedeutsamen Unterschied
zwischen Einheimischen und Zugewanderten, ohne dass dabei auf spezifische
Annahmen über nationale, ethnische, religiöse, rechtliche oder sonstige Merkmale
von Eingewanderten und ihren Nachkommen zurückgegriffen werden muss. Die
Kategorie Migrationshintergrund ermöglicht in dieser Weise ein Sprechen über
Migrant/innen, durch das auf Bewertungen verzichtet werden kann und für das
ein Rückgriff auf gruppenbezogene (ethnische, nationalistische, rassistische)
Stereotype nicht erforderlich ist. Gleichwohl wird damit implizit postuliert, dass
es relevante Unterschiede zwischen denjenigen gibt, die einen oder keinen Migrationshintergrund aufweisen, sonst wäre die Verwendung dieser Kategorie außerhalb bevölkerungsstatistischer Erhebungen sinnlos. Mit einiger Plausibilität kann
diesbezüglich zudem angenommen werden, dass es sich bei der Unterscheidung
von Einheimischen und Migrant/innen um eine asymmetrische Unterscheidung[39]
handelt: Wenn die Kategorie Migrationshintergrund verwendet wird, dann werden
damit Einheimische gewöhnlich als prinzipiell unproblematisch markiert, während
Migrationshintergrund als eine Kennzeichnung fungiert, mit der auf erwartbare
Problemlagen, insbesondere in Hinblick auf die gesellschaftlichen Integration und
im Zusammenhang mit angenommenen kulturellen Unterschieden und unzureichender Beherrschung der deutschen Sprache hingewiesen werden soll (s. dazu
Mannitz 2006; Scherr 2013). Wenn von Migrationshintergrund die Rede ist, dann
werden in politischen und medialen Diskursen ein besonderer Integrationsbedarf
und potenzielle Integrationsprobleme unterstellt. Diese Sichtweise zeigt sich auch
in den von uns geführten Interviews. In den Interviews mit Personalverantwortlichen wird ein Migrationshintergrund dann zum Thema, wenn darauf hingewiesen
werden soll, dass dieser zu Problemen führt oder aber, dass es nicht zu Problemen
kommt, obwohl ein Migrationshintergrund vorliegt. Allein schon dies hat einen
potenziell diskriminierenden Effekt: Wenn ein Migrationshintergrund als ein
Hinweis auf mögliche Probleme – etwa der innerbetrieblichen Akzeptanz und
Integration oder der Akzeptanz durch Kund/innen – verstanden wird, ist es aus
betrieblicher Sicht im Sinne von Risikovermeidung begründet, der Möglichkeit
nach nicht-migrantische Bewerber/innen vorzuziehen. Denn diese werden in der
Logik dieser Unterscheidung implizit als unproblematisch markiert, sofern sie
keiner anderen Problemkategorie (wie etwa ‚bildungsfern‘ oder ‚problematische
Familienverhältnisse‘) zugerechnet werden.

 Die gesellschaftliche Zuschreibung eines Migrationshintergrundes orientiert sich
dabei auch in den von uns befragten Betrieben nicht an exakten wissenschaftlichen

---

39  S. generell zur sozialen Funktion asymmetrischer Unterscheidungen Luhmann 1988.

und rechtlichen Definitionen dieser Kategorie. In diese Definitionen gehen allein das Geburtsland und die Staatsangehörigkeit von Personen, ihrer Eltern und ggf. ihrer Großeltern ein. Dagegen ist inzwischen eine veralltäglichte Verwendung dieser Kategorie üblich, die genereller ein Sprechen über angenommene Unterschiede zum Konstrukt des Normaldeutschen ermöglicht, insbesondere in Bezug auf sprachliche Defizite, kulturelle Besonderheiten, aber auch in Bezug auf äußerliche Merkmale wie Hautfarbe, Haarfarbe oder Kleidung. In den Interviews unserer Studie zeigt sich dies daran, dass die Frage nach der Bedeutung des Migrationshintergrundes wiederkehrend mit einem Reden über das äußere Erscheinungsbild einer geht oder schlicht postuliert wird, dass ein Migrationshintergrund sichtbar sei. In einem Interview ist dementsprechend von einem *„Auszubildenden mit Migrationshintergrund, also rein augenscheinlich schon mit Migrationshintergrund"* (I9, 1069f.) die Rede.

Dass das Sprechen von einem Migrationshintergrund auf äußere Merkmale verweist, die im Sinne eines Verständnisses der deutschen Gesellschaft als biologische Abstammungsgemeinschaft durch Unterschiede zum angenommenen Erscheinungsbild des normalen Deutschen sichtbar werden, zeigt sich auch in einem Fall, in dem körperliche Erscheinung und Kleidung auf der gleichen Ebene verhandelt werden. Dabei wird einem gepflegten Erscheinungsbild – im Unterschied zu den körperlichen Indizien des angenommenen Migrationshintergrunds – zentrale Bedeutung zugesprochen:

*„Ich sehe das ja auch, wenn zum Beispiel, wenn wir unsere Freisprechungsfeier haben von der Innung und die Gesellenbriefe vergeben werden. Da ist ja alles, da ist alles vertreten. Da ist mal ein Schwarzer dabei, da ist, sehr viele Türken, natürlich auch. Und da gibt es auch mal Jahrgänge, wo wenige sind. Das ist jedes Jahr anders und das Interessante ist, dass bei den Preisträgern auch immer wieder mal, sagen wir, mal ein Türke ist, oder wir haben auch schon einen Nordafrikaner, mal als, ich glaube, als Innungsbesten gehabt und der kam mit Krawatte und Anzug. Andere kommen da in der Jogginghose, jaja, zur Freisprechungsfeier, also, da hat man auch genau gewusst, der Kerl, der geht seinen Weg."* (I5, 1161ff.)

Als sichtbarer Indikator für Migrationshintergrund wird das äußere Erscheinungsbild in etlichen weiteren Interviews verstanden:

*„Ja, da haben wir welche, ich muss gerade mal überlegen, also bei uns jetzt schon, also bei den Spaniern sind auch viele, die ursprünglich aus Lateinamerika sind. [...] Die ja sehr latinomäßig aussehen."* (I17, 424ff.)

Dass das äußere Erscheinungsbild die Zuschreibung eines Migrationshintergrunds veranlasst, wird auch an der Gegenfigur, der auch äußerlich möglichen Zugehörigkeit zur national gefassten Wir-Gruppe, deutlich:

> *„Ja gut, eine meiner besten Freundinnen ist Türkin, aber die ist halt eher wie eine Deutsche, ja die kann alles Mögliche könnte die sein, das sieht man der nicht an." (124, 622ff.)*

Die Einordung als Bewerber/in bzw. Mitarbeiter/in mit Migrationshintergrund geht nicht durchgängig mit einer Problematisierung der beruflichen und betrieblichen Eignung einher: In einigen Interviews wird akzentuiert, dass die Unterscheidung zwischen Einheimischen und Migrant/innen gegenwärtig kein relevantes Auswahlkriterium bei der Lehrstellenvergabe mehr ist. Es liegen zudem auch Fälle vor, in denen der Sinn der Verwendung der Kategorie Migrationshintergrund ausdrücklich problematisiert wird (s. u.).

In den vorliegenden Interviews werden zudem keine ablehnenden, offenkundig negativen Haltungen geäußert, die den Schluss auf eine absichtsvolle, ideologisch motivierte Ablehnung von Migrant/innen nahe legen würden – dies allerdings nur, solange generell von Migrant/innen, also nicht von spezifischen Teilgruppen die Rede ist (s. u.).[40] Im empirischen Material zeigt sich vielmehr, dass die befragten Betriebe – und dies gilt insbesondere für mittlere und größere Betriebe – sich überwiegend als solche Unternehmen darstellen, die gelernt haben, mit der keineswegs mehr ungewöhnlichen Realität von Bewerber/innen und Mitarbeiter/innen mit Migrationshintergrund erfolgreich umzugehen und die betonen, dass sie nicht diskriminieren wollen.

Dies heißt aber keineswegs, dass es sich um Betriebe handelt, in denen keine Diskriminierung migrantischer Bewerber/innen stattfindet. Denn Diskriminierung kann nicht einfach als Effekt von Vorurteilen und diskriminierenden Absichten erklärt werden, sondern resultiert als institutionelle bzw. organisationelle Diskriminierung (s. o.) auch aus Annahmen und Kalkülen, die aus Sicht der Betriebe

---

40  Wir können daraus aus methodischen Gründen nicht die Folgerung ziehen, dass es keine Betriebe gibt, deren Personalverantwortliche manifeste Vorurteile gegen Migrant/innen haben und die generell nicht bereit sind, migrantischen Bewerber/innen einzustellen. Vielmehr ist anzunehmen, dass solche Betriebe durchaus existieren, aber für die Forschung nicht erreichbar sind. Interviewanfragen des Forschungsprojekts wurden in zahlreichen Fällen abgelehnt. Es kann vermutet werden, dass gerade solche Betriebe nicht zu einem Interview bereit waren, bei denen diskriminierende Praktiken offenkundig sind, da diese kein Interesse an einer Aufdeckung ihrer Praxis haben können. Bei der Interpretation der Daten sind demnach Samplingeffekte zu berücksichtigen.

rational sind, da sie auf nicht hintergehbare betriebliche Erfordernisse verweisen. Wie wir im Folgenden zeigen werden, stellt sich Diskriminierung ohne diskriminierende Absicht für Betriebe schon dann als rational dar, wenn die Annahme eines Migrationshintergrundes als ein plausibles Indiz für mögliche Schwierigkeiten und Probleme betrachtet wird – auch dann, wenn diese für Probleme nicht auf vermeintliche oder tatsächliche Eigenschaften der Bewerber/innen verweisen, sondern auf erwartete Reaktionen von Kund/innen, Geschäftspartner/innen oder der Belegschaft. Denn schon dann, wenn Probleme mit einiger Wahrscheinlichkeit erwartbar sind, ist es aus betrieblicher Perspektive im Sinne von Risikovermeidung betriebswirtschaftlich rational, bei einem ausreichenden Angebot an geeigneten nicht-migrantischen Bewerber/innen diese zu bevorzugen.

Die Betriebe unterscheiden jedoch nicht nur zwischen Bewerber/innen mit und ohne Migrationshintergrund, sondern verwenden darüber hinaus gängige Unterscheidungen und Bezeichnungen nationaler bzw. ethnischer „Gruppen". Damit wird die generalisierende Kategorie Migrationshintergrund spezifiziert und es werden unproblematische Teilgruppen von Problemgruppen unterschieden. In den Auswahlentscheidungen sind ethno-nationale Kategorien und damit verbundene Eigenschaftszuschreibungen bedeutsam, zu deren Plausibilisierung in einigen Fällen auf eigene – negative wie positive – Erfahrungen verwiesen wird, die verallgemeinert werden. Dies geschieht in einem mehr oder weniger offenkundigen Rückgriff auf gesellschaftlich gängige Stereotype.[41]

Ethno-nationale Kategorien und Eigenschaftszuschreibungen werden in den Interviews verwendet, ohne dass durchgängig – in allen Fällen und für alle Teilgruppen – eine explizite Problematisierung erfolgt. Vielmehr werden mögliche Vorurteile in einigen Fällen durch den Verweis auf positive eigene Erfahrungen entkräftet. Eine explizite Problematisierung durch gruppenbezogene Eigenschaftszuschreibungen erfolgt vor allem für diejenigen, die als Türken bzw. Muslime sowie als Afrikaner bezeichnet werden – sowie (dies allerdings uneinheitlich) bezogen auf Migrant/innen aus Osteuropa. So wird z. B. die Wahrnehmung als ‚deutsch-russische‘ Bewerber/innen in einem Fall als positives, in einem anderen Fall als ein negatives Auswahlkriterium verwendet. Dagegen gelten westeuropäische Migrant/innen, anders als in der ersten Phase der westdeutschen Arbeitskräfteanwerbung, durchgängig als unproblematisch. Ihnen wird eine hohe Affinität zu dem zugeschrieben wird, was als typisch für die deutsche Gesellschaft und Kultur gilt.

---

41   Darauf, dass für betriebliche Personalentscheidungen eine oft schwer durchschaubare Gemengelage von plausiblen Kalkülen und offenkundigen Stereotypen vorzufinden ist, haben bereits Philip Moss und Chris Tilly (2001) in ihrer Studie zu Rekrutierungsprozessen in US-amerikanischen Unternehmen hingewiesen.

Die Verwendung von ethnischen, nationalen und religionsbezogenen Gruppen-
bezeichnungen geschieht dabei, wie es in der gesellschaftlichen Kommunikation
– und gelegentlich auch in wissenschaftlichen Texten – gängig ist, in einer Weise,
in der zwischen auf das Geburtsland, das Herkunftsland, die Staatsangehörigkeit,
auf ethnische und religiöse Zuordnungen sowie auf äußere Merkmale bezogenen
Kategorien nicht deutlich unterschieden wird. Vielmehr werden die jeweiligen
Kategorien als alltagsprachliche Bezeichnungen verwendet, die ineinander übergehen. Wenn also z. B. von „türkischen Jugendlichen" die Rede ist, dann kann es
sich sowohl um ein Sprechen über den nationalen Migrationshintergrund und/
oder die Staatsangehörigkeit, als auch um Annahmen über eine Gruppe von in
Deutschland geborenen Jugendlichen mit deutscher Staatsangehörigkeit handeln,
der besondere soziokulturelle Merkmale zugeschrieben werden und die damit als
ethnisch „türkische" bzw. „türkisch-muslimische" Gruppe konstruiert wird (vgl.
Cakir 2014). Dies ist allein aufgrund der Verwendung der jeweiligen Bezeichnungen nicht zu erschließen. Mit welchen Hintergrundannahmen die Verwendung
ethnisch-nationaler Kategorien einhergeht und welche Bedeutung ihnen bei der
Begründung und Rechtfertigung betrieblicher Entscheidungen zukommt, ist deshalb
aus einer Analyse des jeweiligen Argumentationszusammenhanges zu erschließen.
Kennzeichnend ist weiter, dass die Verwendung der jeweiligen Kategorien („Mus-
lime", „Türken", „Polen", „Vietnamesen", „Afrikaner" usw.) unreflektiert erfolgt:
Anders als im Fall der Kategorie Migrationshintergrund erfolgt in keinem Fall eine
Relativierung der Angemessenheit der Kategorien.

Die Auseinandersetzung mit dem Thema Migrationshintergrund verbindet sich
in den von uns geführten Interviews zwar nahezu in allen Fällen mit der dekla-
rierten Absicht, nicht diskriminieren zu wollen. Gleichwohl ist auch in einigen der
Fälle, bei denen dies mit Bemühungen um eine aktive Neutralisierung einhergeht,
deutlich, dass migrantische Bewerber/innen im Unterschied zu nicht-migrantischen
Bewerber/innen als potenziell problematisch für den Betrieb gelten. In Folge der
veränderten Lage auf dem Ausbildungsmarkt (in Baden-Württemberg) sieht sich
ein Teil der Betriebe jedoch gezwungen, nicht länger nach der Herkunft zu unterscheiden. In einem Interview wird dementsprechend geäußert:

*„Wichtig ist, dass die Menschen zu einem passen, und ich bin auch mittlerweile*
*der Meinung, dass hier bei uns in der Region die Betriebe diese Auswahlmög-*
*lichkeit gar nicht mehr so haben und sagen, ok, ich guck woher jemand kommt*
*und wähl dann danach aus." (I7, 124ff.)*

In anderen Betrieben ist die Neutralisierung der Unterscheidung nicht allein betriebswirtschaftlich begründet; sie ist dort vielmehr auch Ausdruck einer Orientierung

an veränderten Gesellschaftsbildern (Globalisierung, Einwanderungsgesellschaft) sowie der Selbstverpflichtung auf das normative Konzept der Nicht-Diskriminierung. Diese Haltung zeigt sich im Material unserer Studie sowohl bei Klein- als auch bei Großbetrieben. Sie wird in der folgenden Äußerung eines Personalverantwortlichen deutlich:

> *„Also bei uns gibt es keine Diskriminierungen in keiner Art und Weise. Ich glaube [unsere Firma, d. A.], ich müsste lügen, hat über zehn bis 15 Nationalitäten arbeiten bei uns, ja. Und ich habe noch nie erlebt und da würde ich auch dazwischen schlagen, weil ich das nicht wollte, dass es da in irgendeiner Weise mal Diskriminierungen gab, also massiv." (I26, 481ff.)*

Differenzen, die im Folgenden in Bezug auf die Verwendung und Bewertung ethnischer, nationaler und religionsbezogener Zuschreibungen noch deutlicher werden, sind nicht ausreichend durch strukturelle Merkmale des Betriebs oder der Branche sowie den Einfluss von Kundenerwartungen erklärbar. Zwar ist beschreibbar, dass langjährige Erfahrungen mit migrantischen Mitarbeiter/innen, eine internationale Ausrichtung des Betriebs sowie eine heterogene Kundschaft eine Entproblematisierung der Kategorie Migrationshintergrund begünstigen (s. o.). Darüber hinaus sind aber auch individuelle ethische und gesellschaftspolitische Überzeugungen von Betriebsinhaber/innen und Personalverantwortlichen einflussreich. Diese führen in einigen Fällen dazu, dass diskriminierende Praktiken offensiv und nicht allein aus ökonomischen Gründen abgelehnt werden, sondern dass dies als eine Konsequenz eigener Überzeugung begründet wird.

## 5.2 Verwendungsmodi der Kategorie Migrationshintergrund und ethno-nationaler Kategorien

Auf der Grundlage der erhobenen Daten können im Folgenden unterschiedliche Modi des Umgangs mit dem Problematisierungspotenzial der Kategorie Migrationshintergrund unterschieden werden. Dabei werden nicht nur im Vergleich der Betriebe, wie die Fallanalysen gezeigt haben (s. o.), erhebliche Unterschiede deutlich. Auch innerhalb der einzelnen Betriebe und in den Interviews ist die Bedeutung, die der Kategorie Migrationshintergrund zugewiesen wird, nicht konsistent. Dies ist z. T. als Ausdruck unklarer und ambivalenter Haltungen, aber nicht zuletzt auch dadurch erklärbar, dass die generelle Unterscheidung Einheimische/Migranten in den Interviews mehr oder weniger deutlich mit heterogenen Eigenschaftszuschreibungen ethno-national gefasster Teilgruppen einhergeht. In den erhobenen Daten können diesbezüglich folgende Verwendungsmodi rekonstruiert werden:[42]

1. Eine erste Variante besteht in der *Neutralisierung der Unterscheidung Einheimische/Migranten*. Hier wird bestritten, dass diese als Auswahlkriterium noch angemessen und zeitgemäß ist. In einigen Fällen führt dies auch zu einer aktiven Infragestellung der Unterscheidung selbst.
2. In einer zweiten Variante wird die Unterscheidung zwar als relevant angenommen. Jedoch werden hier keine negativen Eigenschaftszuschreibungen vorgenommen; zudem wird ein *aktiver und erfolgreicher, nicht-diskriminierender betrieblicher Umgang mit angenommenen Unterschieden* und daraus ggf. im betrieblichen Kontext und Umfeld resultierenden Problemen akzentuiert. In einigen Fällen und in Bezug auf einige der unterschiedenen „Gruppen" (insbesondere: Polen, Russlanddeutsche, Vietnamesen) ist hierfür die Zuschreibung von positiven Eigenschaften und besonderen Fertigkeiten bedeutsam. Damit werden mögliche Vorbehalte gegen deren Einstellung als Auszubildende und Mitarbeiter/innen, die als erwartbar unterstellt werden, relativiert oder zurückgewiesen. Dabei wird durchgängig auf eigene positive Erfahrungen mit Angehörigen der jeweiligen Gruppe Bezug genommen.
3. Für die dritte Variante ist kennzeichnend, dass nicht Migrant/innen selbst als problematisch gelten, aber mit innerbetrieblichen und externen Akzeptanzproblemen, vor allen bei Kund/innen, gerechnet wird. Diese *Akzeptanzprobleme werden als Sachzwänge verstanden*, an denen sich der Betrieb orientieren muss. Damit wird Benachteiligung in Auswahlverfahren und z. T. auch ein umfassender Ausschluss von Migrant/innen gerechtfertigt. Letzteres gilt vor allem für Muslim/innen, in sehr zugespitzter Weise für kopftuchtragende Muslimas (s. Kapitel 6).
4. Die vierte Variante ist dadurch charakterisiert, dass eine *problematisierende Charakterisierung von Migrant/innen, insbesondere von ethno-national gefassten Teilgruppen*, erfolgt. Hier sind drei Subvarianten zu unterscheiden:
   (1) In Bezug auf einige Gruppen wird eine *Tendenz zur ethnisch-nationalen sozialen Abschottung im Betrieb* (s. Kapitel 5.3.1) angenommen. Dies hat zur Konsequenz, dass individuelle Angehörige der jeweiligen Gruppe als unproblematisch gelten, während die Einfügung in den Betrieb als Leistungs-Gemeinschaft als schwierig gilt, wenn mehrere Angehörige der gleichen Gruppen präsent sind. Eine ähnliche Abschottungstendenz wird dagegen in Bezug auf einheimisch-deutsche Mitarbeiter/innen nicht thematisiert.

---

42  Damit ist nicht bestritten, dass im Zuge weiterer Forschung ggf. noch andere aufgedeckt werden können.

(2) Die Problematisierung ethno-nationaler Gruppen erfolgt zum einen in Hinblick auf die ihnen *unterstellte soziokulturelle Distanz* zu dem, was als typisch für die deutsche bzw. die europäische Kultur und Gesellschaft gilt. Dies verbindet sich mit heterogenen *Defizitschreibungen in Bezug auf Erziehung, Arbeitstugenden und Sprachkenntnisse.* Zudem werden *Differenzkonstruktionen* (s. Kapitel 5.3.2), insbesondere als die *Problematisierung unzeitgemäßer Vorstellungen zum Geschlechterverhältnis,* artikuliert: Jungen/ Männern, die Muslime sind bzw. einen afrikanischen Migrationshintergrund aufweisen, wird fehlende Akzeptanz der gesellschaftlichen und betrieblichen Gleichstellung von Frauen zugeschrieben (s. Kapitel 5.3.2.1); Mädchen/ Frauen korrespondierend ein problematisches Festhalten an unzeitgemäßen Mustern traditioneller weiblicher Lebensführung (s. Kapitel 5.3.2.2). In dieser Variante sind auch ethno-rassistische Zuschreibungen vorzufinden (s. dazu auch Fallportrait 5). Eine weitere Dimension sozio-kultureller Problematisierung zeichnet sich im Bereich *arbeitsbezogener Defizitzuschreibungen* ab, die ebenfalls ethno-rassistische Zuschreibungen umfasst (s. Kapitel 5.3.2.3).

(3) Eine eigenständige Subvariante, in der ethno-nationalistische und fremdenfeindliche Diskurse aufgegriffen werden, besteht in der Darstellung *von Bewerber/innen als Angehörige einer gesellschaftlich generell problematischen Gruppe* (s. Kapitel 5.3.3). Dies erfolgt in einigen Interviews in Hinblick auf Muslime, Türken und Russlanddeutsche. Zu unterscheiden sind diesbezüglich zwei Konstrukte: Zum einen die aus dem rechtspopulistischen Diskurs einschlägig bekannte Annahme des Rückzugs in problematische Parallelgesellschaften in Verbindung mit der Zuschreibung von Gewaltbereitschaft. Zum anderen die Behauptung eines fehlenden Willens zu gesellschaftlichen Integration sowie ein fehlendes Interesses an beruflicher Qualifizierung und Erwerbsarbeit.

### Exkurs: Argumentationsanalyse

Um die Verwendung der Unterschiede, Begründungen und Rechtfertigungen von Diskriminierung sichtbar zu machen, wird im Folgenden an das Verfahren der Argumentationsanalyse angeschlossen, wie es Mechthild Gomolla und Frank-Olaf Radtke bereits bei der Analyse institutioneller Diskriminierung in der Schule (Gomolla/Radtke 2009) eingesetzt haben. Die Argumentationsanalyse ermöglicht es, die expliziten und impliziten Hintergrundannahmen aufzuzeigen, mit denen Auswahlentscheidungen begründet werden.

In diesem Verfahren werden drei Grundelemente eines Arguments unterschieden: Datum, Konklusion und Schlussregel: „Ein Argument besteht aus [...] drei Grundelementen: Einem Datum (D), das heißt, einer Beobachtung und Beschreibung eines Ausschnitts der Wirklichkeit; einer Behauptung, d. h. einer Interpretation dieses Datums, die in Form einer Konklusion vorgetragen wird. Die Plausibilisierung kann sich wiederum auf Schlußregeln (SR) stützen, die angeben, warum das Datum für die Schlußfolgerung relevant ist. Schlußregeln entsprechen den in der klassischen Rhetorik als Gemeinplätze bezeichneten Deutungen, die von allen als wahr gehalten werden." (Gomolla/Radtke 2009, S. 153)

Relevante Daten sind im vorliegenden Fall vor allem Annahmen über Eigenschaften von Bewerber/innen sowie betriebliche Erfordernisse, Konklusionen vor allem Aussagen über Präferenzen bei Auswahlentscheidungen; die Schlussregeln legen dar, wie ein Zusammenhang zwischen den Daten und den Folgerungen hergestellt wird.

### 5.2.1  Neutralisierung der Unterscheidung

Für eine erste wiederkehrende Variante der Unterscheidung von Einheimischen und Migranten ist die Neutralisierung der Unterscheidung charakteristisch. Es wird argumentiert, dass diese Unterscheidung für Auswahlentscheidungen bedeutungslos ist. So wird etwa als Antwort auf die Frage nach der Einschätzung von anonymisierten Bewerbungsverfahren formuliert:

> *„Mir ist egal, was für eine Nationalität, was für ein Geschlecht, wir brauchen jemand, der hier rein passt, alles andere ist mir egal." (I4, 856f.)*

Im Weiteren werden dann u. a. folgende Kriterien der Passung genannt: Flexibilität, Belastbarkeit, Kreativität, überzeugende Persönlichkeit, Loyalität sowie Verbundenheit mit dem Unternehmen.

In einem anderen Interview wird in ähnlicher Weise wie folgt formuliert:

> *„Wenn ich einen ausländischen Namen lese, muss ich an so was auch immer denken, aber letztendlich guck ich mir die Bewerbung genauso an wie jede andere Bewerbung auch." (I8, 1024ff.)*

Vergleichbar schildert ein weiterer Befragter:

> *„Also ich mache da keinen Unterschied dran, ob ich jetzt, das sieht man ja oftmals am Geburtsort, manchmal auch nicht mehr, weil sie schon in Deutschland geboren sind, ja, ich mache da überhaupt keine Unterschiede an der Ecke. Ich schaue mir diese Bewerbungen genauso an, wie ich mir andere anschaue." (I20, 983ff.)*

Ein Migrationshintergrund wird hier, wie in allen anderen Fällen auch, durchaus bemerkt bzw. aufgrund von sichtbaren Merkmalen zugeschrieben. Es handelt sich in der Perspektive der Betriebe demnach nicht um ein Merkmal, das, wie etwa die Augenfarbe, keine Aufmerksamkeit erzeugt, sondern durchaus um ein solches – wie etwa auch das Geschlecht –, das nicht nicht wahrgenommen werden kann. Neutralisierung besteht folglich im aktiven Bestreiten der Relevanz dieses wahrgenommenen Merkmals für eigene Entscheidungen.

In den Begründungen wird wiederkehrend darauf verwiesen, dass es inzwischen normal sei, dass zur Gesellschaft und damit zu Bewerber/innen und Mitarbeiter/innen auch Menschen mit Migrationshintergrund gehören und auf die eingetretene Gewöhnung an diese Normalität verwiesen.

*„I: Da, wenn Sie sagen, Sie haben hier auch schon viele Personen mit Migrationshintergrund, ist das schon lange, also ist das in dem Betrieb. Wird das in der Ausbildung schon länger so betrieben oder ist das eine neuere Entwicklung, weil unsere Gesellschaft ja immer vielfältiger wird, das ist ja de Facto so? B: Das ist in dem Grade, wie sich bei uns auch die Gesellschaft, würde ich sagen, entwickelt hat oder verändert hat durch Migration, ist das auch zum Tragen gekommen. Die Ausbildung der Firma ist quasi das Spiegelbild der Gesellschaft." (I20, 968ff.)*

Zudem wird in einigen Betrieben auf eine langjährige Praxis der betrieblichen Integration von Migranten verwiesen. Auf die Frage, wie viele Mitarbeiter/innen mit Migrationshintergrund im Betrieb beschäftigt sind, formuliert einer der Befragten:

*„Es ist interessant zu wissen, gebe ich Ihnen recht. Aber es ist oftmals schwierig, weil auch von dem Namen können Sie, früher konnte man sagen, okay, da sind so viele Konsonanten in dem Namen, das muss irgendwie, aber heute ist es oftmals so, dass die einen sehr deutschen Namen haben. Sie kriegen es ad hoc nicht mehr raus und fragen dürfen Sie das eigentlich nicht. [...] Wir wollen das aber auch nicht fragen." (I20, 1487ff.)*

| Datum: Migrant/innen gehören seit langem zur Belegschaft. |
| --- |
| Schlussregel: Für unseren Betrieb ist die Unterscheidung zwischen Migrant/innen und Einheimischen bedeutungslos. |
| Konklusion: Bei Entscheidungen über Ausbildungsstellen werden Migrant/innen in unserem Betrieb nicht benachteiligt. |

Ein weiteres Argument, dass zu Begründung der Irrelevanz der Unterscheidung verwendet wird, ist der Verweis auf eigene positive Erfahrungen mit migrantischen Mitarbeiter/innen, die dazu führen, dass Probleme in der Ausbildung nicht als Effekt eines Migrationshintergrundes interpretiert werden.

*„Ich habe den Vorteil, ich habe sehr viele mit Migrationshintergrund gehabt und habe mit den meisten sehr, sehr gute Erfahrungen gemacht. Oder sagen wir mal so: Ich habe nicht mehr schlechte Erfahrungen gemacht wie mit Deutschen." (I16, 795ff.)*

Dem entsprechen die Ergebnisse einer quantitativen Betriebsbefragung, in der gezeigt werden konnte, dass Betriebe, die über Erfahrungen mit migrantischen Auszubildenden verfügen, diese signifikant positiver beurteilen als Betriebe, bei denen dies nicht der Fall ist (s. Scherr/Gründer 2011, S. 30).

| |
|---|
| Datum: Es gibt Bewerber/innen mit und ohne Migrationshintergrund. |
| Schlussregel: Die eigene Erfahrung zeigt, dass es keinen betrieblich relevanten Unterschied zwischen Bewerber/innen mit und ohne Migrationshintergrund gibt. |
| Konklusion: Bei Entscheidungen über Ausbildungsstellen werden Migrant/innen in unserem Betrieb nicht benachteiligt. |

Für die Neutralisierung des Migrationshintergrundes ist in nahezu allen Fällen der Verweis auf den Vorrang der beruflich relevanten Kompetenzen und Qualifikationen gegenüber der Herkunft bedeutsam.

*„Also ganz ehrlich, ich sehe darin überhaupt kein Problem, weil, wenn Sie einen jungen Menschen haben, ob er jetzt Albaner ist oder was weiß ich, Kroate oder Russe oder sonst irgendwas, wenn er deutsch kann und wenn er motiviert ist, dann kriegt er den Job, dann kriegt er eine Ausbildungsstelle." (I2, 1627ff.)*
*„Also, wir nehmen auf die Nationalität, ist uns eigentlich wurst. Es muss natürlich, die deutsche Sprache, die muss da sein. Wir sind im Verkauf, wir wollen was verkaufen und wir müssen teilweise auch Kunden beraten und da kann ich nicht ein bisschen Deutsch reden." (I12, 1047ff.)*

Sofern zureichende Kompetenzen und Qualifikationen (insbesondere sprachliche Qualifikationen), nachvollziehbar gezeigt und bewiesen werden, führt die Annahme eines Migrationshintergrundes in diesen Fällen nicht zu einer Benachteiligung im Bewerbungsverfahren.

---

Datum: Bewerber/innen unterscheiden sich im Hinblick auf ihre nationale Herkunft.

Schlussregel: Wenn die berufliche Eignung und erforderliche Sprachkenntnisse gegeben sind, ist die nationale Herkunft nicht weiter bedeutsam.

Konklusion: Bei Entscheidungen über Ausbildungsstellen werden Migranten in unserem Betrieb nicht benachteiligt.

---

Begründet wird eine Neutralisierung von Migrationshintergrund in anderen Fällen mit dem Verweis auf die Internationalität der Unternehmensstruktur:

> *„Das hier ist ganz stark wissensgesteuert, eben technologieorientiert. Ich kann als Inder, wo die IT super entwickelt ist, hier die allerbesten Chancen haben. Wir sind international aufgestellt, ein Teil ist in China. Es arbeiten auch Asiaten hier im Headquarter. Es ist alles grundsätzlich kein Problem."* (I1, 1023ff.)

In einem anderen Fall ist es nicht die Internationalität der Produktionsstandorte, sondern die internationale Zusammensetzung der Kundschaft, mit der die Irrelevanz des Merkmals Migrationshintergrund begründet wird.

> *„Also wir sind da, wir sind da sehr, sehr Multikulti. Und mit Zimmerreinigungsfirma, also mit Fremdreinigungsfirma haben wir, glaube ich, 30 verschiedene Nationalitäten und sämtliche entsprechenden Religionen, ob katholisch, Moslem, jüdisch bis orthodox. Es ist alles bei uns vertreten und das spielt überhaupt keine Rolle. Im Gegenteil, das macht es interessanter und ist auch wichtig im Umgang mit unseren Gästen, die ja genauso multireligionsmäßig unterwegs sind."* (I6, 436ff.)

---

Datum: Unser Betrieb ist durch internationale Produktionsstandorte/eine internationale Kundschaft gekennzeichnet.

Schlussregel: In international ausgerichteten Betrieben ist eine heterogene Zusammensetzung der Mitarbeiter/innen selbstverständlich.

Konklusion: Bei Entscheidungen über Ausbildungsstellen werden Migrant/innen in unserem Betrieb nicht benachteiligt.

In größeren Betrieben wird wiederkehrend auch auf die Vorgaben des Allgemeinen Gleichbehandlungsgesetzes sowie das diesen entsprechende Selbstverständnis des Betriebes hingewiesen. Auf die Frage an einen Personalverantwortlichen, der seine eigene Auswahlpraxis als konsequent diskriminierungsfrei darstellt, ob es in anderen Betrieben Diskriminierung gebe, antwortet dieser:

> *„Also ich persönlich, ich kann jetzt nicht sagen wie der Kollege [ein Personalverantwortlicher in einem anderen Betrieb, d. A.] ist, aber ich gehe nicht davon aus, dass jemand bewusst jemanden benachteiligt aufgrund seiner Herkunft. Das kann ich mir nicht vorstellen, das will ich mir auch nicht vorstellen, weil wenn ich das hören würde, dann würde da etwas folgen darauf. [...] Weil das geht überhaupt nicht hier im Haus. Wir haben auch, ganz klar, wir haben auch gesetzliche Vorgaben hier im Haus, AGG, das ist ein Thema, das ist klar, da sind wir verpflichtet. [...] Ich will das aber auch aus einer gewissen menschlichen Sicht nicht haben hier im Haus. Gleiche Chancen für alle. Eine gewisse Vergleichbarkeit muss sein, gewisse Dinge müssen sie mitbringen und dann ist es mir egal, ob er aus Russland kommt oder Stuttgart, Baden oder Nigeria oder ist mir völlig wurst [...] Es interessiert mich persönlich kein Stück an der Ecke."* (I20, 990ff.)

In einigen der von uns geführten Interviews – sowie inzwischen auch in den Mitteilungen von Wirtschaftsverbänden – wird auf einen Nachwuchsmangel verwiesen. Eine Benachteiligung migrantischer Bewerber/innen ist demnach nicht mehr zeitgemäß, da sie die Zahl geeigneter Bewerber/innen unter Bedingungen geringer Nachfrage zu stark einschränkt.

Der Inhaber eines kleinen, familiengeführten Handwerksbetriebs berichtet:

> *„Ich brauche jedes Jahr so und so viele Leute, weil es gehen ja auch Leute weg. Ich muss ausbilden, damit ich meine Firma erhalten kann. [...] Es kommen immer mehr Firmen, die merken, aha, hier kann man aus dem Vollen schöpfen, hier kommen die Leute. Ja, das wird schwierig und da müssen wir uns wirklich auf die Hinterbeine stellen und wir machen jetzt schon viel, gerade die Innungen, aber es wird wahrscheinlich immer mehr werden in Zukunft und wir können uns, wir können uns das gar nicht erlauben, irgendwie da jetzt Ausländer auszugrenzen oder so, das geht gar nicht."* (I5, 1256ff.)

Der Bewerbermangel in bestimmten Berufen führt auch dazu, dass gezielt Werbekampagnen initiiert werden, die migrantische Bewerber/innen ansprechen und rekrutieren sollen, wie im Weiteren der Handwerksmeister ausführt:

*„Da gibt es zum Beispiel ein Plakat, da sieht man irgend so ein, so ein, ja das klassische. Typischer Türke auf einem Skateboard oder auf einer Treppe, ich weiß gar nicht, und dann heißt es: Ali, ruf deine Kumpels oder ruf deine Freunde, es gibt viel zu tun. Das Handwerk. Also wir tun sogar Leute animieren."* (I5, 1304ff.)

---

Datum: Unser Betrieb hat erhebliche Schwierigkeiten, geeignete Bewerber/innen zu finden.

Schlussregel: Aus betriebswirtschaftlichen Gründen wäre eine Benachteiligung migrantischer Bewerber/innen kontraproduktiv.

Konklusion 1: Bei Entscheidungen über Ausbildungsstellen werden Migrant/innen in unserem Betrieb nicht benachteiligt.

Konklusion 2: Es ist sinnvoll, migrantische Jugendliche gezielt für die duale Ausbildung zu werben.

---

In einer anderen Variante der Neutralisierung werden, obwohl zunächst eine negative Einstellung formuliert wird, diese im weiteren neutralisiert, indem argumentiert wird, dass Unterschiede zwischen Einheimischen und Migranten im Laufe der Ausbildung an Bedeutung verlieren, wenn ein Einstieg in die Ausbildung gelingt:

*„Aber ich sag mal, würden die jetzt eine Ausbildung machen in einem deutschen Betrieb, da würde man irgendwann gar nicht mehr merken, dass der irgendwie ein Türke ist oder was weiß ich."* (I5, 1185ff.)

Nicht nur im Blick auf angenommene Unterschiede, die sich im Laufe der betrieblichen Ausbildung relativieren, wird auf betriebliche Erfahrungen verwiesen, die zu einer Neutralisierung von Migrationshintergrund führen. Auch betriebliche Erfordernisse bei der Suche nach geeigneten Auszubildenden werden von Personalverantwortlichen angeführt, um die potenzielle Bedeutung eines Migrationshintergrundes zu relativieren:

*„Ja, aber das wäre jetzt bei mir, ich sag mal, wenn die Leute, ich mein klar, ich habe grundsätzlich kein Problem. Wir haben ja jetzt an der Jobmesse haben wir ja jetzt Leute aus Nigeria gehabt, die jetzt eine Berufsausbildung anfangen, natürlich viel so aus den arabischen Ländern, Kurden, Libanesen, alles Mögliche. Also, wir können es uns gar nicht erlauben irgendwelche Vorurteile, ich meine, die hat man vielleicht irgendwo, aber wir gucken uns die Leute an*

*und wenn wir sehen, dahinter verbirgt sich eine ehrliche Haut und manchmal*
*fährst du mit so jemandem, der ja, ich sag jetzt mal, vielleicht auch ein ganz,*
*der nicht so verwöhnt ist, der eigentlich dankbar ist um alles was er bekommt,*
*der auch eine ganz andere Erziehung genossen hat, der vielleicht ganz viel*
*Disziplin hat, das muss man einfach ausprobieren." (I5, 999ff.)*

In ähnlicher Weise äußert sich eine weitere Befragte, die auf eigene positive betriebliche Erfahrungen mit migrantischen Auszubildenden verweisen:

*„Ich habe auch schon einen türkischen Lehrling gehabt und einen kurdischen.*
*Der schreibt mir immer wieder. Der ist dann nach der Lehre, ist er dann irgend-*
*wann in die Türkei gegangen und ist jetzt mittlerweile wieder in Deutschland*
*hier und schreibt mir immer wieder mal ab und zu eine E-Mail. Also das*
*spielt heutzutage keine Rolle mehr. Da habe ich keine Berührungsängste oder*
*irgendwelche Vorurteile. Ganz im Gegenteil. Ich finde das irgendwie sogar*
*immer ein bisschen spannend, wenn man da so Leute hat." (I5, 495ff.)*

Positive Erfahrungen werden auch in Bezug auf Kundenreaktionen auf migrantische
Mitarbeiter/innen berichtet:

*„Ich habe selber schon Leute ausgebildet, Türke, Türkin habe ich gehabt als*
*Auszubildenden, ein anderer war ein, ach vom Balkan unten, ein Albaner.*
*Das waren junge Leute, die haben ein sehr gepflegtes Äußeres gehabt, sie haben*
*perfekt Deutsch gesprochen, die sind auch von unserer Kundschaft wunderbar*
*angenommen worden und sind da sehr beliebt gewesen. Also, auch in [Stadt,*
*d. A.], weil, also, nein, das war in [Dorf, d. A.] drüben, das ist eine kleine länd-*
*liche Gemeinde und das war überhaupt kein Problem. Ich hätte da aber auch*
*keine Vorurteile, also das muss ich wirklich sagen." (I15, 636ff.)*

Ein anderer Befragter, Leiter mehrerer städtischer Einzelhandelsbetriebe, der die
Bedeutung von Kundenkontakten im Interview mehrmals hervorhebt, weist auf
die Freundlichkeit eines Mitarbeiters und seinen vorbildlichen Umgang mit Kund/
innen als Verhaltensweisen hin, die dazu führen, dass sein „fremdes" Aussehen
nicht zu Problemen führt:

*„Also, in den vielen Jahren muss ich sagen, der, wenn ich an unseren [Name,*
*d. A.] denke, der kommt aus Kambodscha, hat bei uns gelernt und ist jetzt*
*drüben in [Stadt, d. A.] Stellvertreter und eigentlich keine Probleme und auch*
*nicht von Kunden also, muss ich jetzt bei uns sagen, nein, aber er kommt*

*wahnsinnig gut an, weil er wahnsinnig freundlich ist, weil er mit den Kunden umgehen kann. Der hat halt einen asiatischen Look, das ist halt so." (I12, 1106ff.)*

Ein Teil der Betriebe sieht sich aus unterschiedlichen Gründen veranlasst, die Relevanz der Unterscheidung Einheimische/Migranten in Frage zu stellen. Damit können drei zentrale Varianten der Begründungen unterschieden werden:

a. betriebswirtschaftliche, die auf die Notwendigkeit oder Nützlichkeit von Nicht-Diskriminierung für den Betrieb hinweisen;
b. gesellschaftsbezogene, die auf die nicht ignorierbaren Folgen von Migration und Globalisierung verweisen;
c. normative und rechtliche Begründungen dafür, dass es nicht zulässig ist, Migrant/innen zu diskriminieren.

Diese Begründungsvarianten treten in den beforschten Betrieben in jeweils spezifischen Varianten und Verschränkungen auf.

Verallgemeinernd lassen sich die Varianten des Neutralisierungsarguments wie folgt zusammenfassen:

| |
|---|
| Datum: Es gibt Bewerber/innen mit und ohne Migrationshintergrund. |
| Schlussregel: Eine diskriminierende Unterscheidung von Bewerber/innen mit und ohne Migrationshintergrund ist betriebswirtschaftlich bzw. gesellschaftlich bzw. normativ nicht (mehr) angemessen. |
| Konklusion: Bei Entscheidungen über Ausbildungsstellen werden Migrant/innen in unserem Betrieb nicht benachteiligt. |

## 5.2.2 Infragestellung der Unterscheidung

Stärker als bei der Neutralisierung von Migrationshintergrund wird hier der Sinn bzw. die Relevanz der Unterscheidung zwischen Bewerber/innen mit und ohne Migrationshintergrund generell hinterfragt. Deutlich wurde dies in einer ablehnenden Reaktion auf eine schriftliche Betriebsbefragung[43]: Die Personalverantwortliche lehnte es zunächst empört ab, den Fragebogen auszufüllen, da es heutzutage nicht mehr zeitgemäß sei, Betrieben zu unterstellen, sie würden zwischen Einheimischen

---

43  Die Ergebnisse dieser Befragung liegen veröffentlicht vor; s. Scherr/Janz/Müller 2013.

und Migrant/innen unterscheiden sowie Migrant/innen benachteiligen. In einem anschließenden Interview, bei dem auch 8 Auszubildende unterschiedlicher Herkunft anwesend waren, wurden dann die betrieblichen Unterstützungsleistungen für Auszubildende dargestellt sowie wie folgt formuliert:

> *„Weil Deutschland war schon immer ein Zuwandererland [...]. Ich glaube, das ist die demografische Entwicklung, also dass einfach die Welt bunter wird und dann erübrigt sich auch meiner Meinung nach Ihr Fragebogen." (I7, 1410ff.)*

Aus Sicht der Personalverantwortlichen dieses Betriebs mit ca. 200 Mitarbeiter/innen hat die Unterscheidung Einheimische/Migrant/innen gegenwärtig keine Bedeutung mehr – und die Unterstellung, Betriebe würden immer noch mit dieser Unterscheidung operieren, erlebt sie als unzulässige Zuschreibung. Migrantische Mitarbeiter/innen würden auch von den Kund/innen des Betriebs, der deutschlandweit Waren ausliefert, problemlos akzeptiert. In Fällen unzureichender Deutschkenntnisse bietet der Betrieb Sprachkurse an. Im Rahmen einer Betriebsbesichtigung wurde dem Forschungsteam dann die Möglichkeit gegeben, Fragen an die migrantischen Auszubildenden zu stellen, die durchgängig betonten, dass sie im Betrieb keinerlei Diskriminierung erleben.

Auch in Interviews mit Personalverantwortlichen im Baugewerbe wird sowohl in kleineren als auch in größeren Betrieben die Relevanz der Kategorie Migrationshintergrund infrage gestellt. Ein Inhaber eines kleinen Bauunternehmens berichtet:

> *„Migrationshintergrund ist ja relativ. Seit 1952, die hier leben, hä? Also Menschen, die seit 1952 hier nach Deutschland eingereist sind haben alle Migrationshintergrund, also das sind, die sind, also die waren eigentlich alle in Deutschland geboren. Also für mich sind es eigentlich Deutsche <lacht>." (I22, 945ff.)*

Der Personalverantwortliche eines großen, bundesweit tätigen Bauunternehmens fasst in der Formel ‚Mensch ist Mensch' die Hinterfragung der Unterscheidung von Migrationshintergrund/Nicht-Migrationshintergrund wie folgt zusammen:

> *„Wer ist denn noch deutsch und wer ist nicht mehr deutsch? Haben wir schon ganz schön vermischt in den letzten Jahren. Wir hatten ein Vorstellungsgespräch, drüben haben wir einen jungen Mann gehabt. Stammbaum deutsch, kommt aus [Ort, d. A.], nächste Ortschaft von hier, kommt zu uns in die Vorstellung, Papa deutsch, im Beruf steht drin ist irgendwas, also hat einen Beruf, hat eine Ausbildung, Mama schafft, ist auch nicht daheim, ist auch irgendwas. Kommt ein junger Mann ins Vorstellungsgespräch spricht uns mit türkischem Akzent*

*an. Sagt mein Kollege zu ihm, warum redest du mit türkischem Akzent? Ja,*
*meine Kumpels reden auch so. Sag mal, du bist doch deutsch, du musst doch*
*deinen Kumpels beibringen, deutsch zu reden. Ist glaube, heute nicht mehr*
*nötig. Danach kommt der türkische Junge und redet perfekt Deutsch, das heißt,*
*der hat einen türkischen Namen, aber türkisch weiß ich gar nicht, weil die*
*Staatsbürgerschaft steht ja nicht drin. Also, das ist, ich möchte das gar nicht*
*beurteilen, weil alles einen Migrationshintergrund hat. Wer eigentlich als*
*Deutscher zählt, hm das geht gar nicht und ich mache mir da auch keinerlei*
*Gedanken drüber, weil wie gesagt Mensch ist Mensch, fertig." (I23, 884ff.)*

Die Hinterfragung der Unterscheidung kann zu folgendem Argumentationsmuster
zusammengefasst werden:

---

Datum: Es gibt Bewerber/innen mit und ohne Migrationshintergrund.

Schlussregel: Die Unterscheidung Migrationshintergrund/kein Migrationshintergrund ist nicht mehr zeitgemäß.

Konklusion: Die Unterscheidung von Bewerber/innen mit und ohne Migrationshintergrund ist für betriebliche Entscheidungen irrelevant.

---

### 5.2.3 Aktiver und nicht-diskriminierender betrieblicher Umgang mit angenommenen Unterschieden

Eine zweite Variante des Redens über migrantische Bewerber/innen besteht darin,
im Hinblick auf die als bedeutsam betrachtete Unterscheidung zwischen Bewerber/
innen mit und ohne Migrationshintergrund ein aktives Engagement in Anspruch
zu nehmen. Der Unterscheidung der Belegschaft in Mitarbeiter/innen mit und
ohne Migrationshintergrund wird in den folgenden Fällen im betrieblichen Alltag
eine erhebliche Bedeutung zugewiesen, die aus Sicht der Personalverantwortlichen
einen aktiven Umgang erforderlich macht.

In einem der von uns beforschten Betriebe kam es Anfang der 1990er Jahre zu
innerbetrieblichen Konflikten zwischen Einheimischen und Migrant/innen. In
Reaktion darauf haben sich Betriebsleitung und Betriebsrat auf eine gemeinsame
Haltung verständigt, die seitdem zu einer klaren Sanktionierung fremdenfeindlicher
Äußerungen durch Gespräche und ggf. auch Abmahnungen und Kündigungen
führt. Die Haltung des Betriebs stellt eine Betriebsrätin dar, die selbst als Produktionsarbeiterin in den 1970er Jahren nach Deutschland eingewandert ist:

*„Und wenn wir das Gefühl haben, dass jemand auf bestimmte Aussagen beharrt,
wie zum Beispiel, die Türken, die wissen genau, bei welchen Ämtern es Geld zu
holen gibt oder so, dann gibt es eine offizielle Besprechung. Da machen wir klar
und deutlich, dass nicht nur der Betriebsrat, sondern auch das Unternehmen
solche Sachen überhaupt nicht toleriert und da ist die Gefahr tatsächlich, dass
jemand zumindest mit einer satten Abmahnung rechnen könnte, und das ist
der Trend, sicher und das ist auch gut so." (I13, 1028ff.)*

In den Interviews mit einem der Personalverantwortlichen des Betriebs sowie mit
der Betriebsrätin wird auf weiterhin bedeutsame Konflikte im Betrieb hingewiesen, die sich ihres Erachtens aus ethnischen und nationalen Gruppenloyalitäten
ergeben, sowie auf das Problem einer geringen Akzeptanz weiblicher Vorgesetzter
bei einigen migrantischen Mitarbeitern. Erwähnt werden dort unterschiedliche
Elemente der aktiv auf diese Problemlagen reagierenden betrieblichen Praxis
(Konfliktmanagement, interkulturelle Weiterbildung für Mitarbeiter/innen in Lei-
tungspositionen). Aktuell wird in diesem Betrieb diskutiert, verschiedene Elemente
der bestehenden betrieblichen Praxis zu einem Konzept des Diversity-Managements
zusammenzufassen.

Weiter berichtet die Betriebsrätin von ihrer Einschätzung des Umgangs mit
migrantischen Bewerber/innen im Auswahlverfahren, an dem der Betriebsrat
in diesem Betrieb beteiligt ist. Sie betont dabei, dass dort keine Diskriminierung
sichtbar wird.

*„Wir haben eine Betriebsvereinbarung über das Assessment Center gemacht.
Einer meiner ersten Bedenken war bei Assessment Center genau das, weil es
gibt natürlich auch Aufgaben wie Präsentation und so weiter und so fort, und
ich habe mir damals schon die Frage gestellt, was ist mit sehr jungen Kindern,
die mit 16 da rein kommen, die vielleicht jetzt nicht so aus supergebildeten
Häusern kommen oder sogar eben mit Migrationshintergrund. Haben sie eine
Chance, haben sie keine? Also, was das betrifft muss ich sagen, [...] ich hatte
keinen einzigen Fall wo ich das Gefühl hatte, [...] dass aufgrund von Migrationshintergrund jemand benachteiligt worden ist." (I13, 48ff.)*

Auch in anderen Fällen wird von Mittel- und Großbetrieben auf interkulturelle
Schulungen und Trainingskurse als Mittel des konstruktiven Umgangs mit Unterschieden gesetzt:

*„Also zum Beispiel in unserem Schulungskatalog haben wir ein Angebot ‚in-
terkultureller Umgang', weil sicherlich der ein oder anderen gereifteren Füh-*

*rungskraft das schwer fällt mit Multikulti umzugehen. Aber ich glaub eher, das liegt nicht im Multikulti, sondern einfach an der Jugend. Da klafft eigentlich so diese klassische Generationenschiene. Da machen wir Schulungen." (I7, 1471ff.)*

In einem anderen Interview verweist der befragte Personalverantwortliche wie folgt auf eine aktive betriebliche Berücksichtigung von Auszubildenden mit Migrationshintergrund:

*„Also, ich achte im Besonderen darauf, dass wir bei allem was wir machen, immer daran denken, dass wir Muslime unter den Auszubildenden haben. Also, wenn man zum Beispiel ein Grillfest mit Azubis macht, dann muss ich das schlicht und einfach berücksichtigen. Ich kann nicht behaupten, ihr esst jetzt das leere Weckle. Das sind so Geschichten. das muss eine Selbstverständlichkeit sein, dass man solche Dinge mit berücksichtigt." (I9, 1044ff.)*

Datum: Die betriebliche Zusammenarbeit von Mitarbeiter/innen mit und ohne Migrationshintergrund führt zu Problemen.

Schlussregel: Die betriebliche Zusammenarbeit von Einheimischen und Migrant/innen verlangt ein aktives Engagement auf Seiten der Verantwortlichen.

Konklusion: Der Betrieb ist veranlasst und in der Lage, diese Probleme angemessenen zu bewältigen.

Neben innerbetrieblichen Problemen und dem Umgang damit werden in den Interviews solche Probleme berichtet, die aus der Relevanzsetzung eines Migrationshintergrundes und der fehlenden Akzeptanz migrantischer Mitarbeiter/innen durch Kund/innen resultieren:

Während solche Nicht-Akzeptanz von Kund/innen in einigen Fällen explizit als Begründung für diskriminierende Praktiken verwendet wird (s. u.), ist hier zunächst eine andere Variante des Umgangs damit darzustellen. In einem der von uns beforschten Betriebe haben rassistische Äußerungen von Kund/innen dazu geführt, dass nicht dem angesprochenen Mitarbeiter, sondern den Kund/innen die betriebliche Akzeptanz verweigert wurde.

*„Wir hatten vor Jahren eine Auszubildende, die war von der Hautfarbe schwarz. Da gab es zwei, drei Kunden, als sie während ihres Ausbildungsplanes halt auch hinter der Theke stand, die gesagt haben, von der lassen wir uns nicht bedienen. Kaum zu glauben, gell? Dann hab ich [...] gesagt, auch wenn das ein*

*Stammkunde ist, dann sagen Sie ihm bitte, er möchte wo anders einkaufen.*
*Punkt, aus, Ende, keine Diskussion!" (I12, 891ff.)*

Allerdings wird die hier eingenommene Position dahingehend relativiert, dass eine solche Zurückweisung von Kund/innen in einem Dienstleistungsbetrieb nur solange möglich sei, wie die Zahl von Kundenbeschwerden begrenzt und deshalb ökonomisch verkraftbar ist. In Bezug auf die mögliche Ablehnung kopftuchtragender Muslimas durch Kund/innen wird die Notwendigkeit einer Abwägung betont:

*„Wenn das natürlich sich wirtschaftlich so extrem auswirken würde, dann muss man reagieren. In welcher Form kann ich jetzt heute nicht sagen das ist situationsbedingt." (I12, 974ff.)*

In einem anderen Fall werden antizipierte negative Kundenreaktionen in Bezug auf die Einstellung migrantischer Auszubildender absichtsvoll ignoriert:

*„Aber natürlich hab schon mal gedacht, naja, kann auch Leute geben die denken, guck mal, das ist ein Geschäft da, mit einigen Ausländern besetzt oder junge Leute, die eben vielleicht doch noch nicht alles so gut in Deutschland beherrschen, aber insgesamt war es mir egal, weil ich fand das einfach trotzdem eine tolle Idee." (I10, 473ff.)*

Auf die Nachfrage, ob es nach der Einstellung von Mitarbeiter/innen mit Migrationshintergrund Reaktionen von der Kundschaft bzw. aus der Belegschaft gab, antwortet der Befragte wie folgt:

*„Eigentlich nicht extra. Also es gibt sicher Leute, die sagen mal im ersten Moment vielleicht dann, wenn eine Wahlmöglichkeit ist, zwischen jetzt einem dunkelhäutigem und einem europäischen Mitarbeiter, dass dann natürlich eventuell der europäische Mitarbeiter zuerst angesteuert wird. Also das kann man schon erleben. Ja, dass wenn gerade eine Wahlmöglichkeit ist, wenn es jetzt nicht ist, dann wird das auch eigentlich dann akzeptiert." (I10, 666ff.)*

Die aktive Zurückweisung der Benachteiligung von Migranten ist in den vorstehenden Fällen, es handelt sich um inhabergeführte Klein- und Mittelbetriebe, vor allem Ausdruck der persönlichen Überzeugungen der Verantwortlichen. In einem anderen Fall – einem industriellen Großbetrieb – wird sie darüber hinaus als Charakteristikum der Betriebskultur dargestellt:

*„Wir hatten jetzt die große Pressekonferenz, wo der Minister da war, und da hab ich auch einen Auszubildenden mit Migrationshintergrund, also rein augenscheinlich schon mit Migrationshintergrund und dann auch vom Namen, und dann hat er da hingestanden und hat schön breit im Schwäbisch gesagt, ich bin der und der, und ist da gestanden und dann hat unser Geschäftsführer hat am Montag zu mir gesagt, wisst ihr, in einem anderen Unternehmen hätte so einer bei so einem wichtigen Termin NIE sprechen dürfen. Und dann hab ich gesagt und genau das unterscheidet uns von anderen Unternehmen, dass wir authentisch und ehrlich sind und auch zeigen, dass auch solche Leute eine gewisse Wertschätzung im Unternehmen erfahren und uns so wichtig sind, dass sie genau bei diesen Terminen nicht versteckt werden." (I9, 1068ff.)*

In den Argumenten, in denen angenommene problematische Unterschiede zwischen Einheimischen und Migranten nicht zur Diskriminierung, sondern zu konstruktiven Versuchen der Problemlösung führen, werden sowohl betriebswirtschaftliche als auch normative Begründungen verwendet. Es können analytisch zwei Argumentationsmuster unterscheiden werden:

| |
|---|
| Datum: Es gibt negative Reaktionen von Kund/innen auf migrantische Mitarbeiter/innen. |
| Schlussregel 1: Unter gegenwärtigen Bedingungen gibt es zur betrieblichen Zusammenarbeit von Einheimischen und Migrant/innen keine betriebswirtschaftlich vertretbare Alternative. |
| Schlussregel 2: Es ist normativ geboten, die Diskriminierung von Migranten nicht zu akzeptieren. |
| Konklusion: Es ist erforderlich, aktiv gegen die Diskriminierung migrantischer Mitarbeiter/innen vorzugehen. |

### 5.2.4 Die Verknüpfung ethno-nationaler Unterscheidungen mit positiven Zuschreibungen von Arbeitstugenden und Fähigkeiten

Ethno-nationale Kategorien werden in den Interviews auch als Unterscheidungen von Gruppen verwendet, denen unterschiedliche Ausprägungen von Arbeitstugenden und betrieblich relevanten Fertigkeiten zugeschrieben werden. Dies führt in den Fällen, in denen positive Zuschreibungen erfolgen, zur Entproblematisierung der ethnisch-nationalen „Gruppe". Festzustellen ist diesbezüglich, dass dabei durchgängig auf eigene Erfahrungen Bezug genommen wird. Dem korrespondiert der Befund einer quantitativen Studie (Scherr/Gründer 2011, S. 30), dass Betriebe, die über eigene Erfahrungen mit migrantischen Auszubildenden verfügen, diese generell positiver bewerten als Betriebe, bei denen keine einschlägigen Erfahrungen vorliegen, bei denen also keine Grundlage für die Überprüfung gesellschaftlich gängiger Stereotype gegeben ist.

In einigen Fällen werden Auszubildende mit russischem Migrationshintergrund positiv charakterisiert. Ein Befragter aus einer Region, in der es Anfang der 1990er Jahre zu einer umfangreichen Zuwanderung von Spätaussiedlern gekommen war, beschreibt seine Sichtweise „russischstämmiger" Auszubildender, indem er die Integration der Zugewanderten zunächst als eine notwendig zu erbringende Leistung kennzeichnet. Damit wird Integrationsbedarf unterstellt, der auf betrieblicher Ebene jedoch nicht zu Problemen geführt habe:

*„Also, also ich war zehn Jahre in [Stadt, d. A.], da haben wir sehr viele Ostbürger gehabt, also russischstämmige Menschen, die da integriert werden mussten. Da war also eine Fülle von denen und da war ich auch und da hab ich in der Ausbildung, glaub ich, fast nur noch Russlanddeutsche gehabt. Unheimlich fleißig, ganz, ganz fleißige Leute, sehr, sehr motiviert, sehr engagiert." (I10, 994ff.)*

In einem anderen Fall finden sich positive Zuschreibungen an „Deutsch-Russen" in Bezug auf deren manuelle Fertigkeiten:

*„Meine Bekannte arbeitet in einer ambulanten Praxis. Die hat gesagt, sie hat festgestellt, dass Jugendliche, die so aus, also Deutsch-Russen, dass die eine unwahrscheinlich schöne Handschrift haben, auch die anderen, die haben halt, also wenn die irgendwas unterschreiben müssen oder handschriftlich was ausfüllen müssen, die haben erstaunlicherweise eine schöne, das ist der aufgefallen, weil die macht die Untersuchungen und wenn die da die Formulare ausfüllen. Das ist dann interessant, das können also, das können sie auf jeden Fall und so gibt es halt immer so spezielle Sachen." (I5, 1085ff.)*

Darüber hinaus werden russischstämmigen Migranten im selben Interview intakte Familienstrukturen zugeschrieben, die zur Bewältigung einer persönlichen Krise und damit zu einer erfolgreichen Ausbildung beigetragen haben:

*„Ich habe auch schon mal einen Heroinsüchtigen gehabt. Ein Lehrling, da gab es Probleme. Der war eigentlich sehr nett und dann hat er irgendwann Probleme*

*bekommen [...]. Er hat mir es dann auch gesagt, dass er Drogen nimmt und
vor allen Dingen, dass er Heroin nimmt und dann habe ich zu ihm gesagt,
du, dann brechen wir die Lehre jetzt ab. Du machst einen Entzug und wenn
du wieder sauber bist, dann versuchen wir es nochmal. Das ging natürlich
dann schief. [...] Ich habe aber später dann erfahren, er hat eine Freundin
kennengelernt und deren Familie hat so einen starken Einfluss auf den gehabt,
das waren Deutsch-Russen, also starke Familienbande und die haben den so
aufgenommen in der Familie, dass der eine andere Lehre gemacht [...] und
der hat die Lehre auch zu Ende gemacht." (I5, 710ff.)*

Auch in einem weiteren Interview wird eine positive Bewertung von russischstämmigen Auszubildenden vorgenommen:

*„Wir haben, wir haben, wir haben, wir haben, was haben wir alles beschäftigt?
Ich glaube, wir haben türkische Mitarbeiter beschäftigt, wir haben türkische,
ja, wie gesagt, marokkanische waren es, dann von Russland, haben wir auch
schon, wobei die also wirklich sehr gut sind." (I12, 1036ff.)*

In einem anderen Interview wird bei russlanddeutschen Bewerber/innen von einer
besonderen Leistungsbereitschaft und Motivation ausgegangen:

*„Gut, ich weiß der [Ort, d. A.], da kamen viele Russlanddeutsche vor einigen
Jahren hin, da hatten die schon Probleme damit, aber das hat sich in der Zwischenzeit da gut eingespielt. Wissen Sie das sind Leute, die oft Eigenschaften
mitbringen, die unsere Betriebe fordern. Die sind noch hungrig, die wollen
etwas werden, die wollen was erreichen in ihrem Beruf, wo man manchmal
bei deutschen Jugendlichen den Eindruck hat, die sind schon satt." (I27, 459ff.)*

Zuschreibungen positiver Arbeitstugenden und einer leistungsorientierten Mentalität erfolgen auch in Bezug auf Bewerber/innen aus Vietnam und Polen, die
dabei in einem Fall positiv von „Durchschnittsdeutschen" unterschieden werden:

*„Man sieht das ja bei den, ich sag jetzt mal, bei den Vietnamesen, die ja
überwiegend damals in den neuen Bundesländern, also in der DDR natürlich
waren. Na, wie soll ich sagen? Wenn die auf die Gymnasien gehen, dass die
fast mehr Leistung zeigen wie der Durchschnittsdeutsche, weil die einfach, da
sind die Eltern hinten dran und die wollen, dass ihre Kinder es schaffen und
die büffeln auch und die strengen sich an, das steckt in der Mentalität drin.*

*Genauso bei Polen. Also, die können arbeiten, die wollen Geld verdienen, das
sind lebenslustige Leute, also hab ich keine Probleme damit." (I5, 1019ff.)*[44]

In einem anderen Fall werden rumänische Jugendliche durch positive Arbeitstugenden charakterisiert; insbesondere werden ihnen besondere handwerkliche
Fähigkeiten unterstellt:

*„Also Rumänien war so ein Thema, wo wir uns mal angeguckt haben. Rumänien
hat eine sehr hohe Jugendarbeitslosigkeit, haben ein ganz anderes Schulsystem
wie wir, haben aber wirklich gute junge Menschen schulisch, auch leistungs-
technisch und was die zum Beispiel noch haben, was uns sehr gut gefällt, ist
das Geschick, was die mitbringen, also das ist wirklich unwahrscheinlich, was
die da drauf haben und das ist toll natürlich, weil wir ja doch nur ein Handwerksbetrieb sind, also das machen wir für Industriekaufleute natürlich nicht,
wo wir so viele Ausbildungen haben, aber gerade jetzt so im Ingenieurbau, im
Straßenbau, im Gleisbau, wo wirklich noch handwerkliches Geschick gefordert
ist, wo nicht der Roboter alles zusammensägt, sondern das muss man noch
von Hand machen, da ist das schon interessant auch und da gibt es Leute, die
das dann auch schon mitbringen auch." (I23, 651ff.)*

Als eine positive Fähigkeit bestimmter ethnisch-nationaler Gruppen werden wiederkehrend auch deren Sprachkenntnisse genannt:

*„Es ist oftmals sehr von Vorteil, wenn man ausländische Azubis oder nachher
Mitarbeiter im Haus hat, wenn mal jemand kommt, wo man die Sprache
überhaupt nicht spricht und das wird auch sehr gerne genutzt, dass, wenn
auch mal jemand mit super Spanischkenntnissen oder auch türkisch oder wie
auch immer sich gezielt mit den Kunden unterhalten kann. Ja, weil es doch
mal schwer ist, wenn ein türkischer Kunde oder nur sehr gebrochen deutsch
spricht und der will einem erklären, was an seinem Auto nicht stimmt, dann
wird es auf Deutsch oftmals schwierig und Englisch ist dann auch oftmals keine
Alternative und von dem her ist das deutlich von Vorteil, wenn man da also
auch verschiedene Nationalitäten mit dabei hat." (I16, 336ff.)*

---

44  Vergleichbare Beobachtungen werden auch bei Bahl und Ebbinghaus (2015) berichtet.
    In einem von ihnen beforschten Betrieb des Bäckereihandwerks werden migrantische
    Jugendliche aufgrund der Einschätzung präferiert, dass die „herkömmlichen ‚deutschen'
    Jugendlichen […] kaum ausbildungsfähig seien und deren Eltern sich ungebührlich in
    die Ausbildung ihrer Kinder einmischten" (Bahl/Ebbinghaus 2015, S. 180).

Ein anderer Befragter berichtet:

*„Was ich auch immer gut finde, wenn ich, wenn der Rest auch stimmt, wenn dann jemand noch besondere Sprachkenntnisse hat, dann schaue ich auch immer, dass sie mindestens wenigstens zum Eignungstest dazu kommen, weil ich mir dann denke, wir sind ein internationales Unternehmen, wie toll ist es, wenn man die Sprache des Kunden spricht." (I18, 371ff.)*

Im folgenden Fall werden ethno-nationale Präferenzen von Kund/innen angenommen und als Argument für die Einstellung migrantischer Mitarbeiter/innen verwendet:

*„Wir müssen auch ganz einfach überlegen, das hat ja teilweise auch wirtschaftliche Überlegungen, wenn 20 Prozent der Kundschaft einen ausländischen Hintergrund hat, dann verkauft ein Türke an einen Türken vielleicht besser wie ein Deutscher, ja, das ist manchmal das Konzept, ja. So wie ich weiß, dass ich mich mal mit einem größeren Autohaus unterhalten habe und der sagt ja, ich habe ganz bewusst meine Verkäufermannschaft durchmischt, weil Frauen ganz einfach manchmal ganz anders verkaufen. Ja, das ist keine Ideologie, sondern einfach Geschäft." (I27, 530ff.)*

Betriebswirtschaftliche Überlegungen im Zusammenhang mit (angenommenen) Kundenerwartungen führen in dieser positiven Variante nicht zur Benachteiligung, sondern es werden Vorteile im Blick auf die migrantische Kundschaft erwartet.[45]

Zuschreibungen positiver Eigenschaften, Arbeitstugenden und Fähigkeiten an bestimmte ethnisch-nationale Gruppen finden sich in unterschiedlichen Branchen und Regionen; sie stellen Generalisierungen dar, in denen jeweilige betriebliche Erfahrungen zu einem positiven Stereotyp verdichtet werden. Sie können zu folgendem Argumentationsmuster zusammengefasst werden:

---

45 S. zur negativen Variante, die zur Benachteiligung führt, weiter unten den Abschnitt 5.2.3 ‚Kundenerwartungen und innerbetriebliche Akzeptanz als Sachzwänge‘.

---

Datum: Es liegen Erfahrungen mit Bewerber/innen unterschiedlicher ethno-nationaler Herkunft vor.

Schlussregel: Nicht-deutsche Bewerber/innen werden eingestellt, wenn positive
Eigenschaften der jeweiligen ethno-nationalen Gruppen angenommen werden
können.

Konklusion: Die Einstellung dieser Bewerber/innen ist trotz ihres Migrationshintergrunds unproblematisch, da sie besondere positive Fähigkeiten und
Arbeitstugenden aufweisen.

---

In einem Fall erfolgt darüber hinaus – vor dem Hintergrund einer kulturpessimis-
tischen Einschätzung der deutschen Gesellschaft – eine Umkehrung der Perspektive gegenüber der gängigen Problematisierung kultureller Differenz: Bestimmte
Teilgruppen der Migrant/innen werden hier in Hinblick auf die Erziehung von
Kindern und Jugendlichen als positives Gegenbild zu „uns", den Deutschen, dargestellt, und dies wird als Argument für die Einstellungen von Bewerber/innen aus
diesen Teilgruppen verwendet:

*„Und drehen wir es doch mal rum, wenn ich, das darf ich gar nicht laut sagen
als Ausbilder, wenn ich heute eine Kroatin einstelle oder eine Russin, warum
macht man es denn? Wenn ich die Mädels angucke, die haben eine Erziehung,
da schlackern die Leute mit den Ohren, das garantiere ich, die können sich
benehmen, die verhalten sich gut, vorbildlich, hilfsbereit und und und und.
Wir reden über soziale Kompetenz, wir reden über die wie funktioniert unsere
Jugend. Wir sind nicht mehr in der Lage unsere Jugend zu erziehen. Viele unserer
Älteren– Ich habe mit Erziehern gesprochen, wir haben einen Kindergarten zu
Besuch gehabt im Unternehmen, ich habe mit der Erzieherin gesprochen, die
setzen ihre Kinder morgens vor den PC bevor sie in den Kindergarten gehen.
Die kommen in den Kindergarten, die sind aufgedreht, die können nicht mal
mehr zu zweit spielen. Ähm, wollen wir das? Hm, ich glaube manchmal haben
wir Vorzüge, wenn wir Migrationskinder einstellen. <lacht> Wenn man es mal
so rum äußert, nur darf man das nicht so laut sagen, weil sonst ist es auch- [...]
Ich meine nicht mit allen Volksgruppen, ganz klar, aber wir haben da schon
wirklich, die machen eine gute Figur, vom Benehmen, vom Verhalten, ja. Oft
sind sie dann auch noch selbst der Meinung, das ist ja das Interessante, die
sind oft der Meinung sie werden benachteiligt und geben dann doppelt so viel
Gas, das kommt auch vor." (123, 900ff.)*

## 5.2.5 Kundenerwartungen und innerbetriebliche Akzeptanz als Sachzwänge

Für eine andere Variante der Problematisierung ist charakteristisch, dass Personalverantwortliche auf Sachzwänge verweisen, die sie – ob sie dies wollen oder nicht – nicht ignorieren können.

Ein Befragter, Inhaber eines kleinen Handwerkbetriebs, begründet seine Ablehnung von Bewerber/innen mit unzureichenden Kenntnissen der deutschen Schriftsprache als Reaktion auf vermutete Akzeptanzprobleme bei den Kund/innen:

*„Ja, man sieht es ja dann gleich an der Bewerbung, wenn ziemlich viele Fehler drin sind. Dann hat es sich eh erledigt, weil wir haben ja das Problem, der muss ja nachher einen Werkszettel schreiben und dann liest das nachher der Kunde und denkt und für sowas zahle ich 40 Euro in der Stunde, für einen, der nicht mal richtig Deutsch schreiben und lesen kann." (125, 422ff.)*

In einem anderen Betrieb wird dargestellt, dass von Seiten der Kund/innen ethno-nationale Stereotype als Erwartungshaltung an den Betrieb adressiert werden:

*„Der Personalleiter bei uns, der hat das auch schon gesagt, dass er so Kunden hat, die gewisse Nationalitäten, und das sind Russen und Türken bei uns, einfach ablehnen." (124, 694ff.)*

Für das betriebliche Auswahlverfahren werden in diesem Fall hieraus aber keine benachteiligenden Schlussfolgerungen gezogen. Im Blick auf interne Erwartungen der Belegschaft werden jedoch Überlegungen geäußert, die aus Sicht der Betriebsleitung eine Abwägung notwendig werden lassen:

*„I: Wie viel kann ich der Belegschaft zumuten, wie viel will ich der Belegschaft zumuten. Ist das ein Zwiespalt?*
*B: >B atmet tief durch< Ja für mich jetzt weniger, aber klar man denkt schon darüber nach, ich gebe das offen zu, weil es ist dann- Wenn ich mir jetzt vorstelle, ich würde über Jahre hinweg nur noch türkische Azubis einstellen, dann weiß ich dann würde das unten aufkochen. Das, das würde dann irgendwann heißen schon wieder ein Türke, jetzt kommt da schon wieder einer und diese Tendenz sich halt auf Türkisch zu unterhalten und das sind jetzt keine Mitarbeiter, die alle ja so fließend Deutsch sprechen, die halt nicht, die fallen schnell in das fragen mal auf Türkisch oder so. Und dann denke ich mir auch, dann hast- importiert man sich Ärger und denkt sich, ja, den brauchst du*

*nicht eigentlich auch noch, also da kann ich mir es eigentlich schon vorstellen, obwohl ich dieses Mal auch, es wäre mir egal gewesen." (I24, 638ff.)*

Die abwägende Haltung geht nicht nur in diesem Fall in den Bereich scheinbar erforderlicher Benachteiligung über, wenn das muslimische Kopftuch bei Bewerberinnen sichtbar ist. Dazu werden zentral erwartete Kundenreaktionen als Begründung angeführt:

*„Auch wenn mein Kunde zu Ihnen kommt und der läuft dann rein und dann sagt ja wie, du hast da eine mit Kopftuch hocken. Ja, findest du das etwa- Ich denke halt das heißt ja dann du findest das gut, weil du jemanden mit Kopftuch eingestellt hast und ich glaube das, ja, das hängt mit davon ab dann, dass die Leute das sagen, ja findest du das etwa gut, wenn Frauen rumrennen mit einem Kopftuch, also, weil ich ja jemand eingestellt habe, der das hat und dann sage ich ja, ich toleriere das. Ja, ich glaube das ist das. Weil eine Homosexualität sehen sie jetzt, also im normalen Betrieb sehen wir es nicht an, also und das Kopftuch, das ist halt ein deutliches Zeichen. Ich denke mir, dass wenn ich so jemanden einstelle dann auch sage ja, ich toleriere das, obwohl ich es eigentlich völlig negativ belastet finde, aber es doch in meiner Firma dann toleriere und dann habe ich schon gesagt das ist mein Privatbereich, dass ich dann sage pff, nee, ich brauche das nicht." (I24, 814ff.)*

Auf die ablehnende Haltung gegenüber dem muslimischen Kopftuch wird ausführlich im Kapitel 6 eingegangen. An dieser Stelle kann das Argumentationsmuster in Bezug auf (angenommene) Kundenerwartungen und (angenommene) Erwartungen der Belegschaft folgendermaßen zusammengefasst werden:

| |
|---|
| Datum: Es gibt ablehnende Haltungen gegenüber einigen Teilgruppen der Migrant/innen bei der Kundschaft und der Belegschaft. |
| Schlussregel: Die Erwartungen der Belegschaft und der Kundschaft sind im Rahmen betrieblicher Lehrstellenvergabe zu berücksichtigen. |
| Konklusion: Bewerber/innen, die den Erwartungen der Kundschaft und/oder der Belegschaft nicht entsprechen, können im Auswahlverfahren nicht berücksichtigt werden. |

## 5.3 Migrant/innen als Problem und deklarierte Diskriminierungsbereitschaft

Die vierte Variante der Unterscheidung von Einheimischen und Migrant/innen führt im Unterschied zu den bisherigen zu einer manifesten Diskriminierungsbereitschaft, da die Rede über Migrationshintergrund hier mit negativen Zuschreibungen einhergeht, mit denen Benachteiligungen bei der Lehrstellenvergabe gerechtfertigt werden.

### 5.3.1 Problematisierung von Abgrenzung und ethno-nationale Gruppenbildung

Von einem der Personalverantwortlichen eines größeren international ausgerichteten Unternehmens, das für sich in Anspruch nimmt, nicht zu diskriminieren, wird das folgende Auswahlkalkül dargestellt:

*„Also, wir haben hier definitiv Azubis mit Migrationshintergrund, machen durchaus positive Erfahrungen, das ist nicht zu bestreiten. Ein bisschen das Thema Multikulti. Allerdings machen wir es gezielt und in einer unkritischen Masse; das heißt pro Ausbildungsjahr maximal einer. Damit wir hier, und auch pro Beruf einer, damit wir keine Rudelbildung haben. Und das funktioniert gut." (I4, 811ff.)*

Als „Rudelbildung" werden hier informelle Gruppenbildungen unter den Mitarbeiter/innen aufgrund ethnischer bzw. nationaler Netzwerke und Loyalitäten bezeichnet, für die berichtet wird, dass sie im Betrieb beobachtet wurden und die als problematisch gelten. Vergleichbare Formen der ethnisch-nationalen Gruppenbildung werden dagegen für nicht-migrantische Mitarbeiter/innen nicht thematisiert. Eine Tendenz zur betriebsinternen Gruppenabgrenzung wird damit einseitig nur Migrant/innen unterstellt, während an anderer Stelle aber zugleich die eng begrenzte regionale Rekrutierung einheimischer Mitarbeiter/innen und die starke Ausprägung ihrer regionalen Identität – es handelt sich um einen in einer ländlichen Region gelegenen Industriebetrieb – betont wird. Vor diesem Hintergrund wird dann die Bereitschaft migrantischer Bewerber/innen bezweifelt, sich in das soziale Gefüge des Betriebs einzufügen:

*„Ich bezeichne es so: Wir haben hier einen Fluss, der fließt in die richtige Richtung, der hat eine mittelschnelle Strömungsgeschwindigkeit und wenn da jemand reinspringt, dann kann er da auch einfach mitschwimmen. Wenn es zu viele sind,*

*dann bilden die eine Insel und dann kann das wieder blockieren, aber solange*
*wir eine unkritische Masse haben, funktioniert das problemlos." (I4, 833ff.)*

Datum: Es gibt Bewerber/innen mit und ohne Migrationshintergrund.

Schlussregel: Bewerber/innen mit Migrationshintergrund können bei gleicher
Qualifikation, aber bei anderer ethnischer bzw. nationaler Zugehörigkeit nur in
kleinen Zahlen in die Belegschaft integriert werden.

Konklusion: Es ist erforderlich und deshalb legitim, migrantische Bewerber/
innen im Auswahlprozess zu benachteiligen.

Nicht nur migrantischen Mitarbeiter/innen generell, sondern auch bestimmten
Teilgruppen, im Material unserer Studie gilt dies für Migrant/innen mit russischem,
türkischem und westafrikanischem Migrationshintergrund, wird eine für den Betrieb
problematische Tendenz zu ethnisch-nationaler Gruppenbildung und Abgrenzung
zugeschrieben. Dies geschieht in einer Weise, die dem im gesellschaftlichen Diskurs
über Migrant/innen gängigen Muster einer Ethnisierung entspricht, das Migrant/
innen einen starken und problematischen Ethnozentrismus zuschreibt, während
Präferenzen für die ethno-nationale Eigengruppe in Bezug auf einheimisch Deutsche
nicht angenommen – oder aber nicht als problematisch bewertet werden (s. Scherr
1997). Im Unterschied zu negativen Zuschreibungen in Bezug auf Arbeitstugenden
und Fähigkeiten werden die Zuschreibungen einer Tendenz zu ethnisch-nationaler
Gruppenbildung nicht als ein potenziell problematisches Stereotyp thematisiert und
sie findet sich auch bei Großbetrieben mit internationalen Geschäftsbeziehungen.
   In einem Betrieb des Baugewerbes wird formuliert:

*„Wir haben dann teilweise Kolonnen, die sehr volksstammorientiert sind und*
*die reden dann zu wenig deutsch auf der Baustelle, dass ein Azubi dann nicht*
*mehr mitkommt, weil er dann das dann nicht versteht, aber wenn er dann*
*sagt hallo ich verstehe euch nicht, dann reden die auch in Deutsch, also das ist*
*kein Thema. Aber wenn dann drei oder vier zusammen arbeiten, dann reden*
*die halt in ihrer Landessprache." (I23, 555f.)*

Ein anderer Befragter äußert:

*„Also, ich merke wohl schon auch, in der Produktion unten haben wir schon*
*auch Bevölkerungsgruppen, die wohl schon miteinander dann mal, glaube ich,*
*mal Stress haben oder die sich, glaube ich, nicht so positiv gegenüber stehen. Das*

*sind zum Teil wirklich, bei uns arbeiten sehr viele russische Kollegen und die neigen teilweise schon ein bisschen dazu, sich abzugrenzen. Die selbst sprechen miteinander halt russisch und das ist sehr unhöflich natürlich."* (I18, 843ff.)

Ein weiterer Befragter nimmt eine analoge Charakterisierung in Bezug auf Mitarbeiter mit türkischem Migrationshintergrund vor:

*"Also, ich habe auch schon türkischen Mitarbeitern gesagt, wir haben türkische Praktikanten da, dass ich nicht will, dass er auf Türkisch ständig mit ihm redet, weil ich weiß, das führt immer nur zu Ärger. Bei beiden war, ich habe beiden gesagt, ihr braucht beide Deutschtraining und wenn dann hier türkisch gesprochen wird, dann gibt es immer Ärger. Also, ich habe alle möglichen Nationalitäten, aber keine gleichen, das hat sich auch nur so ergeben. Aber ja, da guckt man schon so ein bisschen, dass man nicht irgendwie einseitig wird, weil ich das weiß, dass das in anderen Firmen; wenn dann da immer so ganze Cliquen beieinander sind, die igeln sich ein und der Rest kann dann gucken, wie er durchkommt."* (I24, 487ff.)

Im weiteren Verlauf dieses Interviews wird auf eine ablehnende Haltung gegenüber ethnisch-nationaler Gruppenbildung seitens der mehrheitlich deutschen Belegschaft verwiesen und diese wird als legitim bewertet:

*"Die sagen dann schon wieder einer, ja, das ähm- Die Geschäftsleitung selbst sieht das glaube ich gar nicht mehr so dramatisch, aber man denkt da schon an die Mitarbeiter, ja, wie kommt der jetzt an und ähm wir hatten dann auch schon einmal so einen zu einem Praktikum da, also von so einer Berufsweiterbildung. Da hat sich dann auch rausgestellt, das war ein Türke, dass der dann unseren Türken hier kannte und das haben die dann mir gleich gesagt die Mitarbeiter. <B stellt Mitarbeiter nach> Ja, haben Sie das gewusst, dass der den kennt? Und mit dem muss der immer Türkisch reden und hängt da immer rum. Dann war das schon so eine gewisse Beobachtung von den anderen Mitarbeitern, ja, weil sie ja immer außen vor sind. Sie können sich ja nicht auf einer in Anführungszeichen Geheimsprache unterhalten."* (I24, 555ff.)

In einem anderen Fall ist von *"kompletten Türkengruppen"* die Rede, die in bestimmten Sektoren dominant sind und deren Selbstorganisation in Konfliktfällen dazu führt, dass die Betriebsleitung ihre Interessen nur schwer durchsetzen kann:

*„Vorhin die Gruppen, die Gleisbau, das sind komplette Türkengruppen, die dann auch türkisch reden, wo dann wirklich der Deutsche nachher Probleme hat, wenn er unter den Zug kommt, ich möchte jetzt nicht sagen, dass das negativ ist, aber mit Sicherheit gibt es, wenn es Probleme gibt, da die größeren Probleme. Also das ist eine, die haben einfach eine, wie möchte ich sagen, eine andere Lobby. Das ist nicht unbedingt negativ, aber die wissen ganz genau wie es in den Gesetzen steht, die kümmern sich darum, die sitzen in ihren Vereinen und besprechen sich miteinander, wissen ganz genau wie sie vorgehen, wissen; das machen halt andere nicht." (123, 732ff.)*

Die Problematisierung der angenommen Tendenz zur ethno-nationalen Gruppenbildung und Abgrenzung erfolgt im Material unserer Studie auf der Grundlage unterschiedlicher Annahmen, in denen sich in nicht näher aufzuklärender Weise eigene Beobachtungen mit diffusen Zuschreibungen verschränken. Vor diesem Hintergrund wird von einigen Betrieben eine selektive Einstellungspraxis angestrebt; dies mit der Konsequenz, dass eine Diskriminierung aufgrund der ethno-nationalen Zuordnung bei der Personalauswahl legitimiert wird.

| |
|---|
| Datum: Es gibt eine Tendenz zu ethno-nationaler Gruppenbildung im Betrieb. |
| Schlussregel: Betriebsinterne Gruppenbildungen und Abgrenzungen führen zu Problemen. |
| Konklusion: Bei der Bewerberauswahl ist ethno-nationale Zugehörigkeit ein Auswahlkriterium, da ethnisch-nationale Gruppenbildung im Fall von Nicht-Deutschen zu vermeiden ist. |

Deutlich wird damit eine Sichtweise des Betriebs, die in unserer Studie in unterschiedlichen Ausprägungen auftritt: Betriebe werden als soziale Gemeinschaften verstanden, deren Leistungsfähigkeit von der Integration der Mitarbeiter/innen in die Gemeinschaft abhängig ist. Dies führt immer dann zur Benachteiligung von migrantischen Bewerber/innen, wenn ein vorliegender Migrationshintergrund als Indiz für zu erwartende betriebliche Integrationsprobleme in den betrieblichen Sozialzusammenhang verstanden wird.

## 5.3.2  Differenzkonstruktionen und Defizitzuschreibungen

Im Material unserer Erhebung finden sich punktuell auch generalisierte Differenz- und Defizitzuschreibungen in Bezug auf Migrant/innen. So antwortet ein Personalverantwortlicher auf die Frage, ob migrantische Bewerber/innen eine realistische Einschätzung vornehmen, wenn sie den Eindruck haben, im Auswahlprozess benachteiligt zu werden:

> *„Absolut. Absolut. [...] Also die Hauptursache sehe ich eigentlich in der Ausbildung und in den Deutschkenntnissen. [...] Also die schulische Bildung, aber auch Erziehung vom Elternhaus, die lässt vielmehr bei Leuten mit Migrationshintergrund doch zu wünschen übrig."* (I15, 949ff.)

Überwiegend greifen Annahmen über Integrationsprobleme und Zuschreibungen von Defiziten jedoch auf Annahmen über unterschiedliche Ausprägungen von ‚kultureller Nähe' und ‚kultureller Distanz' zurück. Dies geht mit einer klaren Präferenz für diejenigen einher, die aufgrund der angenommenen Nähe zu dem, was als typisch deutsch gilt, als unproblematisch gelten. Als kulturell weitgehend ähnlich sowie als anders, aber kaum problematisch charakterisiert werden dabei vor allem diejenigen, die – im Unterschied zu „Afrikanern", „Arabern" und „Türken" (s. u.) – als westeuropäische Migrant/innen eingeordnet werden. Damit zeichnet sich eine hierarchisierende Unterscheidungen zwischen erwünschten und unerwünschten Migrant/innen ab, die eine Korrespondenz zu gesellschaftlichen verbreiteten Diskursen und Hierarchisierungen hat, die z. T. auch in der rechtlichen Privilegierung von EU-Angehörigen gegenüber Drittstaatenangehörigen im Zuwanderungsrecht und der Arbeitsmarktgesetzgebung verankert sind. So wird in einem Fall explizit eine Zuordnung von Spaniern zu „unserem Kulturkreis" vorgenommen – ersichtlich anders als in der ersten Anwerbephase migrantischer Arbeitskräfte in den 1960er Jahren.

> *„Ich habe viel Sympathie für die Spanier und sie liegen auch vom Naturell, mein ich, so weit jetzt nicht weg von uns. Ich zähl die jetzt einfach mal zu unserem Kulturkreis und wenn ein Spanier, sag ich jetzt mal, gut Deutsch spricht und auch also Deutsch beherrscht, gerne."* (I15, 813ff.)

In anderen Interviews charakterisieren die Befragten Italiener und Griechen, Bulgaren oder Rumänen als Europäer/innen und deshalb – im Unterschied zu Türk/innen bzw. Syrer/innen – als unproblematisch.

*„Ich denke mal mit den Italienern und den Griechen hat man weniger Probleme. Die sind ja schon europäischer." (I25, 582f.) bzw. „Bulgarien oder Rumänien, die sind sehr fix in der Hinsicht. Die sind kulturell näher dran bei uns wie ich sage mal Syrien." (I28, 268f.)*

In ähnlicher Weise wird in einem anderen Fall Italieneren kulturelle Affinität zugesprochen:

*„Was ich eben für einen Eindruck habe, aber das ist gerade nur eine Einschätzung, dass die Italiener voll offen ihnen [den Kund/innen, d. A.] gegenüber sind, weil die haben so eine ähnliche Mentalität und man hat so das Gefühl, die nehmen die noch so ein bisschen mehr so. Ich habe so das Gefühl, dass da ist vielleicht auch so eine Zuneigung da." (I17, 220ff.)*

In Bezug auf Spanier werden in diesem Fall zwar Annahmen über kulturelle Differenz formuliert, dies jedoch in Verbindung mit der Erwartung, dass sie sich integrieren können und der Bereitschaft, den Integrationsprozess zu unterstützen.

*„Und bei den Marktleitern und Mitarbeitern ist es halt auch gemischt, also es ist immer so, die [spanischen Auszubildenden, d. A.] haben halt eine andere Kultur, die haben auch andere Werte einfach und das merkt man schon im Alltag, was Pünktlichkeit, Zuverlässigkeit angeht, auch dass bei uns eigentlich Urlaubssperre ist über Weihnachten, weil Einzelhandel halt offen hat, und bei den Spaniern halt jetzt Ausnahmen gemacht werden und so. Und dann ist es halt, ja, es ist halt immer so eine Gratwanderung zwischen Toleranz und wir möchten denen, die unterstützen und denen auch die Zeit geben, hier anzukommen und das andere, die müssen aber auch, also wir können sie nicht in Watte einpacken, die müssen lernen, wie es hier läuft. Müssen sich auch selbst integrieren. Es ist halt immer eine Gratwanderung und auch wie die Mitarbeiter teilweise nehmen die sich wirklich viel Zeit, also teilweise können wir die auch nur halten, weil wirklich die Mitarbeiter daneben stehen und sich Tag für Tag die Zeit nehmen. Und es gibt eben Mitarbeiter, wo dann natürlich auch Neid aufkommt und warum sollen die jetzt heimgehen und warum ich nicht und das ist ganz unterschiedlich." (I17, 158ff.)*

Zudem wird die angenommene Differenz hier auch positiv akzentuiert:

*„Daher hat man sich auch erhofft, dass die Spanier von der Mentalität ein bisschen Schwung rein bringen und man halt auch was von denen lernen kann,*

*einfach von der Art her, von der Offenheit und man merkt da auch teilweise wie die mit Spaß da <lacht>, also ja und das andere ist halt die, ich glaube, dass das Unternehmen einfach bisher gut gefahren ist mit solchen Sachen." (I17, 245ff.)*

In Bezug auf ethnisch-nationale Gruppen, die nicht als europäisch eingeordnet werden, insbesondere bei einem angenommenen türkischen, arabischen und afrikanischen Migrationshintergrund, erfolgen in einigen kleineren und mittleren ländlichen Betrieben gravierende negative ethno-nationale und auch offen rassistische Zuschreibungen.

So wird in einem Fall das aus Sicht des Befragten plausible Gerücht aufgegriffen, dass arabische Mitarbeiter nicht bereit sind, übliche hygienische Praktiken zu übernehmen. Die Erzählung wird als Rechtfertigung für die Ablehnung von Bewerber/innen aus als problematisch geltenden Gruppen durch Betriebe verwendet:

*„Da ist es dann halt dann so, aber diese ja, es gibt halt auch immer so Geschichten, die so rumgehen, das kenne ich auch von meiner Schwester, die bei [Firma, d. A.] arbeitet, dass eben die Toiletten dann dementsprechend aussehen. Das sind halt Geschichten, wo es auch schon Firmen gibt, die dann dazu übergehen zu diesen, also die arabische Toilette wieder, wie man es halt aus Asien kennt, diese Stehtoiletten, dass sie das mit einbauen, weil ihnen sonst der Rest eingesaut ist. Wir hatten das Problem hier auch schon gehabt, dass jemand immer drauf stand auf die Toilette und dann denke ich immer, ja. Meine Schwester hat sich dann auch immer, ja, weißt du wir sind dann immer unten in der Produktion <unverständlich>, wenn die dann drauf stehen auf die Kloschüssel, und das denken sich immer viele, ja, aber das ist ja alles Mulitkulti und so, aber die praktischen Probleme manchmal, da hat dann; ich denke, da haben viele schon Erfahrungen gemacht, wo sie gesagt haben, ne und ich probiere es nicht mal mehr, also das ist dann also so ein Hang, dass man sagt komm, jetzt habe ich mir einmal den Finger verbrannt und jetzt probiere ich es nicht schon wieder." (I24, 703ff.)*

In einem anderen Fall wird zwischen integrierten und nicht zureichend integrierten Migrant/innen unterschieden. Dabei wird zunächst der gesprochene Dialekt bzw. Soziolekt als ein Indikator für Integration in Auswahlverfahren genannt.

*„B: Die, wo dann integriert sind, die haben dann bessere Karten wie die, die sich nicht so arg integriert haben.*
*I: Ja. Wie macht man das fest, wer ist integriert und wer ist nicht integriert, so, das ist für mich die Frage, die für mich nicht so richtig erklärbar ist?*

*B: Meistens sieht man es, wenn er breit schwäbisch spricht, dann ist er integriert.*
*I: Mhm, mhm. Ja.*
*B: Wenn er halt dann seinen Ghettoslang drauf hat, dann ist er meistens nicht*
*so arg integriert." (I25, 290ff.)*

Auf die Nachfrage nach einer möglichen Benachteiligung von Bewerber/innen mit
einem türkischen oder arabischen Migrationshintergrund verweist der Befragte
darauf, dass Einschätzungen bezüglich der Integration in Bewerbungsverfahren
anhand von Äußerlichkeiten vorgenommen werden, anhand deren europäische
von nicht-europäischen Bewerber/innen unterschieden werden.

Die Bedeutung von Äußerlichkeiten im Auswahlverfahren wird im Verlauf des
Interviews wie folgt verdeutlicht:

> *„I: Schaut man sich das Bild auch an, das Passfoto?*
> *B: Wenn eins dabei ist, dann schon.*
> *I: Ja.*
> *B: Und dann denkt man: Oh, zu schwarze Haare.*
> *I: Das ist also schon-*
> *B: Also bei mir jetzt schon, bei den Frauen sagen wir das Gesicht passt jetzt*
> *hier glaube ich nicht rein.*
> *I: Okay.*
> *B: Gesichtskontrolle." (I25, 700ff.)*

In Bezug auf muslimische Bewerber/innen wird zudem wiederkehrend unzureichende Integrationsbereitschaft unterstellt:

> *„Also sagen wir so, also da bin ich ein bisschen, wie soll ich sagen, es gibt na-*
> *türlich, also ich hab jetzt selber ein bisschen ein Vorurteil. Ich sag mir gerade*
> *so die Muslime, die haben, es liegt mit Sicherheit nicht an uns [...], sondern*
> *die tun sich selber auch ein bisschen schwer oder die haben oftmals keine*
> *Bereitschaft, sich zu integrieren." (I5, 1118ff)*

In einem weiteren Fall ist wiederkehrend von „Volksgruppen" und deren Eigenschaften die Rede. Dort wird türkischen Migrant/innen eine Händlermentalität
zugeschrieben; dabei wird auf ein klassisches antisemitisches Stereotyp angespielt
und dieses wird zur Kennzeichnung türkischer Migrant/innen verwendet. Die
Zuschreibung wird aus der Sicht des Befragten positiv, als Erklärung für die angenommenen Erfolge türkischer Migranten im Autohandel verwendet. Es wird
jedoch auch ein assoziativer Zusammenhang zwischen besonderer Eignung zum

Handel und antisemitischer Verfolgung hergestellt und damit in Bezug auf türkische Migranten eine Analogie nahe gelegt:

*„Es stimmt, man macht sich vielleicht Gedanken wegen dem Verhandeln nachher und sagt, es gibt Volksgruppen, das darf man jetzt nicht sagen, aber in Deutschland darf man das Wort gar nicht in den Mund nehmen, aber die können besonders gut handeln, war da früher die Meinung. Und deswegen sind sie ja auch mal verfolgt worden. Ob das stimmt weiß ich nicht, aber das wird denen nachgesagt. Und ich glaube, dass gerade in dem türkischen Sektor oder die türkischen Landsleute sehr viel im Verkauf und Einkauf stecken, weil ich glaube auch sie relativ gut handeln können, das traue ich denen zu, aber deswegen sind sie auch erfolgreich." (I23, 1157ff.)*

Zusammenfassend lässt sich folgendes Argumentationsmuster aufzeigen:

| |
|---|
| Datum: Ethno-nationale Gruppen sind durch erhebliche Unterschiede gekennzeichnet. |
| Schlussregel: Einige ethno-nationale Gruppen sind nicht in der Lage bzw. nicht bereit, sich in die deutsche Gesellschaft und Kultur einzufügen. |
| Konklusion: Die Einstellung von Bewerber/innen aus diesen Gruppen ist möglichst zu vermeiden. |

### Problematisierung unzeitgemäßer Vorstellung zum Geschlechterverhältnis

In Bezug auf einige ethno-national gefasste Gruppen wird – sowohl in Städten als auch in ländlichen Regionen, in unterschiedlichen Branchen und Betrieben unterschiedlicher Größe – eine kulturelle Rückständigkeit gegenüber der deutschen Gesellschaft im Zusammenhang mit der Annahme behauptet, dass in Deutschland ein gleichberechtigtes Verhältnis von Männern und Frauen durchgesetzt und von einheimisch Deutschen akzeptiert sei. Entsprechend wird als ein besonderes Merkmal von Männern aus einigen ethnisch-nationale Gruppen – im Unterschied zu einheimischen Deutschen – postuliert, dass sie nicht bereit sind, Frauen als gleichberechtigte Kolleginnen oder als Vorgesetzte zu akzeptieren. Den unterschiedlichen Varianten der Zuschreibung ‚migrantischer Macho' korrespondiert in Bezug auf Mädchen und Frauen die Zuschreibung traditioneller weiblicher Lebensentwürfe und das Konstrukt der unterdrückten Muslima.

In einem Fall wird der Typus des ‚migrantische Machos' zunächst bezogen auf als Muslime gekennzeichnete Jugendliche eingeführt:

> *„Wo es Probleme gibt, natürlich in den Schulen und in den Berufsschulen, gerade bei, ich sag jetzt mal, bei Muslimen. Da ist natürlich, wenn da eine Lehrerin vor der Schule steht. Da geht es wirklich manchmal völlig unter der Gürtellinie zur Sache und das es dann heißt, du Schlampe, du hast mir nichts zu sagen, nee, also das ist schon, also, da haben die Jungs, die Muslems, Muslime, die, da haben die wirklich ein Pro-, viele, nicht alle, aber viele, haben ein Problem, eine Frau als Autorität zu akzeptieren. Da gibt es Probleme." (I5, 530ff.)*

Der Personalverantwortliche eines Hotels nimmt eine ähnliche, wenn auch weniger drastische Generalisierung in Bezug auf „Westafrikaner" vor:

> *„I: Und gibt es Gruppen, wo Sie aufgrund von ihrer bisherigen Erfahrung, also soziale Gruppen, Gruppen von Menschen, sagen Sie, eine Skepsis entwickelt haben oder da habe ich relativ oft schlechte Erfahrungen damit gemacht?*
> *B: Bei Ausbildenden nicht, im Zimmerreinigungsbereich, ja. Da geht es aber dann auch schon um die Besetzung von einfachen Stellen. Westafrikaner sind extrem schwierig; die sind extrem schwierig zu führen, wenn ich das einfach mal so sagen darf und vor allem, im Housekeepingbereich auf den Etagen ist es in der Regel so, dass wir weibliche Abteilungsleiterinnen haben, nämlich die Hausdamen, und da natürlich auch die Problematik besteht, dass die sich ungern von Frauen führen lassen. Das ist so, das ist so ein Erfahrungswert.*
> *I: Warum sagen Sie jetzt Westafrikaner?*
> *B: Das hat sich raus, irgendwann <unverständlich>. Das ist die Erfahrung, irgendwann mal wirklich so festgestellt, so, mensch, das ist ja schon wieder die gleiche Ecke da unten was, warum ist da schon wieder die Auseinandersetzung? Und dann in der Regel, wenn die alleine sind, wenn da einer im Team ist, gar kein Thema. Das Problem fängt an, wenn hier Reinigungspersonal aus drei, vieren besteht. Das ist als, ein grüppchenförmig, die planen auch gerne unter sich <senkt die Lautstärke ab> und dann kann es für die Hausdamen schon mal schwierig werden, die Abteilungsziele den Herren beizubringen, durchzusetzen, weil die die Geschlechterhierarchie nicht akzeptieren würden." (I6, 909ff.)*

In einem anderen Fall wird die Annahme, dass türkischstämmige Männer keine Frauen als Vorgesetzte akzeptieren können, als Wissen aus zweiter Hand dargestellt, in seiner Geltung zwar relativiert, aber nicht zurückgewiesen:

*„Und bei der Anwerbung jetzt von Ausbildungsplätzen, ich könnte, ich persönlich könnte es mir nur vorstellen, wenn halt irgendwas dabei wäre wie, also das einzige Problem, wo ich mal mitgekriegt habe, aber auch nur über Hörensagen, nicht direkt, dass es stellenweise Probleme gibt, wenn jetzt türkische Männer eine vorgesetzte Frau haben. Und das wäre dann für mich selbst vielleicht ein Kriterium, wenn ich merken würde, der hätte ein Problem damit, dann ist das auch eine Form von Benachteiligung oder es ist halt eine Form von, würde ich jetzt merken, dass ein Deutscher sich nichts sagen lassen würde, würde ich genauso reagieren. Also da ist halt vielleicht auch eine Form von Gespür, wie kann ich ein Team aufbauen und das ist halt finde ich immer ein bisschen <atmet durch> ich finde, da neigt man gern zu so Aussagen, die relativ einfach man es sich macht mit." (I17, 650ff.)*

Datum: Der ethno-kulturelle Hintergrund einiger Migrant/innengruppen ist durch unzeitgemäße Vorstellungen zum Geschlechterverhältnis geprägt.

Schlussregel: Mitarbeiter müssen bereit sein, Frauen als gleichberechtigte Kolleginnen und Vorgesetze akzeptieren.

Konklusion: Der ethno-kulturelle Hintergrund der männlichen Angehörigen einiger Migrant/innengruppen führt zu betrieblichen Problemen.

### Problematisierung des Festhaltens an traditionellen Mustern weiblicher Lebensführung

Die geschlechtsspezifische ethno-kulturellen Zuschreibungen, die sich in Bezug auf Frauen in den Interviews finden, beziehen sich ausschließlich auf Muslimas und stellen Varianten des Konstrukts der ‚unterdrückten muslimischen Frau' dar. Dabei wird angenommen, dass dauerhafte Berufstätigkeit mit den Lebensentwürfen der Frauen bzw. den Vorstellungen ihrer Familien nicht in Einklang zu bringen sei. Drastisch wird in einem Interview formuliert: *„Die werden eh verheiratet die Frauen, dann ist das ja wurst, was die machen."* (I25, 604ff.) Die damit formulierte Vorstellung der unterdrückten Frau, über die seitens der Familie verfügt wird, findet sich auch in anderen Fällen:

*„Wir hatten auch, genau in der gleichen Phase hatten wir eine Marokkanerin ausgebildet und die hatte kein Kopftuch getragen und dann wurde sie verheiratet, wurde sie ja <schmunzelt>, ja, sie musste mit nach Marokko, wurde dort verheiratet, es ist so, kam dann zurück, wurde dann schwanger, noch relativ*

*jung, und musste ab diesem Tag Kopftuch tragen. Ist dann aber ausgeschieden,*
*aber wir hatten auch keine Diskussion, aber sie kam dann auch nimmer, weil*
*sie dann zu Hause blieb." (I12, 918ff.)*

Ein anderer Personalverantwortlicher gibt eine analoge Einschätzung:

*„Wenn die natürlich sagen, ich geh lieber, was weiß ich, mach ein Dönerge-*
*schäft auf oder arbeite irgendwo bei meinem Onkel im Import-Export oder*
*was weiß ich, die werden es immer schwierig haben sich hier zurechtzufinden*
*und bei Frauen natürlich noch mehr, weil die sind in der Schule, die machen*
*dann vielleicht noch eine Ausbildung, dann heiraten sie und dann sind sie weg.*
*Dann sieht man sie nicht mehr. Das ist ja ganz schlimm da. Selbst auf dem*
*Gymnasium, dass da türkische Mädchen Abitur machen und dann heiraten*
*sie und dann sind sie ja entweder in der Türkei irgendwie oder irgendwo halt.*
*Die verschwinden, die machen auch keine Ausbildung mehr, das ist schlimm."*
*(I5, 1129ff.)*

| |
|---|
| Datum: Muslimische Bewerberinnen unterliegen familialen Zwängen und traditionellen Rollenerwartungen. |
| Schlussregel: Die Ausbildung von Bewerberinnen, die nicht langfristig an den Betrieb gebunden werden können, lohnt sich nicht. |
| Konklusion: Muslimische Bewerberinnen sind für die Ausbildung nicht geeignet, da sie nicht dauerhaft erwerbstätig sein werden. |

### Arbeitsbezogene Defizitzuschreibungen

Explizit negative Aussagen über beruflich relevante Fähigkeiten und Arbeitstugenden
bestimmter ethno-nationaler Gruppen werden im Material unserer Studie nur in
wenigen Fällen formuliert. Diesbezüglich ist zu berücksichtigen, dass den Befragten
die Problematik ethno-nationaler und rassistischer Vorurteile bewusst sein kann
und ggf. vorhandene eigene Stereotype deshalb in einer Interviewsituation nicht
ausgesprochen werden. Dieser Verdeckungszusammenhang wird in einem der von
uns geführten Interviews explizit thematisiert:

*„Ich denke, das ist heute einfach auch, man zeigt die Vorbehalte, die man hat,*
*die zeigt man nicht mehr so, also die laufen im Verborgenen ab, ist vielleicht*
*manchmal auch besser." (I24, 530ff.)*

Gleichwohl werden in einigen Fällen – bei kleineren und mittleren Betrieben in ländlichen Regionen – ethno-nationale Vorurteile offen artikuliert, nicht vorrangig (s. u.), aber auch in Bezug auf Arbeitstugenden und Fertigkeiten.

So wird in einem in Bezug auf „Afrikaner" ein klassisches Argument des kolonialen Rassismus aufgegriffen:

> „Dass die Arbeitsgeschwindigkeit nicht dem der Deutschen entspricht, diese Geschwindigkeit. [...] So war er ja okay, menschlich, bloß fachlich war er einfach nicht schnell genug." (I25, 247ff.)

In einem anderen Fall wird Bewerbern mit türkischem Migrationshintergrund eine fehlende schulische und berufliche Leistungsbereitschaft unterstellt:

> „Also, man muss halt auch sehen, dass häufig ist es so, dass eben ich sage mal so das Klischee beim türkischen Bewerber wäre dann so, ja Schulnoten wären im Dreier-, Viererbereich, ich sage jetzt wirklich Klischees, muss nicht so sein, Dreier-, Viererbereich und bei Hobbys steht dann drin Fitnessstudio. Also das wäre dann so das Klischee. Das trifft halt dann oft auch zu." (I19, 522ff.)

Mangelnde Fähigkeiten und Arbeitstugenden werden zudem im Blick auf sprachliche Fähigkeiten geäußert:

In mehreren Fällen werden Bewerber/innen mit türkischem Migrationshintergrund generalisierend unzureichende Kenntnisse der deutschen Sprache zugeschrieben:

> „Ich habe ja auch einen türkischen Praktikanten da gehabt, aber, ja ich denke mir dann, wenn man mal so über Jahre hinweg, vor allem, sie merken ja dann doch, das sind Azubis, die sprechen nicht fließend Deutsch, also die haben diesen ja, immer noch das Sprachproblem ist da. Also wenn da sich jemand zum Beispiel tadellos auf Deutsch unterhalten würde, dann wäre der Eindruck wahrscheinlich auch schon ein anderer." (I24, 654ff.)

Ein anderer Befragter begründet die Bevorzugung von ‚Einheimischen' folgendermaßen:

> „I: Können Sie sagen aus welchem Umfeld oder aus welchem Klientel Sie am liebsten die Auszubildenden auswählen?
> B: Aus welchem Klientel?
> I: Ja.

*B: Meistens Einheimische.*
*I: Ja.*
*B: Und bis jetzt haben sich noch sehr wenige von den anderen gemeldet. Das*
*sind auch meistens zu viele Schreibfehler drin gewesen. Also die sind alle gleich*
*durchgeflogen." (125, 429ff.)*

---

Datum: Bestimmte ethno-nationale Gruppen weisen typische Defizite in Bezug
auf Arbeitstugenden und Fähigkeiten auf.

Schlussregel: Die Einstellung von Bewerber/innen mit unzureichenden Arbeitstugenden und Fähigkeitsdefiziten führt zu Problemen.

Konklusion: Einheimisch-deutsche Bewerber/innen werden bevorzugt.

---

### 5.3.3 Wahrnehmung als Angehörige einer gesellschaftlich problematischen Gruppe

Eine eigenständige Form der Problematisierung besteht in der mit ethnisch-nationalen Zuordnungen verschränkten Zuschreibung von generell inakzeptablen
Gruppeneigenschaften. So wird in einem Fall, ausgehend von der Beschreibung
des Falles eines als türkisch benannten Auszubildenden die Kategorie der nicht nur
betrieblich, sondern gesellschaftlich generell hoch problematischen *„schweren Jungs"*
eingeführt, und assoziativ nahegelegt, dass es sich bei diesen um Migranten handelt:

*„Also mit dem einen, mit dem Türken, wo ich gehabt habe, da haben wir na-*
*türlich auch über viele Themen gesprochen. Das ist für mich interessant und*
*für ihn war es auch interessant und weil ich hab gewusst, der ist sehr streng*
*in seinem Glauben und da musst du ja aufpassen, wenn jetzt der Kunde dir*
*irgendwie ein Vesper richtet mit Leberwurst und da ist Schweinefleisch drin*
*oder so. Das haben wir schon gehabt. Da ging es dann, da war halt auch so ein*
*bisschen, geguckt, große Augen bekommen und dann hat er auch und dann*
*habe ich halt gesagt, wie ist das? Ist das jetzt ein Problem mit Schweinfleisch*
*und so und das war dann auch ein Problem für ihn ein bisschen und da muss*
*man schon halt ein bisschen Feingefühl zeigen. Aber ja, also ich denke, wo es*
*natürlich Probleme gibt, das sind so die schweren Jungs, also es gibt natürlich*
*auch einen Menschenschlag, die ein bisschen so leicht kriminell sind oder ver-*
*schlagen. Also wir haben natürlich jedes Jahr irgendwelche Fälle wo es wirklich*

*Probleme gibt. Das geht sogar so weit, dass die Meister sich nicht mehr trauen, was zu sagen, weil sie Angst haben, sie bekommen eins aufs Maul." (I5, 530ff.)*

Im gleichen Fall werden die Unpünktlichkeit sowie und die fehlende Akzeptanz betrieblicher Regeln eines Auszubildenden mit dessen ethno-kulturellem Hintergrund als „Deutsch-Russe" in Verbindung gebracht:

*„Also nur mal einen Fall, also wir haben hier einen Fall gehabt, das war ein Deutsch-Russe und der kam dann halt irgendwann nicht mehr pünktlich zur Arbeit und hat halt, ja und dann hat der Chef wieder mal eine Abmahnung geschrieben und dann kam der und hat irgendwelche Ausreden gehabt und dann hat er auch rumgepöbelt und das war und der Meister hat ein bisschen Angst gehabt und auf jeden Fall und der ist dann auch, der musste dann die Lehre abbrechen. Das ging dann natürlich nicht und da haben wir auch von der, also seitens von der Innung, also auch ein bisschen Druck auf den Schüler gemacht, also auf den Lehrling, weil die meinen ja, das ist so allgemein, so ein bisschen, die sehen sich selber immer im Recht und alle anderen haben Schuld. Und der ist schuld, der, und das ist ein Idiot und ich mach dich fertig und ich zeig dich an und solche Sprüche kommen dann halt. Und wenn jemand so aufmüpfig ist, das ist natürlich, wäre für mich ein K.-o.-Kriterium." (I5, 592ff.)*

In mehreren Interviews wird zwischen sozial integrierten Migrant/innen und solchen Gruppen unterschieden, die nicht bereit sind, legitime soziale Anforderungen und Regeln des gesellschaftlichen Zusammenlebens zu akzeptieren.

So wird in einem Fall der Typus des sozial angepassten *„eingedeutschen Türken"* vom Typus des sog. *„Checkers"* unterschieden, der nur *„eine große Klappe hat und nichts dahinter."* (I25, 528ff.)

Das Scheitern einer schulischen Berufsinformationsveranstaltung, die sich an muslimische Jugendliche richtete, wird von einem Handwerker als Beleg für generell fehlendes Interesse an beruflicher Integration interpretiert:

*„Dann ist der Herr [Name, d. A.] von der [Schule, d. A.] auf mich zugekommen hat gesagt, ob ich bereit bin da auch zu referieren. Dann habe ich gesagt klar, jederzeit, war die IHK dabei, da war auch einer von der IHK, kann man auch ganz klar sagen, ist ja auch mit oben gewesen, wir sind dann, wir haben uns dann die Zeit genommen und haben das vorbereitet mit dem [Name, d. A.] zusammen, der den Vortrag dann sogar noch auch türkisch gemacht hat, also war wirklich richtig gut. Dolmetscher war dabei, alles war dabei, organisiert hatte es die, ich kann es nicht aussprechen, so eine Gemeinde, ich weiß nicht*

*wie das genau heißt. Das ist so eine türkische Volksgruppe, die haben das
organisiert, die haben das bekocht und Essen dazu gemacht und Getränke
gemacht und so. War richtig gut organisiert in der Schule oben, wir hatten
die große Aula auch aufgestuhlt und alles, war richtig klasse gemacht, dann
sitzen wir da alleine. Dann kommen gerade aus der, die Mitarbeiterin, die es
eigentlich auch mit organisiert hat, weil sie das Essen gemacht hat aus diesem
türkischen Volksstamm und sagt ja, wir werden immer benachteiligt, dann
sagt der Rektor von der Schule ja warum ist keiner da? Wir machen das für
eine Volksgruppe, die sich benachteiligt fühlt und hier kommt keiner, es kommt
kein einziger. Zu wenig Interesse." (123, 696ff.)*

Als Beleg für fehlenden Integrationswillen wird in einem anderen Fall darauf
verwiesen, dass migrantische Jugendliche sich nicht auf verfügbare Ausbildungsstellen bewerben:

*„Ich hab zum Beispiel die Stellenanzeige drei Monate drin gehabt, hat sich kein
Mensch beworben. [...] Also, man muss sich dann halt melden. Klar, wenn
es natürlich in der Stadt ist und 100 Stück kommen auf zwei Arbeits- oder
Ausbildungsplätze, dann ist das natürlich schwierig. Klar, das weiß ich dann
nicht, aber wie gesagt, hier hat sich keiner und in [Stadt, d. A.], haben wir ja
auch einen großen Anteil von Russlanddeutschen, oder, oder Italiener oder
was weiß ich, aber wie gesagt, hat sich nicht, auch nicht beworben, niemand."
(114, 703ff.)*

In einem weiteren Fall wird die Gruppe derjenigen Migrant/innen konstruiert, die,
im Unterschied zu integrationswilligen Migrant/innen, schulisch und beruflich
nicht leistungsbereit sind:

*„I: Viele Personen mit Migrationshintergrund würden sagen oder fühlen sich
auf dem Ausbildungsmarkt benachteiligt. Würden Sie diese Einschätzung für
realistisch halten?
B: <lacht> Ein klares Jein. Ein klares Jein aus dem Grund, sie sind definitiv
nicht benachteiligt. Wenn diese Einschätzung kommt, bin ich der Meinung,
dass es die Gruppe derjenigen ist, die sich einfach nicht integrieren. Die, ich sage
jetzt mal, sehr oft auf der Straße rumhängen, die mit einer Null Bock-Haltung
in der Schule sind, die im Verhalten und im Mitarbeiten ausreichend stehen
haben. Das sind die, die dann auch nachher schimpfen, dass sie dann nachher
keinen Ausbildungsplatz kriegen. Alle anderen, die sich, die sich anstrengen,
ist alles überhaupt kein Thema. [...] Ich gebe auf die Aussage gar nichts, weil*

*ganz klar, der wo hier was tut, kriegt seine Chance hundertprozentig und die sind auch nicht benachteiligt." (I16, 731ff.)*

Die Annahme, dass Teilgruppen der Migrant/innen durch eine fehlende Leistungsbereitschaft gekennzeichnet sind und dass diese sich ungerechtfertigt über angebliche Diskriminierung beklagen, wird in einem der Interviews mit einer Kritik des deutschen Sozialsystems verbunden:

*„Es ist kein, es ist kein Grund, jemanden nicht einzustellen, weil er irgendeine andere Nationalität hat, weil er Moslem ist, das spielt bei uns wirklich keinen Grund und das ist auch im Handwerk allgemein so – dafür steh ich. Da stehe ich also echt fürs Handwerk. Wenn jemand möchte und wenn er sagt, ich will das und wenn er fleißig ist und Leistung bringt, kriegt er einen Job und kriegt auch eine Lehrstelle. Nur es wird halt vom Staat viel zu einfach gemacht nichts zu machen und es wird sich dann einfach versteckt. Ich bin ja Russe, ich bin ja Moslem und mich will ja keiner. Das ist, das ist nicht der Grund. Der Grund ist meistens, weil sie nicht wollen und da müsste man unser Sozialsystem verändern, wenn Sie da eine Lösung finden wollen." (I2, 1606ff.)*

Datum: Migrant/innen werden nicht diskriminiert, sondern einige behaupten dies, um von eigenem Versagen und fehlendem Integrationswillen abzulenken.

Schlussregel: Es ist legitim, integrationsunwillige Migrant/innen nicht einzustellen.

Konklusion: In Auswahlverfahren ist es erforderlich, zwischen problematischen und unproblematischen Teilgruppen der Migrant/innen zu unterscheiden.

## 5.4 Migrationshintergrund als folgenreiches Unterscheidungsmerkmal

Wie gezeigt wird die Unterscheidung von Einheimischen und Migranten von Personalverantwortlichen außerordentlich heterogen verwendet: Für einen Teil der Betriebe stellt sie sich als unzeitgemäß und nicht länger relevant dar, bei anderen wird sie als Problemindikator verwendet, der dazu führt, dass der Möglichkeit nach nicht-migrantische Bewerber/innen bevorzugt werden. Dies gilt auch dann, wenn die Personalverantwortlichen sich selbst als vorurteilsfrei betrachten, aber sich veranlasst sehen, auf ablehnende Haltungen bei Kund/innen, in der Belegschaft und bei Geschäftspartner/innen aus betrieblichen Gründen Rücksicht zu nehmen. Darüber hinaus werden ethno-nationale und auch rassistische Zuschreibungen formuliert, die Diskriminierung rechtfertigen sollen. Letzteres ist im Material unserer Studie jedoch nur bei Kleinbetrieben nachzuzeichnen.

Angezeigt ist damit, dass betriebliche Personalentscheidungen nicht durch eine einheitlich ökonomische Rationalität reguliert werden: Zwischen dem Selbstverständnis von Betrieben, die sich einem nicht-diskriminierenden Umgang – aus wirtschaftlichen Gründen, aber auch aufgrund politischer und normativer Überzeugungen – verpflichtet sehen, einerseits, und andererseits solchen Betrieben, die unreflektiert diskriminierende Haltungen artikulieren und diese auch nicht normativ problematisieren, besteht ersichtlich eine erhebliche Diskrepanz (s. auch Seibert 2015). Diese ist für gegen Diskriminierung gerichtet Strategien und Konzepte folgenreich: Kann auf der einen Seite des Spektrums an eine prinzipielle Bereitschaft und ein Interesse an der konstruktiven Auseinandersetzung mit Diskriminierung appelliert werden, ist auf der anderen Seite mit einer erheblichen Abwehr sowohl gegenüber rechtlichen Vorgaben als auch gegenüber Versuchen zu rechnen, auf die bestehende betriebliche Praxis durch Aufklärungsprogramme und politische Anti-Diskriminierungsmaßnahmen einzuwirken.

# „Ich würde dann die Frau nehmen ohne Kopftuch." 6

## Das muslimische Kopftuch als Projektionsfläche für Fremdheitszuschreibungen

Das muslimische Kopftuch (Hidschab) stellt unter den Merkmalen, die für Diskriminierung bei der Lehrstellenvergabe relevant sein können, einen Sonderfall dar. Denn durch das Tragen des Kopftuchs kann islamische Religiosität, die in Deutschland, wie verschiedene Studien nachgewiesen haben, auf massive und erheblich verbreitete Ablehnung stößt (s. Bade 2013, S. 17ff.), sichtbar werden.[46] Damit wird die rechtliche Unzulässigkeit von Fragen nach der Religionszugehörigkeit in Bewerbungsverfahren, die das Diskriminierungsverbot des Grundgesetzes und des Allgemeinen Gleichbehandlungsgesetzes konkretisiert, faktisch außer Kraft gesetzt.

Dies ist folgenreich: Bewerberinnen, für die das Kopftuch ein nicht verzichtbarer Ausdruck ihrer Identität ist, werden damit nicht nur als Muslimas erkennbar, sie

---

46 Allerdings tragen bei Weitem nicht alle praktizierenden Muslimas ein Kopftuch. Auch wäre es verkürzt, das Tragen eines Kopftuchs bei Muslimas ausschließlich auf deren Religiosität zu reduzieren. Jessen/Wilamowitz-Moellendorff (2006; vgl. Karakasoglu 2005) unterscheiden auf der Grundlage einer Befragung kopftuchtragender Muslimas folgende Motive: das Tragen des Kopftuch als a) „Ausdruck der Zugehörigkeit zur religiös-kulturellen Tradition ihres Herkunftslandes" (ebd., S. 5), b) als bewusstes individuelles Bekenntnis zur eigenen Religion in Abgrenzung gegen einen bloßen Traditionalismus, c) als „Symbol der Abgrenzung gegenüber der nicht-muslimischen Mehrheitsgesellschaft" (ebd., S. 7) sowie d) als politisches Symbol.
In Gesprächen mit kopftuchtragenden Muslimas wurde uns zudem deutlich, dass der öffentliche Druck, das Kopftuch nicht anzulegen bzw. abzulegen, selbstbewusste Muslimas in Deutschland mit einem eigentümlichen Dilemma konfrontiert: Ihnen wird abverlangt, sich den Normen der Mehrheitsgesellschaft zu unterwerfen, um als Frauen anerkannt zu werden, die sich religiösen Normen und patriarchalischer Bevormundung nicht unterwerfen. Dies kann dann dazu führen, dass gerade das Tragen des Kopfdrucks zum Ausdruck eigener Mündigkeit wird. Entsprechend beziehen sich muslimische Kritikerinnen des Kopftuchverbots auch ganz ausdrücklich auf die Geschichte der Frauenemanzipation und reklamieren deren Fortsetzung; s. dazu http://www.muslimische-frauen.de/wp-content/uploads/2013/11/Infoblatt-Menschenrechte-sind-Frauenrechte.pdf.

ziehen, wie in unseren Interviews deutlich wird (s. u.), zudem den Verdacht auf sich, dies nicht freiwillig zu tun und damit einer religiösen Strömung anzugehören, die modernen Selbstbestimmungs- und Gleichberechtigungsidealen widerspricht. Damit sind kopftuchtragende Muslimas potenziell mit Varianten und Mischformen von zwei unterschiedlichen Formen der Ablehnung konfrontiert: Einerseits einer solchen Ablehnung, die mit ethnisch-nationalen oder christlich-religiösen Begründungen die gleichberechtigte Zugehörigkeit des Islam zur deutschen Gesellschaft bestreitet; andererseits einer Ablehnung, die das Kopftuch als Symbol eines patriarchalischen Geschlechterverhältnisses und sein Tragen als Symbol des Einverständnissen damit interpretiert.[47]

Dies ist folgenreich: Gegenüber Bewerber/innen, die das muslimische Kopftuch tragen, wird in quantitativen Befragungen von über 35 % der Betriebe (Scherr/ Gründer 2011; Scherr/Janz/Müller 2013) eine eindeutige Ablehnung zum Ausdruck gebracht. Die Spannweite der Ablehnung reicht in Abhängigkeit von der Betriebsgröße von 29 % bis zu 46 %, sie ist bei kleinen Betrieben signifikant größer als bei Großbetrieben[48]. Das Tragen des Kopftuchs bewerten die Betriebe damit erheblich häufiger als z. B. die Bekundung von Homosexualität (ca. 5 %) als ein Ausschlusskriterium bei der Lehrstellenvergabe.

Die Ergebnisse eines Korrespondenztest-Experiments von Weichselbaumer (2014) bestätigen diese Forschungsergebnisse: Während 13 % der fingierten Bewerbungen mit einem türkischen Namen eine positive Rückmeldung erhielten, waren es nur 3 % der fingierten Bewerbungen mit einem türkischen Namen und einem Passfoto mit Kopftuch. Die Bewerbungen, in denen sich eine Person mit einem deutschen Namen bewarb, erhielten zu 18 % eine Antwort. Dies zeigt, dass das Kopftuch die Chancen auf den Zugang zum Arbeits- bzw. Ausbildungsmarkt bei weitem negativer beeinflusst als ein türkischer Name, der auf einen Migrationshintergrund deutet (Weichselbaumer 2014).[49]

---

47  Diese Zuschreibung ist schon deshalb wenig plausibel, weil Muslimas, wenn sie sich tatsächlich an traditionellen patriarchalischen Mustern orientieren würden, nicht auf dem Arbeitsmarkt in Erscheinung treten, sondern häuslichen Tätigkeiten nachgehen würden.

48  Allerdings können die Ergebnisse unserer qualitativen Befragung diese Diskrepanz zwischen Klein- und Großbetrieben etwas relativieren, da, auch wenn die Ablehnung des Kopftuches nicht mit der gleichen Drastik kommuniziert wurde, auch Großbetriebe kopftuchtragende Muslimas nicht einstellen würden. Auch muss hier bedacht werden, dass die Personalverantwortlichen von größeren Betrieben in politisch korrektem Sprechen geschult wurden.

49  Die Annahme, dass größere Firmen, die in einem internationalen Kontext agieren, Frauen mit Kopftuch weniger diskriminieren würden, konnte in der Studie von Weichselbaumer nicht bestätigt werden (Weichselbaumer 2014).

Die Ergebnisse unserer quantitativen Befragungen sind nicht nur ein Hinweis auf die erhebliche Diskriminierungsbereitschaft gegenüber kopftuchtragenden Muslimas, sondern auch darauf, dass diese, jedenfalls in einer anonymen schriftlichen Befragung, auch geäußert werden kann, also eine normative Tabuisierung diskriminierender Äußerungen in Bezug auf das Kopftuch nur begrenzt greift. Dies zeigte sich auch in den Reaktionen in mehreren öffentlichen Veranstaltungen, in denen Ergebnisse der Befragung vorgestellt wurden, sowie in Leserreaktionen auf ein Interview in einer Tageszeitung: Sich auch öffentlich für generelle – faktisch rechtswidrige[50] – Kopftuchverbote in Betrieben zu äußern, ist sozial zulässig.[51]

Dabei setzt das Sprechen über die Problematik der Diskriminierung kopftuchtragender Muslimas auch erhebliche emotionale Ressentiments sowie auch offen antiislamische Reaktionen frei, die vor dem Hintergrund vorliegender Forschungsergebnisse zur gesellschaftlichen Verbreitung von Islamfeindlichkeit nicht überraschend sind. Zugespitzt und in einer offenkundig anti-islamischen und fremdenfeindlichen Ausprägung werden solche Ressentiments in einem anonymen Brief deutlich, der durch das erwähnte Tageszeitungsinterview veranlasst wurde:

---

50  Das Urteil des Bundesverfassungsgerichts vom 24. September 2003 lässt eine Beschränkung nur unter eng gefassten Bedingungen und nur für den Schuldienst zu und weist darauf hin, dass es auch hier einen erheblichen Eingriff in die Religionsfreiheit darstellt: „Eine Regelung, nach der es zu den Dienstpflichten einer Lehrerin gehört, im Unterricht auf das Tragen eines Kopftuchs oder anderer Erkennungsmerkmale der religiösen Überzeugung zu verzichten, ist eine im Sinne der Rechtsprechung zum Parlamentsvorbehalt wesentliche. Sie greift in erheblichem Maße in die Glaubensfreiheit der Betroffenen ein. Sie betrifft außerdem Menschen verschiedener Religionszugehörigkeit unterschiedlich intensiv, je nachdem, ob sie die Befolgung bestimmter Bekleidungssitten als zur Ausübung ihrer Religion gehörig ansehen oder nicht. Dementsprechend hat sie besondere Ausschlusswirkungen für bestimmte Gruppen. Wegen dieses Gruppenbezuges kommt der Begründung einer solchen Dienstpflicht für Lehrkräfte über ihre Bedeutung für die individuelle Grundrechtsausübung hinaus auch hinsichtlich der gesellschaftlichen Ordnungsfunktion der Glaubensfreiheit wesentliche Bedeutung zu." (http://www.bverfg. de/entscheidungen/rs20030924_2bvr143602.html) In seinem im März 2015 veröffentlichten Urteil bewertet das Gericht nunmehr ein pauschales Kopftuchverbot deutlich als Verstoß gegen das Grundgesetz.

51  In einem Rechtsgutachten zum geplanten Integrationsgesetz des Landes Baden-Württemberg wird die These formuliert, dass dem Kopftuchverbot an Schulen und in Kindertageseinrichtungen diesbezüglich eine problematische Signalfunktion zukommt: „Eine genauso bedeutsame Frage ist ein de-facto-Kopftuchverbot in der Privatwirtschaft. Was der Staat im Schulbereich und bei der Kindertagesbetreuung aus Gründen der Neutralität geregelt hat, wird von einem Teil der Privatwirtschaft übernommen, indem Frauen mit Kopftuch bei Bewerbungen um Arbeitsplätze diskriminiert werden oder ihnen bei der Arbeit vom Arbeitgeber das Tragen eines Kopftuches untersagt wird" (Hübner/Körting 2014, S. 153).

*„Die Antwort, warum ein (Handwerks)Betrieb keinen Islamisten einstellt, ist doch einfach die, wenn der Arbeitnehmer wegen mangelnder Leistung abgemahnt werden muss, wird der Inhaber, seiner Familie sein Hab und Gut bedroht, die Fahrzeuge demoliert, Brand gelegt und der Alte rennt zur Polizei und erstattet Anzeige wegen Ausländerfeindlichkeit. Guter Rat: nimm einen Karren voll mit diesem Drecksgesindel und hau ab mit ihnen in ihre Herkunfts-länder." (Anonymer Brief vom 1.8.2013)*

In einem Anruf[52] an das Forschungsprojekt erläutert eine Person, die sich selbst als gebildete Lehrerin darstellt, warum sie als patriarchatskritische Frau nirgendwo einkaufen würde, wo das Kopftuch getragen wird:

*„Hallo, hier ist eine Frau [Name, d. A.], ich bin Lehrerin, seit 2 Jahren im Ru-hestand, hab mich 6 Jahre lang mit jedem islamischen Thema und Fernsehfilm auseinandergesetzt. Das Kopftuch steht doch überhaupt nicht im Koran, wieso soll man das dann fordern, und wenn wir alle <leichtes Lachen>, also ich könnte ihnen jetzt Stories von der Schule erzählen, will ich aber gar nicht, ich lehne das ab. Und ich geh nicht einkaufen, wo Kopftücher sind, weil es eine patriarchale Sache ist, und überhaupt nichts mit den Frauen zu tun hat, es steht nicht im Koran. Darüber gibt es ein ganzes Buch, und dieses Buch heißt, nehmt den Männern den Koran; und anlügen lass ich mich dann schon gar nicht; das Pat-riarchat zieht grade wieder ein; und die Parallelgesellschaft zieht auch ein. [...]. Also, es ist nicht glaubwürdig, und ich lehne es ab, aber bitte sehr jedem das Seine, und jeder auch; ich kauf da nicht ein." (Anruf, 3.8.2013)*

Diese Argumentation, in der sich anti-islamische Stereotype mit einem emanzi-patorischen Selbstverständnis verschränken, kann wie folgt dargestellt werden:

| Datum: Das Kopftuch ist Symbol des Patriarchats. |
| --- |
| Schlussregel: Ich lehne das Patriarchat ab. |
| Konklusion: Ich kaufe nicht bei kopftuchtragenden Muslimas ein. |

---

52  Der Anruf erfolgte auf den Anrufbeantworter, wurde also mit Wissen der Anruferin aufgezeichnet.

In einem von uns geführten Interview mit zwei kopftuchtragenden Muslimas, die sich wiederkehrend – und am Ende auch erfolgreich – um Ausbildungsstellen beworben haben, beschreiben diese, dass auf das Kopftuch bezogene Ablehnung zu ihren Alltagserfahrungen gehört sowie in Bewerbungsverfahren auch offen artikuliert wurde.

> „B1: Ich weiß nicht, es fängt schon an, wenn man irgendwie neben der Schule, wie gesagt schon einen Nebenjob sucht oder so, da hat das ehrlich gesagt schon angefangen, ganz kleine Sachen; bei den einen bekommt man einfach so eine Absage, da kann man es sich natürlich nicht denken, da weiß man nicht, woran es liegt und so, und bei anderen erfährt man dann halt auch woran es genau liegt. Also, es wird schon praktisch echt gesagt, wir würden sie nehmen, wenn sie das Kopftuch ausziehen würden." (I11, 52ff.)

> „B1: Also jetzt hab ich ja ne Stelle gefunden, aber während ich diese Stelle gesucht habe, hab ich parallel noch in anderen Krankenhäusern gesucht, und da wurde mir– ich glaube außer von einem Haus – wurde mir jedes Mal gesagt, dass das Kopftuch das Problem ist." (I11, 212ff.)

Im weiteren Verlauf des Interviews werden die eigenen Erfahrungen mit solcher Ablehnung detailliert beschrieben sowie berichtet, dass unter muslimischen Jugend-lichen Erfahrungen mit Betrieben kommuniziert werden, bei denen das Tragen des Kopftuchs offenkundig zum Ausschluss aus Bewerbungsverfahren sowie in einem Fall auch zu einer nachträglichen Kündigung geführt hat. Die Bewerberin hatte in diesem Fall auf das Kopftuch während der Bewerbung verzichtet und es erst nach der Einstellung zu tragen begonnen.

Die Frage, ob bzw. wie diese Ablehnungen seitens der Betriebe begründet werden, beantwortet eine der Befragten wie folgt:

> „B2: Nee, eigentlich inhaltlich noch nie irgendwie, die gehen da auch nicht wirklich darauf ein, und meistens wenn man dann fragt, dann wollen die gar nicht wirklich auf diese Frage eingehen, sondern versuchen das irgendwie auf die Kunden zu schieben, oder, ja, oder es passt halt nicht zum Team oder keine Ahnung.
> I: Also, die sagen jetzt nicht, ich will keine Muslima bei mir haben?
> B1: hm, hm.
> B2: nee, das nicht,
> B1: das hätte ja noch gefehlt." (I11, 752ff.)

Die mit Personalverantwortlichen geführten Interviews bestätigen diese Einschätzung weitgehend (s. u.). In ihnen wird zudem deutlich, dass die Frage nach der möglichen Bedeutung des Kopftuchs im Auswahlverfahren für einen Teil auch derjenigen Betriebe, die ansonsten eine nicht-diskriminierende Auswahlpraxis beanspruchen, auf einen Grenzfall, ein „ganz heißes Thema" (I12, 842) hinweist: Für keinen der befragten Betriebe stellt sich die Einstellung kopftuchtragender Muslimas als völlig unproblematisch dar, sofern Auszubildende und Mitarbeiterinnen in einem Bereich arbeiten sollen, der für Kund/innen sichtbar ist. Begründet wird dies wiederkehrend mit antizipierten – nicht durch tatsächliche Erfahrungen oder Kundenbefragungen gestützten – negativen Kundenreaktionen, aber auch mit eigenen Vorbehalten.

Der Personalverantwortliche einer kleinstädtischen Bank verweist auf eine zu erwartende christlich-religiös motivierte Ablehnung:

„Also, die [Bank A, d. A.] hat einige Leute mit Migrationshintergrund in der Ausbildung; und gute Leute, sehr gute Leute, [Bank B, d. A.] auch. Da weiß ich ist eine Italienerin, ne Spanierin, ne Griechin und Türkin, also ziemlich international aufgestellt. [...] Also, wenn die die Voraussetzungen bringen, haben die als Bankkaufmann gute Chancen [...]. Mit Kopftuch leider nicht <lacht>. Ja, nee, also ich muss selber dran festmachen an der Kundschaft, hier die Region, das ist ja auch eine Region, wo viele Freikirchen sind, wo viele Leute kirchlich, christlich organisiert sind und das sind unsere Kunden und die, glaub ich, dass die nicht alle so aufgeschlossen sind." (I15, 1629ff.)

Eine ähnliche Einschätzung wird von einem Handwerker aus der gleichen Region geäußert:

„Klar sollte man nach dem Können entscheiden und jetzt nicht, ist er Chinese oder ist er Araber. Im Prinzip, aber wie gesagt, um eben vielleicht andere Komplikationen auszuschließen, jetzt gerade wenn sie jemand mit dem Kopftuch hier reinstellen, das wäre halt schon, ich glaube, das wäre halt schon, ich glaube, das würde halt nicht funktionieren. Ohne Beurteilung auf die Person selber, aber das ist einfach vom Umfeld her, das würde, glaube ich, nicht gehen." (I14, 677ff.)

In Hinblick auf Kundenerwartungen formuliert der Leiter mehrerer städtischer Einzelhandelsgeschäfte:

„Ich würde die Einstellung, wenn ich überzeugt bin, dass sie menschlich in unser Schema passt, dass sie von ihrer schulischen Ausbildung dazu passt *und von ihrer praktischen Beurteilung dazu passt, würde ich auch jemand mit Kopftuch einstellen. Und ich fokussier mal weiter: Wenn da jetzt Kunden negativ reagieren würden, ja, da muss man jetzt differenzieren wie viele. Wenn das natürlich sich wirtschaftlich so extrem auswirken würde, dann muss man reagieren. In welcher Form kann ich jetzt heute nicht sagen, das ist situationsbedingt." (I12, 961ff.)*

Das in diesen Aussagen dokumentierte Argumentationsmuster kann wie folgt gefasst werden:

---

Datum: Kund/innen haben Vorbehalte gegenüber kopftuchtragenden Frauen.

Schlussregel: Die Kundenakzeptanz ist ein vorrangiges betriebliches Entscheidungskriterium.

Konklusion: Wir stellen keine kopftuchtragenden Muslimas ein.

---

Hier wie in nahezu allen anderen Fällen scheint es unbekannt oder irrelevant zu sein, dass Betriebe sich damit zu einem Verstoß gegen das Allgemeine Gleichbehandlungsgesetz bekennen, dann auf dieses wird kein Bezug genommen. In einem anderen Fall wird zwar die eigene Unvoreingenommenheit betont, aber zugleich auf den strategischen Umgang mit möglichen Kundenreaktionen verwiesen:

*„I: Lassen Sie uns den Fall konstruieren, es gibt Bewerbungen, Bewerbung von einer Auszubildenden, die sich hier mit Kopftuch bewirbt.*
*B: Ja, haben wir schon gehabt. Das spielt überhaupt keine Rolle, wir haben auch hier im Haus Kolleginnen mit Kopftuch. Wo es kritisch werden könnte, aber da muss man dann auch eine Lösung finden, die Azubis machen bei uns ja auch ein Bankpraktikum und da gehen die für sechs Wochen in die Bank und da ist es nicht immer so, dass das am Schalter gut ankommt. Aber ich denke, da muss man dann halt eine andere Lösung finden. Dann ist die junge Dame halt nicht am Schalter oder man spricht mit ihr und sie nimmt für die sechs Wochen das Kopftuch ab, wenn sie am Schalter ist. Also, wir haben da noch nie ein Problem gehabt." (I21, 432ff.)*

Analog wird in einem anderen Fall argumentiert:

*„Würde hier, glaub ich, wirklich überhaupt keine Rolle spielen. Also, die könnte, wenn die ansonsten alle Skills vorweist, wirklich genauso gut einen Platz kriegen,*

*weil die Auszubildende ziemlich sicher nachher auch keine Lieferanten und Kundenkontakte hat. Also, die wäre intern aufgehoben." (I1, 791ff.)*
In diesem Argumentationsmuster führen erwartete Kundenreaktionen nicht zum Ausschluss, sondern nur zu einer Vermeidung von Kundenkontakten.

| |
|---|
| Datum: Kund/innen haben Vorbehalte gegenüber kopftuchtragenden Frauen, wir selbst aber nicht. |
| Schlussregel: Die Kundenakzeptanz ist ein betriebliches Entscheidungskriterium, das jedoch nicht zum betriebliches Ausschluss führen soll. |
| Konklusion: Wir stellen kopftuchtragenden Muslimas in Bereichen ein, in denen sie für Kund/innen nicht sichtbar sind. |

In anderen Fällen werden auch eigene Vorbehalte geäußert. Dies ist auch in Betrieben der Fall, die im Interview zunächst darlegen, dass sie keine Vorbehalte gegenüber migrantischen Bewerber/innen haben. Eine Variante der Begründung ist der Verweis auf betriebliche Kleidungsvorschriften. Dabei wird die religiöse Bedeutung des Kopftuchs relativiert und es wird vorrangig als ein persönliches Kleidungsstück betrachtet, womit die Problematik der religiösen Diskriminierung umgangen wird.

*„B: Da haben wir die Schwierigkeit, dass wir auch eine Uniformpflicht haben. Das heißt, die Hausordnung besagt, dass wir keine Mützen, keine Kopftücher haben. Also, ich hab kein Problem mit, wenn die junge Dame im Vorstellungsgespräch ein Kopftuch tragen würde. Ich würde aber direkt im Vorstellungsgespräch darauf hinweisen, dass das Kopftuch während der Arbeitszeit nicht getragen werden kann.*
*I: Wo wären dann jetzt ihre Bedenken und/oder Nicht-Bedenken?*
*B: Für mich ist jetzt ein Kopftuch nur bedingt ein religiöses Zeichen, für mich persönlich, sondern gehört für mich persönlich auch mehr in den Bereich Kleidung, kann man so oder so sehen, und wenn ich das Kopftuch als Kleidung sehe, ist es für mich eine Privatkleidung und hat damit nichts an einer Uniform zu tun." (I6, 521ff.)*

Im weiteren Verlauf des Interviews relativiert der Befragte jedoch diese zunächst eindeutige Position. Er akzentuiert, dass er sich mit dieser Thematik noch weiter auseinandersetzen wird: *„Man kann nur dazu lernen und sie haben mir auch ein Denkanstoß gegeben mit dem Kopftuch." (I6, 1458f.)*

Die Personalverantwortliche eines Betriebs, die zunächst betont, dass eine nicht-diskriminierende Einstellungspraxis für ihren Betrieb wesentlicher Bestandteil des Selbstverständnisses ist, nimmt dies in Bezug auf das muslimische Kopftuch zurück. Ausdrücklich wird formuliert, dass bei gleicher Eignung Bewerberinnen ohne Kopftuch vorgezogen werden:

*„Also, wenn sie mich jetzt anders fragen würden, wenn ich also zwei Damen zur Auswahl hätte, gleiche Qualifikation, gleiches menschliches Bauchgefühl, dann würde ich die Frau ohne Kopftuch nehmen, ja. Wenn sie mich so fragen würden, dann, wenn die gleiche Grundvoraussetzungen, Kopftuch, kein Kopftuch oder Muslima, was weiß ich, orthodox, also dann würde ich auf jeden Fall, dann würde ich so entscheiden." (I7, 1001ff.)*

Zur Begründung wird auf die eigene Unsicherheit bezüglich der Bedeutung des Kopftuches hingewiesen und das Kopftuch mit Unterdrückung durch die Familie assoziiert.

*„Ja, was sagt jetzt das, was sagt jetzt das Kopftuch aus? Dass sie, soll sie mir halt sagen, dass sie von ihrer Familie unterdrückt wird oder was soll mir? Oder glaubt sie tatsächlich? Also sagen wir mal, was sagt das Kopftuch letztendlich aus?" (I7, 977ff.)*

Im weiteren Verlauf des Interviews wird dann durch die Interviewer der Vergleichsfall möglicher rassistischer Diskriminierung aufgrund der Hautfarbe angesprochen. Darauf bezogen äußert die Befragte, dass sie diesbezüglich geringere Vorbehalte hat:

*„I: Und ich frag jetzt nochmal was, um ohne Ihnen zu nahe zu treten: So er hat jetzt dunkle Hautfarbe; wär das jetzt, wäre das jetzt der gleiche Fall, wenn sie einen hellhäutigen und einen dunkelhäutigen hätten mit gleicher Qualifikation? Würden sie sagen, dann nehme ich den Badener und nicht den Zugewanderten? B: Das weiß ich nicht, da weiß ich jetzt weniger, was ich sagen soll. Nee, ich glaube, wenn es gleich wäre, keine Ahnung, ich habe <unverständlich> Hautfarbe, nee. Da kann ich es ihnen jetzt nicht sagen, da würde ich den Bauch entscheiden lassen." (I7, 1027ff.)*

Im Weiteren bestärkt die Befragte dann mehrfach ihre erhebliche Skepsis gegenüber kopftuchtragenden Bewerber/innen.

> *„Also, das Kopftuch hätte schon, um das mal ganz klar zu sagen, das Kopftuch*
> *wäre natürlich eine Hemmung für Betriebe, für mich auch." (I7, 1050ff.)*
> *„Und natürlich, wenn ich Auswahl habe, das ist ja menschlich, beim wählen*
> *manchmal, hab ich ihnen auch schon gesagt, wenn ich; ich würde dann die*
> *Frau nehmen ohne Kopftuch, wenn ich mal so die Auswahl hätte." (I7, 1973ff.)*

Im vorliegenden Interview zeigt sich eine argumentative Abwägung des Problems, in der auch andere aus betrieblicher Sicht problematische Aspekte der äußeren Erscheinung angesprochen werden. Im Ergebnis dieser Abwägung wird das Recht zum Tragen des Kopftuchs nicht generell bestritten, sofern es Ausdruck eigener freier Entscheidungen sei:

> *„Wenn es die freie Wahl ist und man sich dafür entscheidet, dann soll er es*
> *machen, das stört mich nicht." (I7, 1063ff.)*

Dies führt aber nicht zu einer Zurücknahme der Bewertung des Kopftuchs als Einstellungshemmnis im Betrieb.

Ähnlich gelagert ist ein Fall, in dem die eigene Toleranz betont wird, es gleichwohl aber als fraglich gilt, ob eine Einstellung kopftuchtragender Muslimas mit dem Selbstverständnis des Betriebs verträglich wäre:

> *„I: Weil sie vorhin gesagt haben, es gibt bestimmte Gruppen, die sich noch nicht*
> *beworben haben, wie sieht es denn mit praktizierenden Muslimen aus? Also*
> *zum Beispiel Muslima mit Kopftuch? Haben sie da Bewerbungen gehabt? Das*
> *wäre problematisch für ihre Kunden?*
> *B: Das weiß ich nicht, das hatten wir jetzt halt gar noch nicht. Ehrlich gesagt,*
> *denke ich, wir sind schon sehr tolerant und wir haben hier natürlich auch*
> *Muslime und die können auch, ich weiß nicht wie, wüsste ich jetzt nicht wo,*
> *ob die hier bei uns praktizieren oder, ob sie es außerhalb ihrer Arbeitszeiten*
> *machen, muss ich gestehen, habe ich noch nicht so darüber nachgedacht. Ich*
> *habe aber meinen Auszubildenden, der hat seine Ausbildung beendet und*
> *macht zum Beispiel Ramadan und isst da gerade nichts und da schaue ich*
> *halt, dass er jetzt nicht gerade in der Woche an der Maschine vielleicht steht,*
> *dass er was machen kann eher sitzend vielleicht, aber mit dem Kopftuch, ich*
> *weiß es nicht. Ich denke mal, wir möchten grundsätzlich eher neutral sein. Wir*
> *möchten, wir möchten als Dienstleister neutral auftreten, also denke ich mal.*
> *Man müsste es ausprobieren, weil bis dato hatte ich noch keine." (I18, 565ff.)*

Diese Argumentationen können zu folgendem Muster zusammengefasst werden:

| |
|---|
| Datum: Das muslimische Kopftuch ist ein Hinweis auf religiöse Überzeugungen und Praktiken. |
| Schlussregel: Wir möchten niemanden diskriminieren, haben aber Vorbehalte gegenüber der Darstellung religiöser Überzeugungen durch kopftuchtragende Muslimas. |
| Konklusion: Die Einstellung kopftuchtragender Muslimas stellt die Neutralität des Betriebs in Frage und wird möglichst vermieden. |

In anderen Fällen wird dagegen das Tragen des Kopftuchs als unproblematisch betrachtet. In diesen Fällen wird Distanz zur gesellschaftlichen Diskussion eingenommen und das Kopftuch weniger als religiöses Symbol, sondern als ein auffälliges äußeres Merkmal betrachtet:

*„Wenn jemand mit einem Kopftuch kommt, ist das für mich eigentlich überhaupt kein Nachteil. Ist eine Äußerlichkeit, die aber nicht irgendwie großartig nachteilig ist, also ganz bestimmt nicht. Ob das bei Kunden nachher so ist, kann sein, aber das glaube ich nicht, dass das irgendwo die Leute abschreckt oder so, das glaube ich nicht, kann ich mir nicht vorstellen." (I9, 751ff.)*

Ähnlich wird in einem weiteren Interview argumentiert:

*„Aber ich glaube, es sollte keine Rolle spielen an der Ecke und wenn es kulturell bedingt ist, dass die gerne ein Kopftuch oder ein Kopftuch tragen sollte oder möchte, hätte ich persönlich jetzt kein Problem, wenn sie ein Kopftuch auf hätte, ganzen Tag, ich meine: So what? Es macht doch kein Unterschied am Ende des Tages, was gearbeitet wird. Das ist genauso wie, ja, wenn jemand einen Anzug und Krawatte anhat, ja, macht er den besseren Job wie der ohne Anzug und Krawatte, was soll das? Wir sehen das an unserem Chef, der spielt mit dem Thema auch sehr bewusst. Auch ohne Krawatte und alles, was hier sehr gut ankommt bei den Leuten auch. Also auch hier, ich glaube nicht, dass Äußerlichkeiten sich auf die Arbeitsqualität auswirken, nicht wirklich." (I20, 1050ff.)*

Dieses Argumentationsmuster relativiert die Bedeutungszuschreibungen an das Kopftuch:

| |
|---|
| Datum: Das Kopftuch ist eine Äußerlichkeit. |
| Schlussregel: Äußerlichkeiten haben keine Bedeutung für die Leistungsfähigkeit. |
| Konklusion: Wir stellen auch kopftuchtragende Bewerberinnen ein. |

In keinem der Fälle werden kopftuchtragenden Muslimas Defizite zugeschrieben, die für ihre berufliche Leistungsfähigkeit bedeutsam sind. Dies unterscheidet das Reden über das Kopftuch deutlich vom Fall ethnisch-nationaler Stereotype. Ablehnung wird auch nicht nur mit betriebswirtschaftlichen Kalkülen – der voraussichtlich fehlenden Akzeptanz seitens der Kund/innen begründet – sondern auch mit persönlichen Vorbehalten und Unsicherheiten der Personalverantwortlichen mit Hinblick auf das Kopftuch und dessen Symbolik/Bedeutung. Umgekehrt betrachtet ist festzustellen, dass auch diejenigen Personalverantwortlichen, die eine positive Haltung einnehmen, auf eigene persönliche Überzeugungen verweisen. Die Entscheidungen für oder gegen kopftuchtragende Bewerberinnen ist also nicht zureichend als Ausdruck eines ökonomischen Kalküls im Sinne der Theorie statistischer Diskriminierung (s. o.) verständlich, sie sind vielmehr durch die gesellschaftlichen Diskurse über den Islam und darauf bezogene Haltungen der Personalverantwortlichen überformt. Dies führt nicht nur dazu, dass Kundenerwartungen als legitimer betriebswirtschaftlicher Grund für Diskriminierung gelten. Zudem wird die Diskriminierung kopftuchtragender Muslimas nicht als offenkundiger Verstoß gegen den Antidiskriminierungsgrundsatz wahrgenommen, sondern eher als eine Praxis, zu der unterschiedliche Haltungen zulässig sind.

# ‚Hauptschüler' als eigenständige Diskriminierungskategorie

Die Benachteiligung von Migrant/innen in der beruflichen Bildung und auf dem Arbeitsmarkt ist nicht allein durch betriebliche Diskriminierung erklärbar, sondern auch ein Folgeeffekt der schulischen Verfestigung herkunftsbedingter Ungleichheiten, insbesondere der Positionierung von Migrant/innen in der sozioökonomischen Klassen- und Schichtungsstruktur: Dass es Schulen nicht zureichend gelingt, die direkten und indirekten Effekte der sozialen Herkunft auszugleichen, ist wiederkehrend aufgezeigt worden. Darüber hinaus lassen sich auf die soziale Herkunft bezogene Diskriminierungseffekte nachweisen: Kinder von bildungsfernen Eltern mit einem geringen Einkommen werden auch bei gleichen Schulleistungen in der Schule benachteiligt und erhalten seltener eine Gymnasialempfehlung (s. Schulze/ Kunze/Wolter 2011). In Folge der sog. „ethnischen Unterschichtung" der Sozialstruktur (Heckmann 2003) entsteht damit eine indirekte schulische Benachteiligung von Migrant/innen, in der sich auf die sozioökonomische Position sowie auf den Migrationshintergrund bezogene Effekte überlagern (s. Hormel 2010; Scherr/ Niermann 2012; ISG 2013, S. 27ff.).

Folglich sind Schüler/innen mit Migrationshintergrund aus Drittstaaten außerhalb der EU an Hauptschulen deutlich überrepräsentiert. Während nur noch 18 % aller deutschen Schüler/innen einen Hauptschulabschluss erwerben, trifft dies auf 38 % aller ausländischen Schüler/innen zu (ISG 2013, S. 36).[53] Dies führt zu einer ungleichen Zusammensetzung der Schülerschaft an den Schulformen:

> „Im Jahr 2011 wiesen insgesamt 29 % der Schülerinnen und Schüler einen Migrationshintergrund auf. […] Die deutlichsten Unterschiede der Zusammensetzung der Schülerschaft fanden sich erneut zwischen Hauptschulen und Gymnasien: Der Anteil der Schülerinnen und Schüler mit Migrationshintergrund war mit 45 % an Haupt-

---

53 In der Schulstatistik wird der Migrationshintergrund nicht erhoben; deshalb wird Staatsangehörigkeit in den einschlägigen Analysen als ein Hilfsindikator verwendet.

schulen fast doppelt so hoch wie an Gymnasien (24 %)." (Statistisches Bundesamt/ Wissenschaftszentrum Berlin für Sozialforschung 2013, S. 78)[54]

Eine solche Überrepräsentanz zeigt sich auch in Baden-Württemberg, dem Bundesland, in dem wir unsere Untersuchung durchgeführt haben. In Baden-Württemberg hatten im Schuljahr 2012/2013 35,1 % der öffentlichen Werkreal- und Hauptschüler/innen einen Migrationshintergrund, während nur 10 % der Schüler/innen auf öffentlichen Gymnasien einen Migrationshintergrund aufwiesen (Statistisches Landesamt Baden-Württemberg 2013: Pressemitteilung vom 17.7. 2013).

Diese Ungleichverteilung auf die Schulformen ist für den Zugang zur Ausbildung im dualen System hoch folgenreich, denn Betriebe verwenden ungleichwertige Schulabschlüsse sowie die durch Noten zertifizierten Leistungsunterschiede als ein zentrales Auswahlkriterium. Dies wird gewöhnlich als ein legitimes Vorgehen im Sinne einer meritokratischen Auswahl der Leistungsbesten betrachtet, denn schulische Abschlüsse und Noten gelten gesellschaftlich als ein einigermaßen verlässlicher Indikator für das berufliche Leistungsvermögen. Dies hat zur Konsequenz, dass zwischen der Hierarchie der Schulabschlüsse und der Hierarchie der Ausbildungsberufe (in Hinblick auf kognitive Anforderungen, Reputation, Arbeitsbedingungen, Aufstiegschancen usw.), eine enge Koppelung existiert: Es sind „relativ stabile Zuordnungsmuster zwischen den Abschlussniveaus des dreigliedrigen allgemeinbildenden Schulwesens und den Ausbildungsbereichen" festzustellen (Autorengruppe Berufsbildungsbericht 2012, S. 110).

Hauptschüler/innen finden überwiegend nur noch Zugang zu solchen Berufen, die durch einen relativ niedrigen gesellschaftlichen Status und geringe Aufstiegs- bzw. Karrierechancen gekennzeichnet sind. So sind Hauptschüler/innen derzeit v. a. in einigen Sektoren des Handwerks, in der Landwirtschaft und in der Hauswirtschaft vertreten, während die Rekrutierungsstrategien von Betrieben in der Industrie, dem Handel, dem öffentlichen Dienst und in den freien Berufen vor allem auf Jugendliche mit einem mittleren Abschluss und Hochschulabsolvent/innen ausgerichtet sind (Autorengruppe Berufsbildungsbericht 2012, S. 110).

---

54  Aufgrund des überproportionalen Anteils von Schüler/innen mit Migrationshintergrund auf Hauptschulen wird gelegentlich auch von „ethnisch dominierten Restschulen" (Bolder/ Heinz/Rodax 1996, S. 16) und „Ghettoschulen" (Hansen/Rolff 1990, S. 47) gesprochen.

## Reduzierte Ausbildungschancen für Hauptschüler/innen

Im Bildungsbericht 2012 wird ein sozialer Selektionsprozess im Übergang von der Schule zur Berufsausbildung nach schulischer Vorbildung konstatiert (Autorengruppe Bildungsbericht 2012): „Das Duale System ist seit 2000 die Domäne von Schulabsolventen und -absolventinnen mit mittlerem Abschluss und Hochschulreife, die über den ganzen Zeitraum zwei Drittel der Ausbildungsplätze besetzen." (ebd., S. 103) Entwicklungen in den beruflichen Bildungsgängen, die Troltsch/Walden (2012) für den Zeitraum 1960 bis 2010 aufzeigen, belegen die stetige Abnahme des Anteils von Auszubildenden mit einem Hauptschulabschluss: Während 1970 in Westdeutschland noch ca. drei Viertel aller Auszubildenden über einen Hauptschulabschluss verfügten, waren es 2010 nur noch ca. ein Drittel. Der Anteil der Auszubildenden mit einem mittleren Bildungsabschluss, einer Fachhochschulreife oder einer Hochschulreife lag 1970 bei 21 % und stieg 2010 auf 63 % (Troltsch/Walden 2012, S. 291). Uhly (2010) konnte aufzeigen, dass sog. Primäre Hauptschülerberufe, d. h. Berufe, in denen der Anteil der Auszubildenden mit einem Hauptschulabschluss mindestens 55 % beträgt, von 32,2 % (1993) auf 17,7 % (2006) gesunken ist.

Die Abnahme des Anteils der Hauptschüler/innen in der beruflichen Bildung muss zwar in Relation gesetzt werden zu der Veränderung der Schulabgängerstruktur im Zuge der Bildungsexpansion (s. Troltsch/Walden 2012; Uhly/Erbe 2007).[55] Allerdings konnten verschiedene Studien aufzeigen, dass die erheblich verschlechterten Chancen von Hauptschüler/innen auf Zugang zu einer vollqualifizierenden Ausbildung im dualen System nicht umfassend auf eine veränderte Zusammensetzung der Schüler/innenkohorten zurückgeführt werden kann (Uhly/Erbe 2007; Protsch 2013; Autorengruppe Bildungsberichterstattung 2012, S. 110ff.; Solga/Baas/Kohlrausch 2012; Kleinert/Jacob 2012).

---

55  Die Veränderungen des Bildungssystems im Zuge der Bildungsexpansion haben dazu geführt, dass die Hauptschule nicht mehr Regelschule für die Mehrheit ist, sondern tendenziell zu einer Schule für diejenigen geworden ist, die aufgrund der Selektionsprozesse in der Grundschule keine andere Wahl haben oder deren Bildungsaspirationen niedrig sind: Im Zuge der Bildungsexpansion haben sich zwischen 1960 und 2010 im früheren Bundesgebiet die Fach- und Hochschulreife-Abschlüsse verfünffacht, die mittleren Schulabschlüsse verdoppelt, während „2010 nur noch etwa jeder sechste der Schulabgänger über einen Hauptschulabschluss [verfügte]" (Troltsch/Walden 2012, S. 290).

Mehr als die Hälfte der Jugendlichen mit Hauptschulabschluss oder ohne Hauptschulabschluss findet gegenwärtig keinen direkten Zugang mehr zu einer Lehrstelle im dualen Ausbildungssystem, sondern wird zunächst ins sog. Übergangsystem verwiesen (Solga/Baas/Kohlrausch 2012, S. 2; Kohlrausch 2012).[56] Hinzu kommt ein eingeschränkter Zugang von Hauptschulabsolvent/innen zu bestimmten Segmenten des Ausbildungsmarktes (s. u. Segmentierung des Ausbildungsmarktes).

Dies gilt auch für Baden-Württemberg: „Weit mehr als die Hälfte der besetzten dualen Ausbildungsplätze im Jahr 2009/10 ging an Jugendliche mit einem mittleren Abschluss (47,5 %) oder einer Fachhochschul- oder Hochschulreife (13 %). Nur noch etwa jede/r dritte Ausbildungsanfänger/in hatte einen Hauptschulabschluss (37,5 %), und lediglich 4 Prozent der Anfänger/innen waren ohne Hauptschulabschluss. Die Betriebe sind also eindeutig auf den mittleren Abschluss orientiert. Damit weicht die Realität von der überkommenen Vorstellung deutlich ab, dass auf den Hauptschulabschluss ein direkter Weg in die Berufsausbildung folgt." ( Expertenrat 2011, S. 125)

## 7.1    Der Hauptschulabschluss als kategorialer Signalwert

Die gängige und folgenreiche Annahme, dass Hauptschüler/innen als Auszubildende weniger geeignet sind als Realschüler/innen und Gymnasiast/innen, ist jedoch selbst in Bezug auf die kognitive Leistungsfähigkeit zu hinterfragen: In einer Studie konnten Johannes Uhlig, Heike Solga und Jürgen Schupp (2009) zeigen, dass 33 % der Schüler/innen nach der Grundschule auf einen Schultyp empfohlen wurden, der über oder unter ihren kognitiven Fähigkeiten liegt. Hierbei sind vor allem Schüler/innen aus sozial schwächeren Familien von einem „Underachievement-Risiko" betroffen. D. h., sie werden häufiger unterschätzt und unterhalb ihrer kognitiven

---

56  Nora Gaupp, Irene Hoffman-Lun, Angelika Münz und Sandra Reinhardt (2014) konnten allerdings aufzeigen, dass Einmündungschancen von Schüler/innen mit Hauptschulabschluss erheblich vom Übergangsmanagement der jeweiligen Schule abhängten d. h. davon, ob die Schule aktiv die Übergänge durch eigene kohärente Übergangs-Förderkonzepte unterstützt und mitgestaltet. Dazu gehören entscheidend die Kooperationen mit anderen dafür zuständigen Akteur/innen und Institutionen, z. B. im Rahmen von regionalen Konzepten des Übergangsmanagements (s. Gaupp/Hoffman-Lun/Münz/Reinhardt 2014).

Lernpotentiale eingestuft (Uhlig/Solga/Schupp 2009). Sofern es Hauptschulen dann nicht gelingt, die individuellen Potenziale der Schüler/innen angemessen zu fördern, sind Hauptschulabsolvent/innen am Ende ihrer Schullaufbahn weniger leistungsfähig als Realschüler/innen und Gymnasiast/innen, da das Anforderungsniveau dort niedriger ist und sie zudem ein bis drei Jahre weniger Zeit zur schulischen Entwicklung ihrer Fähigkeiten hatten. Damit werden die Folgeeffekte schulischer Selektion für die Betriebe als durchschnittlich geringeres Leistungsvermögen von Hauptschüler/innen sichtbar.

Die Betriebe haben ersichtlich nicht zu verantworten, ob die Verteilung von Schüler/innen auf die Schultypen und die Vergabe von Noten tatsächlich leistungsgerecht erfolgt und auch nicht, was die jeweiligen Schultypen zur Entwicklung der Fähigkeiten ihrer Schüler/innen beitragen.[57] Entsprechend gilt die Verwendung von Schulabschlüssen und Noten als betriebliches Auswahlkriterium als legitim, also nicht als eine Form von Diskriminierung, obwohl auch hier eine kategoriale Unterscheidung verwendet wird. Dies zeigt sich empirisch nicht zuletzt darin, dass in Modellen, durch die eine nicht-diskriminierende Bewerber/innenauswahl mittels anonymisierter Bewerbungen ermöglicht werden soll, nicht gefordert wird, auch auf die Angabe des Schulabschlusses und der Noten zu verzichten: Deren Informationswert und deren Legitimität als Auswahlkriterium wird dort keineswegs in Frage gestellt, sondern affirmiert. Dementsprechend werden auch in der wissenschaftlichen Diskussion ungleichheitstheoretische Erklärungen von schulischen und beruflichen Bildungsungleichheiten von diskriminierungstheoretischen Erklärungen unterschieden.[58]

*Wie im Folgenden zu zeigen sein wird, ist die politisch, rechtlich und wissenschaftlich übliche Unterscheidung von Ungleichheitseffekten und Diskriminierungseffekten auch im Fall migrantischer Hauptschüler/innen nicht trennscharf.* Dies gilt *erstens* im Hinblick darauf, dass die relativ schlechteren Bildungsabschlüsse von Migrant/innen auch eine Folge struktureller und institutioneller Diskriminierung im schulischen Bildungssystem sind. Insofern sind die Schulabschlüsse und die schulischen Bewertungen (Noten) kein zuverlässiges Abbild der individuellen Leistungspotenziale. Wenn sie aber betrieblich als solche verwendet werden, stellt dies eine Form der indirekten Diskriminierung, der Fortschreibung schulischer

---

57  Darauf bezogene Kritik ist an die Bildungspolitik und die schulische Pädagogik zu adressieren.

58  Auf der Grundlage aufwendiger statistischer Berechnungen werden in der einschlägigen Diskussion über das Ausmaß betrieblicher Diskriminierung Aussagen dazu getroffen, welcher Anteil der Benachteiligung in der beruflichen Bildung auf die direkten und indirekten Effekte sozialer Ungleichheiten und welcher Anteil auf Diskriminierung zurückzuführen ist; s. dazu die Beiträge in Scherr 2015.

Diskriminierung dar. *Zweitens* führt die Stratifikation des deutschen Schulsystems dazu, dass Schulabsolventinnen durch das Bildungssystem nicht nur mit unterschiedlichen individuellen Leistungszertifikaten, sondern mit kategorial unterschiedenen ungleichwertigen Bildungsabschlüssen ausgestattet sind. D. h., *Schüler/innen unterscheiden sich nicht nur hinsichtlich ihrer individuell erzielten Noten, sondern auch hinsichtlich ihrer Zugehörigkeit zu einer bestimmten Absolventenkategorie – und dies führt zu ihrer kategorialen Einordnung. Dies stellt aber einen in spezifischer Weise diskriminierungsanfälligen Sachverhalt dar. Denn der schulische Bildungsabschluss kann von Arbeitgeber/innen als ein kategorialer Signalwert (s. Spence 1974; Weins 2010) verwendet werden, welcher der Überprüfung individueller Kompetenzen vorgelagert ist.* D. h.: Wer „nur" über einen Förderschulabschluss, einen als minderwertig betrachteten ausländischen Schulabschluss oder einen Hauptschulabschluss verfügt, hat in zahlreichen Fällen keine Chance, Zugang zu einem Auswahlverfahren zu finden, in dem seine individuellen Fähigkeiten und Potenziale betrieblich überprüft werden.[59]

## Von der Hauptschule zur Restschule

Der Bedeutungsverlust der Hauptschule im mehrgliedrigen Schulsystem zeichnet sich bereits seit Längerem ab (s. auch Solga/Dombrowski 2009). Die einstmalige Regelschule, in der der überwiegende Teil der Schüler/innen beschult wurde, verlor seit Mitte der 1970er Jahre erheblich an Bedeutung. Bundesweit überstieg der Anteil der Schüler/innen in Realschulen und Gymnasien den Anteil der Hauptschüler/innen erstmals Anfang der 1990er Jahre (s. Statistisches Bundesamt, Grund- und Strukturdaten 2007/2008, S. 25). Zeitverzögert ist diese Entwicklung in den Bundesländern nachzuzeichnen, die keine Schularten mit mehreren Bildungsgängen (Gesamtschulen) anbieten. So ist der starke Rückgang des Anteils der Hauptschüler/innen in Baden-Württemberg ein vergleichsweise noch eher junges Phänomen: Noch 1996 wechselten 37 % aller Schüler/innen nach der Grundschule auf die Hauptschule; seitdem sinkt dieser Anteil kontinuierlich und lag 2014

---

59  Dass Betriebe in dieser Weise vorgehen, ist in einigen Studien nachgewiesen worden (s. Uhly/Erbe 2007; Protsch 2013; Autorengruppe Bildungsberichterstattung 2012, S. 110ff.; Solga/Baas/Kohlrausch 2012; Groh-Samberg/Lohmann 2010). Eine Folge davon ist, dass Jugendliche mit niedrigeren Schulabschlüssen sehr viel häufiger im Übergangssystem einmünden, bevor sie ggf. Zugang zu einer beruflichen Ausbildung finden (Solga/Baas/ Kohlrausch 2012; Ditton 2010).

nur noch bei 11,9 %. Im gleichen Zeitraum ist die Übergangsquote auf die Gymnasien von 31,5 % auf 44,6 % angestiegen.

Bezüglich des Stellenwertes der Hauptschule sind in jedoch erhebliche regionale Unterschiede festzustellen. In Baden-Württemberg ist der Anteil der Hautschüler/innen vor allem in ländlichen Regionen noch erheblich höher als in den Städten und ihrem Umfeld. Die regionalen Übergangsquoten auf die Haupt- und Werkrealschulen variieren in einer Spannweite von 2 % bis 22 %. (s. Statistisches Landesamt Baden-Württemberg 2014a, Pressemitteilung vom 27.1.2014) Auch innerhalb der Städte sind erhebliche Unterschiede zwischen den privilegierten und den benachteiligten Stadtteilen festzustellen. (s. z. B. Bildung in Freiburg 2013)

## 7.2 Problematische Hauptschüler/innen, leistungsschwache Hauptschule

Obwohl die Diskriminierung von Hauptschüler/innen bzw. von Migrant/innen aufgrund des Merkmals Hauptschulabschluss in unserer Studie nicht als Forschungsthema vorgesehen war, finden sich in den geführten Interviews deutliche Hinweise auf eine diskriminierungsanfällige kategoriale Wahrnehmung von Hauptschüler/innen.[60] So etwa in einem Interview mit dem Betriebsrat einer international agierenden Industriefirma in der Form einer lapidaren Bemerkung:

„*I: Hat man hier mit 'nem Hauptschulabschluss 'ne Chance?*
*B2: <lacht leicht>*
*B1: weniger;*
*B2: puh wenig, [wir]-*
*B1: [weniger].*" *(I13, 339ff.)*

In einem anderen Interview wird formuliert:

---

60  Da unsere Forschung nicht darauf angelegt war, die Diskriminierung von Hauptschüler/innen zu untersuchen, ist die Fülle unseres empirischen Materials diesbezüglich nicht allzu groß. Wir verweisen aus diesem Grund in diesem Kapitel vermehrt auf andere Studien, die sich dezidiert auf diesen Aspekt beziehen.

„*I: Und bei den schulischen Voraussetzungen haben Sie da quasi eine Schwelle, wo Sie sagen, unter dem Abschluss mache ich es gar nicht.*
*B: Ha mittlere Reife [...] also das wäre schon gut; also das ist notwendig. Das hat sich gezeigt, dass es einfach dann funktioniert. Und wenn es nachher zu wenig ist, weil auch die Leistungen nicht stimmen, dann hat der derjenige auch keine Freude dran.*
*I: ja.*
*B: In dem Beruf dann nachher in der Schule dann durchzuquälen, bringt auch nichts.*" *(110, 106ff.)*

Dass Hauptschüler/innen durch das Raster der Vorauswahlkriterien fallen, wird hier als ein evidenter Sachverhalt konstatiert.

| |
|---|
| Datum: Es gibt Bewerber/innen mit Hauptschulabschluss. |
| Schlussregel: Ein Hauptschulabschluss ist ein Hinweis darauf, dass die betrieblichen und berufsschulischen Anforderungen kaum oder nicht erfüllt werden. |
| Konklusion: Bewerber/innen mit Hauptschulabschluss werden bei der Lehrstellenvergabe nicht berücksichtigt. |

Im Material unserer Studie zeigt sich, dass für die Nichtberücksichtigung von Hauptschüler/innen jedoch nicht nur Annahmen über deren kognitive Leistungsfähigkeit sowie das von ihnen schulisch erworbene Wissen relevant sind, sondern darüber hinausgehende *Sozialstereotype: Hauptschüler/innen wird ein problematischer sozialer Hintergrund, mangelndes Wissen über und mangelndes Interesse an Ausbildungsberufen sowie fehlende persönliche Reife zugeschrieben.*

Zu diesen Sozialstereotypen kommt die Annahme eines Niveauabfalls der Hauptschule mit der Folge einer zu schlechten schulischen Vorbildung der Hauptschüler/innen hinzu. Darüber hinaus findet sich die Annahme, dass es keine guten Bewerber/innen mit Hauptschulabschluss gibt, da sich gute Hauptschüler/innen schulisch weiterqualifizieren würden, also nicht auf dem Ausbildungsmarkt in Erscheinung treten.

Folglich ist analytisch zwischen expliziten Sozialstereotypen und einer Kritik an der Institution Hauptschule zu unterscheiden. Sofern Betriebe aus ihrer Kritik an der Institution Hauptschule jedoch nicht die Konsequenz ziehen, die individuellen Potenziale von Bewerber/innen unabhängig von ihrem Schulabschluss zu überprüfen, hat auch eine Institutionenkritik diskriminierende Folgen.

*Hauptschulabsolvent/innen, die als migrantische Hauptschulabsolvent/innen wahrgenommen werden, sind also potenziell Adressaten einer doppelten betrieblichen Diskriminierung: Sie gelten für einen Teil der Betriebe sowohl deshalb als problematisch, weil sie Migrant/innen, als auch, weil sie Hauptschulabsolvent/innen sind. Dies kann sich wechselseitig verstärken.* Sowohl die sozioökonomische Herkunft wie auch die ethnische oder nationale Zuordnung werden dann zu negativen Merkmalen, welche die Chancen, als potentielle/r Auszubildende/r berücksichtigt zu werden, reduzieren. Anders formuliert: Mögliche Vorbehalte gegen migrantische Bewerber/innen werden in diesen Fällen nicht durch einen positiv bewerteten Schulabschluss relativiert, der als Indiz erfolgreicher gesellschaftlicher Integration gilt, sondern durch einen als zu niedrig bewerteten Schulabschluss eher bestätigt.

Wie im Folgenden deutlich wird, sind in den Aussagen der Interviewten Sozialstereotype gegenüber Hauptschüler/innen und negative Einschätzungen der Leistungsfähigkeit der Institution Hauptschule ineinander verschränkt. So exemplarisch in der folgenden Argumentation die Geschäftsführerin eines handwerklichen Familienbetriebs, in der sie sich gegen die Anwerbung südeuropäischer Auszubildender und für eine verstärkte Förderung sozial benachteiligter Einheimischer ausspricht:

*„Dann ist das totaler Wahnsinn für mich, uns. Ich habe jetzt schon x Mal mitgekriegt, dass Kinder wirklich aus sozial schwachen und problematischen Situationen heraus eine Lehrstelle fast gefunden hatten; und dann wurden Spanier und Italiener oder sonst was reingesetzt, und das finde ich super ärgerlich, weil ich will oder wünsche mir, dass sich die Betriebe auseinandersetzen mit diesem Klientel von Kindern und sich Gedanken machen. Was müssen wir ändern in den Schulen? Wir müssen viel früher anfangen zu fördern, wir müssen viel früher als Handwerkskammer in die Schulen rein, in die Hauptschulen vor allem und Förderschulen und die Kinder handwerklich fördern, dass die dann Bock haben überhaupt ein Handwerk zu machen. Weil das ist so, also das ist eigentlich das Klientel, wo die Handwerks, die Handwerksbetriebe ihre Lehrlinge raus holen und in der Zwischenzeit ist es aber so, dass das Leistungsniveau so niedrig ist und der Lernpegel so niedrig in den Hauptschulen, dass die nicht mal mehr eine Berufsschule schaffen." (I22, 98ff.)*

Auf der Grundlage einer nationalen Unterscheidung lehnt die Befragte eine Wahrnehmung der EU-europäischen Jugendlichen als gleichberechtigte Teilnehmer an der Konkurrenz um Ausbildungsstellen ab und fordert demgegenüber eine stärkere Förderung sozial benachteiligter deutscher Jugendlicher. Die so gefasste Idee einer nationalen Solidarität mit deutschen Benachteiligten relativiert sie jedoch durch die Einschätzung, dass das Leistungsniveau in der Hauptschule erhebliche Grenzen für darauf ausgerichtete Bemühungen setzt.

Datum: Hauptschüler/innen stammen häufig aus sozial benachteiligten Familien.

Schlussregel: Sozial Benachteiligte benötigen eine besondere Förderung, um ein ausreichendes schulisches Leistungsniveau zu erzielen.

Konklusion: Betriebe ziehen schulisch höher qualifizierte Migrant/innen einheimischen Hauptschüler/innen vor.

Eine deutliche Abwertung des Leistungsniveaus von Hauptschüler/innen wird auch in einem Interview mit dem Personalverantwortlichen eines industriellen Großbetriebs formuliert, hier in Verbindung mit spezifischen Negativzuschreibungen an Hauptschüler/innen:

„Wobei in den handwerklichen Berufen scheint es wohl nicht so zu sein. Die Leute, also ich glaube es liegt auch ein bisschen daran, es will jeder viel Geld verdienen, aber nichts dafür tun so ein bisschen. Ich hatte auch so einen bei der Jobstadtbörse, <ahmt Person nach> hö was kann ich, also in diesem Ghettoslang so, was kann ich machen, hey, ich will Industriekaufmann werden bei euch. Dann muss ich sagen, ja was haben Sie für eine Ausbildung. Hö, Hauptschule. Da steht doch Verkürzung nur möglich- wir machen die Industriekaufleute haben wir immer nur zwei und dann aber nur eine verkürzte Ausbildung, also die machen die zweijährige Ausbildung und da müssen die ja gewisse Voraussetzungen erfüllen und dann sehe ich einfach schon, die sehen zwar was da steht, ah ja verkürzte Ausbildung muss man haben, was weiß ich eine zweijährige Berufsfachschule Wirtschaft oder ein Berufskolleg oder ein Abitur, dass man überhaupt eine Verkürzung bekommen kann. <ahmt Person nach> Ich will das machen aber. Ja, was haben Sie für einen Abschluss. Ja, Hauptschule. Ja, okay, das geht bei uns gar nicht. Also, die wollen alle sich nicht mal die Hände schmutzig machen, aber haben halt schon gar nicht die Voraussetzung dafür, dass sie so was bekommen. Das haben wir viel, dass die hier anrufen, wollen alles Mögliche machen, aber -." (126, 605ff.)

Durch das hier nacherzählte bzw. karikierte Sprechen wird der/die Bewerber/in mit Bezug auf einen sogenannten Ghettoslang zudem als Angehörige/r eines bildungsfernen migrantischen Milieus charakterisiert, in dem die Regeln der angemessenen

Kommunikation nicht richtig beherrscht werden und in dem nur unzureichende Sprachkompetenz vorhanden ist.

> Datum: (Migrantische) Hauptschüler/innen sind an körperlicher Arbeit nicht interessiert und streben deshalb Ausbildungsberufe an, für die ihre schulischen Voraussetzungen nicht ausreichend sind.
>
> Schlussregel: Ein mittlerer Schulabschluss ermöglicht eine verkürzte Ausbildungsdauer, die für Betriebe funktional ist.
>
> Konklusion: (Migrantische) Hauptschüler/innen können bei der Lehrstellenvergabe für kaufmännische Ausbildungsberufe nicht berücksichtigt werden.

Eine weitere sozialstereotype Zuschreibung bezieht sich auf die Eltern von Hauptschüler/innen. Diesen wird unterstellt, dass sie keine Verantwortung für den schulischen Erfolg ihrer Kinder übernehmen, sondern diesbezügliche Verantwortung an die Lehrer/innen delegieren. An die Stelle einer sachlichen Auseinandersetzung mit den potenziellen Schwierigkeiten im Verhältnis von schulischen Erwartungen an Eltern zu den schulbezogenen Handlungsmustern von Eltern aus bildungsfernen Milieus tritt hier eine moralisierende Schuldzuschreibung an die als zu passiv charakterisierten Eltern.[61]

> *„I: Spielen denn auch Verwandte und Bekannte bei der Rekrutierung von Bewerbern eine Rolle?*
> *B: Sicherlich. Also man muss dazu sagen, dass gerade so bei den Hauptschulen, ich glaube viele Elternteile, es gibt natürlich auch Ausnahmen, aber der größte Teil der Eltern, die sind da überhaupt nicht aktiv. Also die, die schmeißen die Kinder einfach ins kalte Wasser und die sagen dann halt, die Lehrer sollen das machen. Ne also das ist, glaube ich so sehr reell. Das höre ich auch von den Lehrern, dass viele Eltern sehr passiv sind und das ja, und andere sind natürlich aktiver; so sollte es eigentlich sein. weil wichtig ist, dass man ein Praktikum macht. Also der Weg zur Ausbildung läuft fast immer über ein Praktikum in einem Betrieb." (I5, 158ff.)*

---

61  Dass Annahmen darüber, ob sich Eltern stark in der Schule engagieren oder sich aber aus der Schule weitgehend heraushalten sollen, gesellschafts-und milieuspezifisch ausgeprägt sind, hat die einschlägige Forschung nachgewiesen. Siehe dazu Werner Schiffauer (2002).

| |
|---|
| Datum: Auszubildende benötigen bei der Lehrstellensuche und in der Ausbildung familiäre Unterstützung. |
| Schlussregel: Hauptschüler/innen werden durch das familiale Umfeld nicht zureichend unterstützt. |
| Konklusion: Die Familien sind für die geringen Ausbildungschancen von Hauptschüler/innen mit verantwortlich. |

### 7.2.1 Mangelndes Wissen über und mangelndes Interesse an Ausbildungsberufen

Auch in der folgenden Äußerung wird Hauptschüler/innen generell ein ausreichendes Bildungsniveau abgesprochen. Diese Einschätzung ist darüber hinaus mit der Kritik verbunden, dass Hauptschüler/innen heutzutage, anders als früher und im Unterschied zu Werkrealschüler/innen, nicht mehr auf die Ausbildungsberufe vorbereitet werden würden, womit der Hauptschule abgesprochen wird, ihre ursprüngliche Funktion zu erfüllen. Zudem wird behauptet, dass sich Hauptschüler/innen nicht mehr für handwerkliche Berufe interessieren würden.[62]

> *„I: Hat sich den auch bei Ihnen die Bewerberlage jetzt verändert in den letzten Jahren, gab's da irgendwelche drastischen Veränderungen?*
> *B: <holt tief Luft> Ja also also, was natürlich ganz drastisch ist, dass, ich sag jetzt mal so, das Niveau der der Bewerber natürlich auch wahnsinnig sinkt; also die haben eine viel schlechtere Allgemeinbildung; die haben, die wissen gar nicht so richtig, was sie hier erwartet. Also ich selber war ja auch Hauptschüler ne und, also ich hab genau gewusst, ich hab genau gewusst was ein Schreiner macht, ein, ein Elektriker; man hat sich da schon früh dafür interessiert. Ich glaub die-viele die, also ich sehe das auch an meinem Sohn. Ne, die <schmunzelt> die wollen alles Mögliche werden ne, aber Handwerk, da tun sie sich schwer damit ne. Und ja, also das Niveau, das ist schon erschreckend, also erschreckend bei Hauptschülern. Ich hoff, dass bei Werkrealschülern, da werden die ja ganz anders darauf vorbereitet und ich hoffe, dass das-"* (I5, 265ff.)

---

62  Die Aussagen der befragten Personalverantwortlichen stehen im Kontrast zu den Ergebnissen einer Studie von Solga/Baas/Kohlrausch (2012), nach der jugendliche Hauptschüler/innen in der 9. Klasse realistische Berufswünsche äußern konnten (s. auch Scherr 2012).

Auch hier zeigt sich eine Verschränkung der Kritik an der Institution Hauptschule mit Zuschreibungen an Hauptschüler/innen in Verbindung mit der überaus gängigen Annahme eines Niveauabfalls der Hauptschule.

> Datum: Hauptschüler/innen haben ein geringes Bildungsniveau und kennen die berufliche Wirklichkeit nicht mehr.
>
> Schlussregel: Hauptschüler/innen sind nicht zureichend auf berufliche Anforderungen vorbereitet.
>
> Konklusion: Hauptschüler/innen können bei der Lehrstellenvergabe nicht berücksichtigt werden.

## 7.2.2 Zuschreibung mangelnder persönlicher Reife

Eine anders gelagerte Begründung der Annahme fehlender Eignung von Hauptschüler/innen behauptet eine aufgrund ihres Alters fehlende persönliche Reife:

*„Also normalerweise sind alle Berufe auch für Hauptschüler, die klassischen Ausbildungsberufe; wobei wir aufgrund den Themen, den Themen, die wir hier auch begleiten, aktuell keine Hauptschüler nehmen [...], es liegt nicht daran, dass sie es nicht können. Es liegt noch einmal eher daran, an der Reife, dass es einfach zu früh ist, und die Anforderungen zu hoch; auch die Erwartungen an sie als Mensch, als Persönlichkeit. Und deswegen ist das ein Thema wo sie sagen, geh lieber nach einer Hauptschule noch einmal auf die Berufsfachschule, damit bist du beruflich schon mal ein bisschen vorqualifiziert. Du bist einfach reifer."* (I4, 580ff.)

Problematisch an Hauptschüler/innen ist demnach, dass sie am Ende ihrer Schulzeit schlicht zu jung für die Anforderungen heutiger Betriebe sind. Diese Einschätzung müsste – konsequent weitergedacht – zu einer generellen Infragestellung des 9-jährigen Hauptschulabschlusses führen; der Befragte zieht jedoch nicht diese bildungspolitische Konsequenz, sondern verweist Hauptschüler/innen auf die Möglichkeit der individuellen Bewerbung auf weiterführende schulische Bildungsgänge.

| |
|---|
| Datum: Hauptschüler/innen sind am Ende ihrer schulischen Ausbildung relativ jung. |
| Schlussregel: Für die Ausbildung sind nicht nur Kenntnisse und Fähigkeiten bedeutsam, sondern auch die persönliche Reife. |
| Konklusion: Hauptschüler/innen können bei der Lehrstellenvergabe nicht berücksichtigt werden. |

Dem korrespondiert die in unserem Material vorzufindende Annahme, dass Bewerber/innen mit Hauptschulabschluss keine guten Schüler/innen sind, da sie sich mit dem erreichten Abschluss zufrieden geben und sich nicht weiterqualifizieren: Angenommen wird, dass ein guter, engagierter Hauptschüler, der für den Betrieb interessant wäre, auf eine weiterführende Schule gehen würde und damit für eine Ausbildung zunächst nicht zur Verfügung steht. Das heißt im Umkehrschluss, dass es keine guten Bewerber/innen mit Hauptschulabschluss geben kann, denn alle Personen, die sich mit einem Hauptschulabschluss bewerben, sind eben nicht gut bzw. engagiert, denn sonst würden sie auf eine weiterführende Schule gehen, nach der Logik: Wer motiviert ist, macht weiter.

*„Aber ich glaube es ist einfach so, dass wenn, dass ein Hauptschüler der, ein guter Hauptschüler, einer der, der sich auch selber Ziele steckt und was erreichen möchte und geeignet wäre für so eine Position, dass das die Kandidaten sind, die sich nicht bewerben, sondern die weiter auf 'ne weiterführende Schule gehen, über die, über den Umweg Hauptschule zur mittleren Reife. Ja, das gibt's auch, da haben wir auch. Bestimmt ist da jemand bei uns auch dabei, ganz klar. Aber jetzt DIREKT nach dem Hauptschulabschluss nicht; die die möchten, also die möchten im Regelfall möchten die weitermachen; die haben dann auch wirklich das Ziel auf einen mittleren Bildungsabschluss" (I8, 517ff.)*

In der Perspektive des Personalverantwortlichen ist damit für gute Hauptschüler/innen die Hauptschule nur ein Umweg zu einem mittleren Abschluss, womit der Personalverantwortliche sich implizit auf den Diskurs der Hauptschule als Restschule bezieht.[63]

---

63  Vergleichbare Überlegungen finden sich auch in der wissenschaftlichen Diskussion: Protsch (2014) argumentiert, dass sehr gute Hauptschüler/innen eine sehr unwahrscheinliche Gruppe sind, da diese aufgrund der Struktur eines allgemeinbildenden Schulsystems mit sehr hoher Wahrscheinlichkeit einen Realabschuss machen: „Mit mittleren bis guten Noten werden Schüler/innen zur Realschulabschlussprüfung zugelassen, mit

Datum: Gute Hauptschüler/innen sind leistungs- und zielorientiert; sie nutzen den Hauptschulabschluss als Zwischenstation, um weiterführende Schulen zu besuchen.

Schlussregel: Ein Hauptschulabschluss ohne Zusatzqualifikationen verweist auf Bewerber/innen, die nicht leistungs- und zielorientiert sind.

Konklusion: Hauptschüler/innen können bei der Lehrstellenvergabe nicht berücksichtigt werden.

## 7.3 Segmentierung des Ausbildungsmarktes

Die Veränderungen des schulischen und beruflichen Bildungssystems haben dazu geführt, dass Hauptschüler/innen, Realschüler/innen und Gymnasiast/innen in der dualen Ausbildung vermehrt als Konkurrent/innen auftreten (s. o.). Der Ausbildungsmarkt hat hierauf mit einer Segmentierung reagiert, die dazu führt, dass Hauptschüler/innen sich nur noch in bestimmten Marktsegmenten erfolgreich bewerben können. Dabei handelt es sich überwiegend um die weniger attraktiveren Berufssegmente mit geringeren Aufstiegsmöglichkeiten bzw. Karriereperspektiven und vielfach auch mit höherem Arbeitslosigkeitsrisiko (vgl. auch Troltsch/Walden 2012). Vor dem Hintergrund der erfolgten Abwertung von Hauptschulabschlüssen und unter den Bedingungen eines Bewerber/innenüberhangs, der v. a. in prestigereicheren Branchen jedenfalls bislang gegeben war, konnten Betriebe dieser Branchen es sich leisten, gezielt Jugendliche mit besseren Schulabschlüssen auszuwählen. Hauptschüler/innen wurden aus den attraktiveren Segmenten des Ausbildungsmarktes zunehmend verdrängt und werden nur noch in wenigen Branchen als geeignete Zielgruppe angesehen (vgl. auch Protsch 2014, S. 200ff.).[64] Dies zeigt sich auch in unserem empirischen Material. In den folgenden Interviewausschnitten werden berufs- und branchenspezifische Schwellenwerte deutlich. So ordnet ein Personalverantwortlicher in der Gastronomie den verschiedenen Ausbildungsberufen

---

schlechten Noten absolvieren sie einen Hauptschulabschluss" (Protsch 2014, S. 203). Wenn sich solche wahrscheinlichkeitstheoretischen Überlegungen der Wissenschaft in praktische Entscheidungskalküle übersetzen, dann werden sie zu Vorurteilen mit diskriminierenden Wirkungen.

64  Dies hat zu einer Vereinheitlichung nach schulischen Bildungsabschlüssen und damit letztlich nach sozialer Herkunft innerhalb der verschiedenen Berufsbildungsgänge geführt (vgl. Baethge 2001).

verschiedene schulische Vorbildungen zu. Dabei beschreibt er die Schwierigkeiten, für einige Ausbildungen, die weniger attraktiv sind und mit einer geringeren Zufriedenheit der Auszubildenden und Absolvent/innen einhergehen, Auszubildende mit einem besseren Abschluss als dem Hauptschulabschluss einzuwerben.

>*„Also letztendlich Min' Min' Mindestanforderung ist der Hauptschulabschluss. Es ist, es ist leider nicht mehr so wie vor 15, 20 Jahren, dass sich auf eine Hotelfachlehre ausschließlich Abiturienten bewerben, sondern das ist in der Regel ist es so, dass wir jetzt 80 % Realschulabsolventen haben, die ins Hotelfach gehen. Restaurantfach' Fachleute sind oftmals Hauptschüler, klassisch und Köche auch, ja, also da sind wir schon froh, wenn jemand mit einer mittleren Reife kommt; das muss man einfach mal sagen dann.“ (I6, 117ff.)*

Hier zeigen sich die segmentspezifischen Rekrutierungs- und Selektionsstrategien von Unternehmen: Hauptschüler/innen haben im Gastronomiebereich nur im Ausbildungsberuf Köch/in eine Chance, also dem Beruf, der die unattraktivsten Beschäftigungsbedingungen hat – und selbst hier würde der Personalverantwortliche Realschulabgänger/innen bevorzugen.[65] Dies entspricht auch den Ergebnissen von Protsch (2013), nach denen Hauptschüler/innen nur in den Berufen Köch/in, Maler/in, Lackierer/in und Metallbauer/in noch relativ gute Chance haben (Protsch 2013, S. 20).

Auch im folgenden Interview zeigt sich diese Segmentierung des Ausbildungsmarktes. Deutlich wird hier, dass Personalverantwortliche zwischen verschiedenen Qualitätsstufen innerhalb der dualen Ausbildung unterscheiden. Zudem wird in diesem Fall davon ausgegangen, dass Hauptschüler/innen wissen, dass sie in den höherwertigen Ausbildungsgängen keine Chance haben:

>*„B1: Weil ich vermute schwer, dass die Hauptschüler sich nicht einmal-*
>*B2: bewerben;*
>*B1: bewerben;*
>*I: weil von vorne [herein klar ist]-*
>*B2: [vom Ruf her],*
>*B1: [die [Firma, d. A.] ja]*

---

65  Nach Uhly sind Auszubildende mit einem neuen Vertrag in den Dienstleistungsberufen im Jahr 2004 mit 21 % aller Auszubildenden unterrepräsentiert, in den Produktionsberufen machen sie 2004 38 % aus (Uhly/Erbe 2007). Auffällig ist weiter, dass auch Jugendliche mit einem Hauptschulabschluss v. a. in die neu geschaffenen dualen Ausbildungsberufe, nach der Modernisierung des Ausbildungssystems seit 1996, geringen Zugang finden (Uhly/Erbe 2007, S. 18).

B2: *die Firma [Firma, d. A.] hat den Ruf der der Topausbildung, und ich glaube,*
*aber das ist jetzt 'ne Spekulation von mir,*
B1: *aber ich glaube, dass dass [Stadt, d. A.] ist klein, die Leute reden unter*
*sich; ich glaube, dass sie das wissen, dass sie mit der Hauptschule keine große*
*besondere Chance haben.`" (I13, 339ff.)*

---

Datum: In attraktiven Ausbildungsberufen stehen Hauptschüler/innen in Konkurrenz zu Realschüler/innen.

Schlussregel: Wenn Bewerbungen von Realschüler/innen vorliegen, werden diese bevorzugt.

Konklusion: Bewerber/innen mit Hauptschulabschluss haben nur in den Ausbildungsberufen eine Chance, für die keine konkurrierenden Bewerbungen mit höheren Schulabschlüssen vorliegen.

---

### *Upgrading* und *Upskilling*

Dass es Berufe gibt, in denen die Anforderungen im Zuge der Technisierung der Ausbildungsberufe tatsächlich erheblich gestiegen sind, ist nicht sinnvoll zu bestreiten. Paula Protsch (2014) konnte jedoch herausarbeiten, dass ein sog. *Upgrading* bestimmter Ausbildungsberufe, d. h. die institutionelle Erhöhung der schulischen Zugangsvoraussetzungen, keineswegs immer auf eine reale Steigerung des Anspruchsniveaus innerhalb der Ausbildung zurückzuführen ist: Um das Ansehen des eigenen Berufs zu erhalten bzw. zu verbessern, betreiben Personalverantwortliche und andere Gatekeeper gezielt soziale Schließungsstrategien, in dem sie im Rahmen von Prozessen des *Upgrading* und *Upskilling*[66] die Zugangsschwelle für den Beruf höher setzen. Um die Positionierung der Berufe in der Hierarchie des Ausbildungsmarktes zu sichern bzw. zu verbessern, werden Hauptschüler/innen damit aus diesen Segmenten verdrängt bzw. diskreditiert (vgl. auch Solga/Wagner 2001). D. h.: Auf dem Ausbildungsmarkt wird die schulische Vorbildung der Auszubildenden als Indikator für das Anspruchsniveau und damit das Prestige der jeweiligen Ausbildung verwendet – und entsprechend

---

66  Als *Upgrading* wird die Anhebung der formellen Eingangsqualifikation bezeichnet, als *Upskilling* die Steigerung beruflicher Anforderungen an nicht-kognitive (soft skills) und kognitive Kompetenzen (vgl. Protsch 2014).

werden die Berufe dann auch in der Gesellschaft wahrgenommen. Dies kann dazu führen, dass Hauptschüler/innen auch bei veränderten Nachfragebedingungen nicht als Bewerber/innen berücksichtigt werden, um einen Abwertungsprozess des Berufs zu vermeiden.

## 7.4    Wo und warum Hauptschüler/innen dennoch eingestellt werden

Hauptschüler/innen werden in denjenigen Berufen als geeignete Bewerber/innen betrachtet, die keine schulisch höher qualifizierten Bewerber/innen gewinnen können bzw. die generell mit einer zu geringen Nachfrage konfrontiert sind. In unserem Material gibt es hier zwei Argumentationslinien bezüglich der Eignung von Hauptschüler/innen:

a) Relativierung von schulischen Qualifikationen: Von einigen Befragten werden in einer ersten Argumentationslinie Aspekte wie handwerkliches Talent, manuelle Fähigkeiten und Interesse an der konkreten Arbeitstätigkeit als wichtiger bewertet als schulische Vorkenntnisse und der schulische Abschluss.[67] Wenn es demnach auf die schulische Vorbildung nicht zentral ankommt, gilt auch ein Hauptschulabschluss als ausreichend:

*„Also n' ich würd sagn, Realabschluss muss nicht sein; also Realschulabschluss. Aber 'en guter Hauptschulabschluss. Und der muss Spaß an Farben haben, der muss Spaß an Teamarbeit haben, der muss die Arbeit sehn, der muss auch sehen, dass da 'ne Schleifscheibe auf'm Boden liegt, die kann man aufheben. Ja also, der selbstständig mitdenkt und der muss den Beruf lieben. Der muss, der muss einfach die Karosserie des Autos lieben; des wärs; und davon haben wir drei ausgebildet. Zwei davon waren auch Richtung, die waren auf der Förderschule, haben da den Hauptschulabschluss gemacht, wollten aber den Beruf unbedingt lernen. Der eine macht jetzt praktisch Stellvertreter für meinen Mann." (I2, 487ff.)*

---

67   Dies entspricht auch den Ergebnissen von Solga/Baas/Kohlrausch (2012), die beschreiben, dass bei Hauptschüler/innen auf der Suche nach einem Ausbildungsplatz „Lernmotivation, Arbeitstugenden und Sozialkompetenz mehr als Fachnoten" (ebd., S. 1) zählen.

Auch in der folgenden Aussage wird die Bedeutung schulischer Vorkenntnisse relativiert: Die Noten werden erst dann relevant, wenn sie im Gesamtbild als Indizien für fehlende Lern- und Leistungsmotivation interpretiert werden, also eher zu Rückschlüssen auf die Persönlichkeit führen, und nicht nur auf spezifische schulisch relevante Fähigkeiten:

> *„I: Was ich mir noch überlege: Gibt es sowas wie eine Schwelle bei den Noten, bei den Zeugnissen, wo Sie sagen ab, ab da müssen wir einfach, das geht einfach nicht, da können wir niemanden nehmen?*
> *B: Puh, es gibt keine. Es gibt ja Empfehlungen.*
> *I: ja.*
> *B: [...] Wir wissen alle wie eine Klassenarbeit in Mathematik danebengehen kann, wenn man einen schlechten Tag hat. Bei mir ging das nie, weil Mathe war mein Lieblingsfach, aber bei anderen Fächern dann dafür; und wenn ich das konkret sehe, dann sieht man es dem Zeugnis auch an, ist das nur ein Einzelfall, der hat jetzt mal eine schlechte Note in Sport, wo der überhaupt sportlich ist oder in Deutsch, weil er nicht schreiben kann. Haben wir hier oft das Problem mit Deutsch hier und im anderen Standort drüben in [Ort, d. A.]. Wir reden Dialekt, schwäbisch, <unverständlich> und die schreiben so wie sie reden und damit ist es gleich durch, damit ist es gelaufen, das sind aber trotzdem klasse Kerle. Und das wäre ja schade den deswegen nicht zu nehmen. Also eine Note reißt es nicht raus, wir nehmen auch einen fest mit Dreiern; und wenn aber ein Ich-habe-keine-Lust-Zeugnis kommt – und das sieht man, das Zeugnis hat einen Schnitt von 4,8 und schlechter – , die, wo dann wirklich in allen Fächern quer durch die Bank keine einzige Note drin haben, wo auch mal gut ist, dann sind wir schon ein bisschen vorsichtig und sagen mal gucken, was da los ist und warum und weshalb. Gibt es dann oft auch, dass man vielleicht auch in einem Vorstellungsgespräch dann auch sagt ne, jetzt gerade im Gleisbau, wo wir wenig Bewerbungen haben, da gucken wir ihn uns auf jeden Fall schon an." (I23, 393ff.)*

| Datum: Schulische Qualifikationen sind für bestimmte Ausbildungsberufe von geringer Bedeutung. |
|---|
| Schlussregel: Entscheidend für die Ausbildungsfähigkeit sind die Arbeitsmotivation und praktische Fertigkeiten. |
| Konklusion: Bewerber/innen mit Hauptschulabschluss sind für die Ausbildung geeignet. |

b) Eine zweite Argumentationslinie unterscheidet innerhalb der Hauptschüler/
innen, indem die Mathematiknote als einzig relevantes Indiz für die Eignung
betrachtet und dadurch zum Auswahlkriterium wird (vgl. Protsch 2014, S. 201):

> „*B: Also wir sind in der Zwischenzeit da sehr großzügig geworden. Also ich
> weiß es auch von meinen Innungskollegen, die sind sehr großzügig. Also das
> Einzige, was wir ein bisschen haben ist Mathe, dass man da einen Dreier hat;
> also da verlangen wir nicht mal mehr, weil – das haben wir einfach irgendwann
> mal gemerkt – sonst zu Problemen führt in der Lehre; also wenn das dann
> doch auch mal immer wieder mit Berechnungen zu tun hat, dann kommt da
> unterm Strich dann nichts raus.*
> *I: Dreier in Mathe mit [Hauptschulabschluss]?*
> *B: [mit Hauptschulabschluss, ja.]*
> *I: Gibt es auch Azubis ohne Hauptschulabschluss?*
> *B: Na, das haben wir nicht. Gut man könnte dann über die Berufsschule dann
> später kommen die dann auch zu einem Schulabschluss, aber das haben wir
> noch nicht. Also wir sagen halt Hauptschule und den Dreier in Mathe und also
> ob da jetzt einer einen Vierer hat in Deutsch, das ist mir also ehrlich gesagt
> völlig wurst. Also, ich glaube da achtet auch von meinen Kollegen keiner drauf.
> Dann sind halt im Berichtsheft ein Haufen Rechtschreibfehler drin, damit
> können wir aber noch leben, aber die Ansprüche sind schon gesunken, also das
> man gibt sich eigentlich mit vielem zufrieden und dann versteht man es aber
> auch nicht, warum so viele Azubis keinen Abschluss- keinen Ausbildungsplatz
> finden, weil man ja eigentlich schon die Erwartungen brutal runter geschraubt
> hat.“ (I24, 182ff.)*

Die Bereitschaft zur Einstellung von Hauptschüler/innen wird hier – wie auch in
anderen Interviews – nicht positiv mit dem Verweis auf deren Fähigkeiten, sondern
als Ergebnis einer notwendigen Anpassung an die in Folge der geringen Nachfrage
gegebenen Bedingungen in den wenig attraktiven Segmenten des Ausbildungsmarktes dargestellt.

| Datum: Es gibt Ausbildungsberufe, die wenig nachgefragt werden. |
| --- |
| Schlussregel: Betriebe müssen sich auf Einschränkungen einstellen und ihre Erwartungen an Bewerber/innen senken. |
| Konklusion: Bewerber/innen mit Hauptschulabschluss müssen bei der Lehrstellenvergabe berücksichtigt werden. |

## 7.5 Folgerungen

Im Material unserer Studie wird deutlich, dass die Veränderungen des Bildungssystems sowie des Ausbildungs- und Arbeitsmarktes zu einer Abwertung des Hauptschulabschlusses geführt hat, die zu eigenständigen Diskriminierungseffekten führen kann: Wer einen Hauptschulabschluss erreicht hat, hat in der Perspektive der Betriebe in nahezu allen Branchen nur einen Hauptschulabschluss erreicht und bleibt damit unter dem Niveau, das als Mindestbedingung für eine erfolgreiche Ausbildung vorausgesetzt wird.

Dies verbindet sich mit einer kategorialen Wahrnehmung, die durch Zuschreibungen typischer Leistungsdefizite sowie typischer sozialer Merkmale gekennzeichnet ist. Sowohl die Schulform Hauptschule als auch die Hauptschüler/innen als soziale Gruppe werden dabei negativ gegen andere Schultypen bzw. Schülerpopulationen abgegrenzt: Positive Unterscheidungsmerkmale werden im Material unserer Studie – wie auch generell im öffentlichen Hauptschuldiskurs – nicht genannt. Dies führt dazu, dass die Zuordnung zur Kategorie Hauptschüler in einigen Branchen und Berufen zur Folge hat, dass erst gar kein Zugang zu einem Auswahlverfahren mehr möglich ist, in dem individuelle Fähigkeiten überprüft werden. In der Folge haben Hauptschulabsolvent/innen – jedenfalls in den Regionen, in denen der Anteil der Hauptschüler/innen an der gesamten Schülerpopulation gering ist – nur noch Zugang zu einem schmalen Segment weniger attraktiver Ausbildungsberufe bzw. werden ins Übergangssystem verwiesen. In der Folge der schulischen Ungleichheitsreproduktion sind migrantische Schüler/innen von dieser Form der Diskriminierung, die aus Sicht der Betriebe eine legitime, da leistungsgerechte Auswahl darstellt, in besonderer Weise betroffen.

Im Fall der Kategorie ‚Hauptschüler' fällt es in besonderer Weise schwer, begründete Einschätzung von einfach widerlegbaren Vorurteilen zu unterscheiden. Denn Benachteiligung und Diskriminierung im Bildungssystem bleibt nicht folgenlos. Für die Betriebe werden die Effekte des selektiven Bildungssystems und der Institution Hauptschule entsprechend als Eigenschaften derjenigen sichtbar, die sich bei ihnen bewerben. Wie in anderen Fällen auch besteht die Logik der Vorurteilsbildung dann darin, dass die Ergebnisse sozialer Strukturen und Prozesse als Eigenschaften der davon betroffenen Individuen missverstanden werden. Dies führt dann zu diskriminierenden Praktiken, wenn die Fähigkeiten und Potenziale individueller Bewerber/innen erst gar nicht mehr überprüft werden, weil sich dies aufgrund ihrer kategorialen Einordnungen als Hauptschüler/innen von vornherein als wenig erfolgversprechend darstellt.

Aufgrund der faktischen Abwertung der Hauptschule, des verschärften Konkurrenzkampfs um höherwertige Bildungsabschlüsse und der gestiegenen kognitiven Anforderungen in einem Teil der Ausbildungsberufe ist eine Diskrepanz entstanden, die durch Appelle an eine weniger vorurteilshafte Wahrnehmung der Hauptschulabsolvent/innen wohl kaum behoben werden kann. Auch deshalb stellt sich bildungspolitisch die Frage, ob ein neunjähriger Schulabschluss gegenwärtig noch zeitgemäß ist.

# Wie kann betriebliche Diskriminierung verringert werden?

Diskriminierung bei der Lehrstellenvergabe stellt nicht nur einen Verstoß gegen die rechtlichen Vorgaben des Allgemeinen Gleichbehandlungsgesetzes dar. Zudem scheint es plausibel zu sein anzunehmen, dass es schon den wirtschaftlichen Eigeninteressen der Betriebe entspricht, bei der Personalauswahl eine diskriminierungsfreie Auswahl der Leistungsbesten vorzunehmen. Gleichwohl zeigt die internationale Forschung über arbeitsmarktbezogene Anti-Diskriminierungsstrategien und ihre Auswirkungen, dass es keineswegs genügt, an das betriebswirtschaftliche Eigeninteresse zu appellieren. Auch weisen Evaluationsstudien nach, dass allein auf die Sensibilisierung, Einstellungs- und Verhaltensänderungen von Personalverantwortlichen ausgerichtete Maßnahmen von begrenzter Reichweite sind, wenn sie nicht durch weitergehende Veränderungen gestützt werden (s. u. a. Hirsh/Kmec 2009; Kalev/Kelly/Dobbin 2006; Taran/Gächter 2003; Taylor/Powell/Wrench 1997; Wrench/Modood 2001). Deshalb ist es erforderlich, über auf Einstellungsänderungen zielende Maßnahmen, Verhaltenstrainings sowie Schulungen für an Auswahlverfahren Beteiligte hinauszugehen, obwohl diese als ein unverzichtbares Element betrieblicher Anti-Diskriminierungsmaßnahmen gelten. Empfohlen werden dazu unterschiedliche Vorgehensweisen, die vor allem auf drei Ebenen zielen (s. basis & woege e. V. 2013; Infis 2012; SVR 2014, S. 34ff.; Taran/Gächter 2003, S. 13ff.; Trauner/ Sohler 2005; Dorestal/Weiß 2014):

- *Erstens werden Maßnahmen gefordert, die auf die Veränderung der organisatorischen Regeln und Verfahren der Betriebe im Prozess der Personalgewinnung und -auswahl zielen.* Vorgeschlagen werden diesbezüglich u. a.
  - die Festschreibung einer betrieblichen Anti-Diskriminierungspolitik in Unternehmensleitbildern und Betriebsvereinbarungen;
  - betriebliche Monitorings und betriebliche Gleichstellungsberichte, welche eine Überprüfung der Effekte betrieblicher Anti-Diskriminierungsmaßnahmen ermöglichen;

- die Überprüfung von Rekrutierungsverfahren und Stellenausschreibungen auf diskriminierende Effekte und die Einführung anonymisierter Bewerbungsverfahren;
- die Festlegung klar definierter Qualifikationskriterien für jeweilige Stellen, die Überprüfung von Einstellungstests und Auswahlverfahren auf Verzerrungen zugunsten des Wissens und der Kommunikationsformen von Mehrheitsangehörigen und mögliche Diskriminierungseffekte;
- der Einbezug von Minderheitenangehörigen in Auswahlverfahren sowie
- die Einrichtung erreichbarer betrieblicher Beschwerdestellen und organisationsinterner Stellen für die aktive Förderung von Gleichstellung.

- *Eine zweite Gruppe der vorgeschlagenen Maßnahmen zielt auf die Veränderung der externen Normen und Erwartungen an Betriebe.* Gefordert werden hier insbesondere

  - eine auf die Stärkung eines politischen und öffentlichen Problembewusstseins für Diskriminierung gerichtete Öffentlichkeitsarbeit;
  - die bessere Verbreitung von Informationen über das geltende Anti-Diskriminierungsrecht sowie eine Optimierung der zu seiner Durchsetzung verfügbaren Instrumente.[68]
  - Aufgrund der bislang geringen Wirksamkeit von Individualklagen wird in diesem Zusammenhang auch die Forderung nach einem Verbandsklagerecht diskutiert und es werden wirksame rechtliche Sanktionen gegen Betriebe gefordert, die nachweislich diskriminieren.
  - Darüber hinaus wird gefordert, durch wissenschaftliche Studien und Berichte von Anti-Diskriminierungsstellen Betrieben eine Informationsbasis zur Verfügung zu stellen, die sie zur Überprüfung ihrer Praktiken bei der Personalauswahl veranlasst.

- *Drittens werden Maßnahmen vorgeschlagen, die auf ein Empowerment der von betrieblicher Diskriminierung potenziell Betroffenen ausgerichtet sind.* Gefordert werden dazu insbesondere der Ausbau von kommunalen Beratungs- und Beschwerdestellen sowie Sprachkurse und Qualifizierungsmaßnahmen, die dazu beitragen, ggf. vorhandene migrationsbedingte Defizite auszugleichen.

---

68  Diesbezüglich fordert der im Anti-Diskriminierungsrecht erfahrene Rechtsanwalt Sebastian Busch „Wer diskriminiert, soll keine öffentlichen Aufträge mehr bekommen. So etwas kennt man in Deutschland – jedenfalls im Ansatz – aus dem Bereich Geschlecht durchaus, weil man weiß, dass es ohne das nicht geht. Für den Bereich Hautfarbe und ethnische Herkunft gibt es solche Maßnahmen nicht, in anderen Ländern aber sehr wohl" (Busch 2014, S. 15).

**Begünstigende Faktoren für die Umsetzung von Antidiskriminierungsmaßnahmen**

Auf der Grundlage einer umfangreichen ländervergleichenden Studie nennen Helene Trauner und Karin Sohler (2005, S. 209ff.) die folgenden weiteren Faktoren:

- Eine „regionale Betreuung von Unternehmen bei der Ausarbeitung von bspw. Betriebsvereinbarungen oder Aktionsplänen gegen Diskriminierung".
- Ein klares „Bekenntnis der Führungsebene" zu jeweiligen Konzepten und Maßnahmen, das innerhalb des Betriebs und in der Öffentlichkeit deutlich kommuniziert wird.
- Die „Einbindung und Partizipation von verschiedenen Stakeholdern im Betrieb (Gewerkschaften, Betriebsräte, PersonalvertreterInnen, Unternehmensleitung und mittlerer Führungsebene, aber auch der MitarbeiterInnen – bspw. als MitarbeiterInnen- „ressourcegroups") bei der Konzeption und Durchführung von Maßnahmen".
- Eine effektive Antidiskriminierungsgesetzgebung, die dazu führen kann, dass ein Veränderungsdruck auf Unternehmen entsteht, „die sich mit gerichtlichen Verfahren oder dem Verdacht systematischer Diskriminierungspraxis konfrontiert sehen".
- Die Betonung der möglichen betriebswirtschaftlichen Vorteile einer offensiven betrieblichen Anti-Diskriminierungspraxis (Anti-Diskriminierung als „business case") (Trauner/Sohler 2005, S. 209ff.).

Julia Gei und Mona Granato (2014) benennen als eine mögliche weitere Strategie, um zu einer nicht diskriminierenden Auswahlpraxis zu gelangen, die Delegation der Stellenbewerbung und der ersten Stufe der Bewerber/innenauswahl an externe Institutionen, die in der Lage sind, standardisierte Eignungstest durchzuführen.

Auf der Grundlage unserer Studie ist keine umfassende Bewertung der Relevanz und Wirksamkeit dieser Maßnahmen möglich, die auf die Implementierung politischer, rechtlicher und betrieblicher Anti-Diskriminierungsstrategien und Gleichstellungskonzepte zielen. Im Hinblick auf die Auswahlprozesse bei der Lehrstellenvergabe und die Diskriminierung migrantischer Bewerber/innen in diesem Prozess, also diejenigen Aspekte, die im Fokus unserer Studie standen, können jedoch zusammenfassend folgende Einschätzungen und Empfehlungen formuliert werden:

Ein überwiegender Teil derjenigen Betriebe, die wir mit unserer Untersuchung erreicht haben, beansprucht, niemanden diskriminieren zu wollen und dies auch tatsächlich nicht zu tun. Diese Betriebe verweisen auf einen pragmatischen Umgang mit Schwierigkeiten, die ggf. als Folge des Migrationshintergrunds auftreten. Angeführt werden z. B. Sprachfördermaßnahmen des Betriebs und Hilfen bei Schwierigkeiten in der Berufsschule, die Schaffung von Gebetsmöglichkeiten auch unter schwierigen Bedingungen, die Unterstützung bei der Wohnungssuche und in einem Fall eine Betriebsvereinbarung, die sich mit Sanktionsdrohungen dezidiert gegen Rechtsextremismus und Rassismus richtet. Solche Betriebe sind für Konzepte und Maßnahmen, die sie in praktikabler Weise bei der Weiterentwicklung einer nicht-diskriminierenden Personalpolitik unterstützen, erreichbar, sofern bei ihnen ein Problembewusstsein für gleichwohl fortbestehende Diskriminierung, etwa durch eine Evaluation ihrer Rekrutierungs- und Auswahlpraxis oder durch Beschwerden Betroffener, erzeugt werden kann.[69]

Problematisch ist jedoch nicht nur, dass die Einsicht in die Notwendigkeit, sich mit Diskriminierung aktiv auseinander zu setzen, keineswegs bei allen Betrieben vorzufinden ist. Hinzu kommen erhebliche strukturelle Diskriminierungsrisiken, die sich nicht bereits durch die gute Absicht auflösen, nicht diskriminieren zu wollen.

Denn zwischen der meritokratischen Logik, die eine konsequent diskriminierungsfreie Rekrutierung und Auswahl von Bewerber/innen nahe legt, einerseits und den tatsächlich wirksamen betrieblichen Entscheidungskalkülen andererseits besteht ein nicht ignorierbares Spannungsverhältnis: Für Betriebe sind neben den Gesichtspunkten der fachlichen Eignung für einen jeweiligen Beruf und eine spezifische Tätigkeit auch weitere Gesichtspunkte bedeutsam. Dies gilt, wie gezeigt, für das Interesse einer mittelfristigen Bindung an den Betrieb, für die Passung zum Betrieb als Organisation mit einer spezifischen Organisationskultur, für die Passung zur und die Akzeptanz durch die Belegschaft, für soziale Verpflichtungen gegenüber der bestehenden Belegschaft und dem weiteren sozialen Umfeld sowie für die Akzeptanz potenzieller Mitarbeiter/innen durch Kund/innen und Geschäftspartner/innen. Für Auswahlprozesse sind folglich nicht allein einigermaßen verlässlich feststellbare Fähigkeiten und Kompetenzen von Bewerber/innen relevant,

---

69  Dass Arbeitgeber durch das AGG (§ 12) zu vorbeugenden Maßnahmen sowie zur Einrichtung von Beschwerdestellen verpflichtet sind, wurde in keinem der von uns geführten Interviews zum Thema. Dies ist ein Hinweis darauf, dass Kenntnisse des AGG möglicherweise nicht allzu weit verbreitet sind. Wissenschaftliche Studien zu dieser Frage liegen unserer Kenntnis nach bislang nicht vor.

sondern zudem darüber hinausgehende, auch individuelle Persönlichkeitsmerkmale. Dies stellt in dem Maß einen diskriminierungsanfälligen Sachverhalt dar, wie ein Zusammenhang zwischen individuellen Persönlichkeitsmerkmalen mit einem gegebenen oder zugeschriebenen Migrationshintergrund angenommen wird. Folglich liegt es nahe, in anonymisierten Bewerbungsverfahren sowie exklusiv auf berufliche und tätigkeitsspezifische Fähigkeiten und Kompetenzen bezogenen Auswahlverfahren den zentralen Ansatzpunkt zur Überwindung von Diskriminierung bei der Lehrstellenvergabe zu sehen. Dazu wäre es jedoch vor dem Hintergrund unserer Forschungsergebnisse erforderlich, über bisherige Formen der Anonymisierung hinauszugehen: auch die Verwendung von Schulabschlüssen und Noten als Auswahlkriterium wäre in Frage zu stellen. Denn Schulabschlüsse und Noten können nur mit erheblichen Einschränkungen als valide Dokumente des individuellen Leistungsvermögens gelten; sie sind auch Ausdruck der vorgängigen Effekte sozialstruktureller und schulischer Benachteiligung (s. o.). Folglich wäre es im Sinne einer strikt meritokratischen Auswahl angemessen, bei Auswahlverfahren auf betriebliche Eingangstests zu setzen, in denen für Ausbildung und Beruf relevante Fähigkeiten und Kompetenzen – ohne Ansehen der Person, aber auch in Absehung von schulischen Zertifikaten und Noten – überprüft werden.

Unsere Forschungsergebnisse begründen jedoch Zweifel an der Durchsetzbarkeit und an der Reichweite anonymisierter Verfahren. Denn es wäre illusionär, von Betrieben zu erwarten, dass sie im Sinne einer strikt meritokratischen Bewertung der beruflichen Leistungsfähigkeit darauf verzichten, Bewerber/innen auch im Hinblick darauf zu beurteilen, ob sie als Mitarbeitende im Betrieb als Organisation und soziale Leistungs-Gemeinschaft geeignet sind. Es ist fraglich, ob Betriebe veranlasst werden können, von sozialen Verpflichtungen gegenüber ihren Belegschaften und in außerbetrieblichen sozialen Netzwerken sowie von Kundenerwartungen abzusehen. Folglich ist es erklärbar, dass Betriebe – und dies gilt in besonderer Weise für kleinere und mittlere Betriebe – Vorbehalte gegen anonymisierte Auswahlverfahren haben (s. auch Hesse 2010) sowie dass alle Betriebe nicht auf eine zweite Stufe im Auswahlverfahren verzichten, in denen dann die Anonymität des/der Bewerber/in aufgehoben wird und diese/r als Person sichtbar wird.

Um auf Ethnizität, Nationalität, das Geschlecht und die soziale Herkunft bezogene Eigenschaftszuschreibungen aufzubrechen, die auf dieser Stufe des Auswahlverfahrens[70] wirksam werden können, sind Maßnahmen der Öffentlich-

---

70  Valide quantitative Daten dazu, in welchem Umfang Diskriminierung in diesem Verfahrensschritt erfolgt, liegen nicht vor. Ein Bewerberexperimenten bei schriftlichen Bewerbungen analoges Testverfahren wird hier als zu aufwendig und schwer realisierbar betrachtet. Folglich ist die gängige These, dass Diskriminierung vor allem an der ersten

keitsarbeit, die auf die Stärkung des Problembewusstseins für Diskriminierung bei Personalverantwortlichen, in den Belegschaften, aber auch bei Kund/innen, also in der allgemeinen Öffentlichkeit zielen, zweifellos hilfreich und erforderlich. Denn Annahmen über vermeintlich typische Eigenschaften von Angehörigen ethnischer und nationaler Gruppen sind gesellschaftlich nach wie vor weit verbreitet, wie die einschlägige Forschung gezeigt hat und auch in unserer Studie deutlich wird. Betriebe als Organisationen, die sich in ihrem gesellschaftlichen Umfeld bewähren müssen, sind dann am ehesten in der Lage bzw. dazu veranlasst, eine diskriminierungsfreie Bewerber/innenauswahl vorzunehmen, wenn sie mit einer Akzeptanz migrantischer Bewerber/innen innerhalb und außerhalb des Betriebs rechnen können sowie wenn eine betriebliche Anti-Diskriminierungsstrategie mit politischer, medialer und öffentlicher Zustimmung rechnen kann – wenn also eine diskriminierungsfreie Bewerber/innenauswahl nicht als begründungsbedürftig, sondern als zeitgemäß bzw. idealerweise als selbstverständlich erwartbar wahrgenommen wird.

Die Notwendigkeit einer auf Stärkung von Problembewusstsein gerichteten Öffentlichkeitsarbeit gilt nicht zuletzt auch für das Erfordernis, das Wissen über die Bestimmungen des Anti-Diskriminierungsrechts stärker zu verbreiten und die Akzeptanz dieser Vorgaben zu stärken: In unserer Studie deutet sich an, dass den Vorgaben des Allgemeinen Gleichbehandlungsgesetzes für die Betriebe, insbesondere von kleineren und mittleren Betrieben, nur geringe Bedeutung zugesprochen wird.

Wie sich in unserer Studie weiter gezeigt hat, besteht darüber hinaus ein besonders dringlicher Handlungsbedarf im Hinblick auf die Verbreitung eines Problembewusstseins bezüglich der Diskriminierung kopftuchtragender Muslimas. Dass deren Nicht-Einstellung einen Verstoß gegen das Grundgesetz und das AGG darstellt, scheint vielen Betrieben nicht bewusst zu sein; zudem bewegen sich Betriebe in einem gesellschaftlichen Kontext, in dem kopftuchtragende Muslimas nicht nur aufgrund islamfeindlicher Einstellungen, sondern auch deshalb auf starke Ablehnung stoßen, weil sie verdächtigt werden, ein traditionelles und unzeitgemäßes Verständnis der Geschlechterordnung zu verkörpern. Dass es bislang kaum gelingt, die Diskriminierung kopftuchtragender Muslimas in der beruflichen Bildung wirksam zu skandalisieren und dass das politische Interesse an einer darauf ausgerichteten Strategie eher gering zu sein scheint, ist Teil des Problemzusammenhanges.

Wie einleitend skizziert, mangelt es nicht an Vorschlägen dazu, was mögliche Elemente einer betrieblichen Anti-Diskriminierungspolitik sind, und es sind international tragfähige wissenschaftliche Evaluationsstudien verfügbar. Insofern ist

---

Schwelle (Einladung/Nicht-Einladung zum Bewerbungsgespräch) stattfindet, empirisch ungesichert und spekulativ.

die Frage, was gegen betriebliche Diskriminierung bei der Stellenbesetzung getan werden kann, begründet beantwortbar. In unserer Studie zeigt sich jedoch, dass die Motivation und die Bereitschaft sowie auch die Möglichkeiten von Betrieben, solche Maßnahmen zu realisieren, sehr unterschiedlich ausgeprägt sind. Bedeutsame Einflussfaktoren sind das Vorhandensein internationaler oder aber regionaler Markt- und Kundenbeziehungen, die im jeweiligen Umfeld angenommenen Erwartungen, insbesondere der Kundschaft, sowie nicht zuletzt die Betriebsgröße.

Festzustellen ist diesbezüglich zunächst, dass Betriebe – dies gilt auch für Großbetriebe – über keine verlässlichen Informationen über Kundenerwartungen im Hinblick auf die Akzeptanz migrantischer Mitarbeiter/innen verfügen. Folglich wären empirische Studien und ihre Aufbereitung für Betriebe hilfreich, um eine mögliche Überschätzung ablehnender Haltungen aufzubrechen. Dafür wäre es auch hilfreich, wenn die positiven Erfahrungen mit Kundenreaktionen, die einige Betriebe berichten, z. B. mit Unterstützung der Kammern, anderen Betrieben vermittelt würden.

Die in den einschlägigen Studien aufgezeigten Unterschiede zwischen Groß- und Kleinbetrieben (s. etwa SVR 2014) sind unserer Einschätzung nach vor allem auf drei Faktoren zurückzuführen: Erstens sind es typischerweise Kleinbetriebe, deren Kunden- und Marktbeziehungen nur lokal sind, so dass regionale Unterschiede in der Bevölkerungsstruktur und regionale Mentalitätsunterschiede bei diesen bedeutsam werden. Zweitens erfolgt die Personalrekrutierung in Kleinbetrieben vielfach nicht über formelle Verfahren, sondern auf der Grundlage von Empfehlungen, so dass Netzwerkeffekte und soziale Verpflichtungen hier direkter wirksam werden. Drittens verfügen kleinere und mittlere Betriebe nicht oder nur begrenzt über die organisatorischen Ressourcen, um sich mit Möglichkeiten von Anti-Diskriminierungskonzepten zu befassen und diese innerbetrieblich zu implementieren und auch nicht über Personalverantwortliche, die für gängige Sensibilisierungs- und Qualifizierungsmaßnahmen erreichbar sind. Daraus resultiert ein Dilemma: Gerade diejenigen Betriebe, bei denen Diskriminierung am stärksten verbreitet ist, haben ungünstige Möglichkeiten, dagegen wirksame Maßnahmen zu ergreifen, und sie stehen am wenigsten unter dem Erwartungsdruck, dies auch zu tun.

Die Umsetzung der in der Fachdiskussion vorgeschlagenen Maßnahmen setzt zudem zu einem großen Teil die organisatorischen Strukturen und die Ressourcen von mittleren und größeren Betrieben voraus. Spezifisch für kleinere Betriebe geeignete Konzepte sind bislang nicht entwickelt worden. Insofern liegt es nahe, bei der Entwicklung von Anti-Diskriminierungskonzepten für kleinere Betriebe nicht allein auf deren Eigenmittel zu setzen, sondern nach Ermöglichungs- und Unterstützungsangeboten durch intermediäre Institutionen wie den Kammern oder regionalen Beratungsnetzwerken zu fragen.[71] Ansatzpunkte dafür sind bereits sichtbar, so etwa in den Bemühungen einer Handwerkskammer, durch Beratung gegen Vorbehalte gegenüber muslimischen Bewerber/innen vorzugehen oder der Verleihung von Integrationspreisen an vorbildliche Betriebe.

Auf der Grundlage unserer Forschungsergebnisse erscheint auch der folgende Aspekt wichtig zu sein, um zu einem Umdenken in Kleinbetrieben (und auch bei Personalverantwortlichen größerer Betriebe) in Bezug auf solche migrantische Jugendliche beizutragen, die aus der Sicht der Betriebe als problematisch gelten: Die Schaffung niedrigschwelliger Möglichkeiten, positive eigene Erfahrungen mit solchen Jugendlichen machen zu können. Folglich wäre ein möglicher Ansatzpunkt der gezielte Ausbau und die organisatorische Unterstützung durch die Kammern bei der Etablierung und dem Ausbau von Kooperationen von Betrieben mit Schulen und Fördervereinen, die Jugendlichen betriebliche Praktika vermitteln können. Auch hierfür sind bereits Ansatzpunkte vorhanden.

Auf die Möglichkeit, dass gruppenbezogene Stereotype durch Kontakte mit konkreten Personen relativiert werden, setzen auch Verfahren des sog. ‚Azubi-Speed-Datings‘, die unter anderem von regionalen Verbänden der IHK und HWK durchgeführt werden.[72] Durch diese soll maximal niedrigschwellig ein persönlicher Kontakt zwischen Bewerber/innen und Personalverantwortlichen hergestellt werden. Jugendlichen wird im Rahmen dieser Speed-Datings die Möglichkeit gegeben, sich persönlich kurz vorzustellen, was für die Betriebe wenig aufwendig ist. Die Speed-Datings können als Verfahren einer „radikalen Deanonymisierung" (Gächter)[73] verstanden werden, die darauf setzen, dass gruppenbezogene Zuschreibungen und Vorurteile durch persönliche Begegnungen aufgebrochen werden können. Bewerber/innen sollen die Möglichkeit erhalten, Personalverantwortliche – trotz möglicher stereotyper Vorbehalte, die an der ersten Schwelle gegriffen hätten – von sich zu

---

71  „Die regionale Betreuung von Unternehmen bei der Ausarbeitung von bspw. Betriebs-
    vereinbarungen oder Aktionsplänen gegen Diskriminierung hat sich als wichtiger
    Parameter für die Qualität und den Erfolg von solchen Maßnahmen in Unternehmen
    gezeigt. Beispiele sind das in ganz Flandern im Rahmen der flämischen Beschäftigungs-
    politik installierte regionale Betreuungsnetz (STC) sowie die mobilen Beratungsteams
    in Deutschland (Brandenburg)" (Trauner/Sohler 2005, S. 210).
72  Vgl.  https://www.hwk-hamburg.de/aktuelles/pressemitteilungen/detail-seite/da-
    tum/2012/06/01/azubi-speed-dating.html und http://www.ihk-nordwestfalen.de/wirt-
    schaft/aus-und-weiterbildung/ausbildung/zielgruppen/schueler/Azubi-Speed-Dating.
73  Persönliche Mitteilung von August Gächter an die Verfasser.

überzeugen.[74] Allerdings ist es fraglich und bislang empirisch nicht überprüft, ob kurze Kontakte – im Unterschied zu mehrtägigen Praktika – tatsächlich geeignet sind, gruppenbezogene Zuschreibungen zu unterlaufen.

Darüber hinaus wäre perspektivisch eine ausreichende Verankerung der Thematik Diskriminierung und Anti-Diskriminierung in der Aus- und Fortbildung von Ausbilder/innen anzustreben.

Es kann hier abschließend nicht darauf verzichtet werden, einen grundlegenden Zusammenhang in Erinnerung zu rufen: Diskriminierung ist dann – und nur dann – eine naheliegende Problemlösungsstrategie, wenn eine Diskrepanz zwischen der Zahl der verfügbaren Ausbildungsstellen und der Nachfrage durch ausreichend qualifizierte Bewerber/innen besteht. Denn unter Bedingungen eines Bewerber/innenüberhangs können und müssen Betriebe auswählen, und die Forderung nach einer konsequent meritokratischen Selektion unterschätzt die Komplexität des betrieblichen Entscheidungsprozesses. Insofern sind ein ausreichendes Angebot an Ausbildungsplätzen sowie der Ausgleich von Diskrepanzen zwischen betrieblichen Anforderungen und dem in Schulen erreichten Kompetenzniveau ein wichtiger indirekter Beitrag zur Überwindung betrieblicher Diskriminierung.

Zudem ist es durchaus diskussionsbedürftig, ob das auf universalistischen Gerechtigkeitsprinzipien basierende Diskriminierungsverbot und eine ihm entsprechende strikt meritokratische Auswahl im Vergleich zu anderen Auswahlprinzipien fraglos als moralisch überlegen gelten kann: Aus der Sicht von Betrieben kann es sich durchaus auch als gerechtfertigt darstellen, über relative Leistungsdefizite hinwegzusehen, wenn es gilt, sozialen Verpflichtungen gegenüber dem Umfeld nachzukommen, also das Kriterium der sozialen Verpflichtungen stärker zu gewichten als das aktuell feststellbare Leistungsvermögen, und damit solchen Bewerber/innen eine Chance zu bieten, deren schulische Abschlüsse und Kenntnisse der Konkurrenz nicht standhalten. Demgegenüber schreibt eine strikt meritokratische Auswahl durch Betriebe die Ungleichheitseffekte des schulischen Bildungssystems fort. Auch deshalb ist es auch unter Gesichtspunkten der Diskriminierung anzustreben, ein ausreichendes Angebot zu schaffen, das die Freiheit der Berufswahl tatsächlich gewährleistet – und damit auch das Dilemma der Wahl zwischen universalistischen und partikularistischen Auswahlkriterien aufzulösen.

---

74  Auch könnte hier argumentiert werden, dass auf diese Weise das Auftreten eines „confirmatory bias" (Rabin/Schrag 1999), d. h. der Wahrnehmung einer Person bzw. bestimmter Aspekte dieser gemäß eigenen vorhergegangenen Hypothesen, verhindert werden kann, da dem ersten persönlichen Kontakt keine anderen Informationen vorhergehen (wie Lebenslauf, Zeugnisse etc.).

Auf Formen einer manifesten intentionalen Fremdenfeindlichkeit und eines Rassismus, die zu einer unirritierbaren Ablehnung migrantischer Bewerber/innen führen, kann, wenn überhaupt, nur durch wirksame Sanktionen erfolgreich reagiert werden.

# Literaturverzeichnis

Alvarez, R., & Lutterman, K. (1979). *Discrimination in Organizations*. San Francisco: Josey-Bass.

Antidiskriminierungsstelle des Bundes (2013). *Diskriminierung im Bildungsbereich und im Arbeitsleben*. Zweiter Gemeinsamer Bericht der Antidiskriminierungsstelle des Bundes und der in ihrem Zuständigkeitsbereich betroffenen Beauftragten der Bundesregierung und des Deutschen Bundestages. http://www.antidiskriminierungsstelle.de/SharedDocs/Downloads/DE/publikationen/Gemeinsamer_Bericht_2013.html?nn=4193516. Zugegriffen: 9. Dezember 2013.

Autorengruppe Bildungsberichterstattung (2012). *Bildung in Deutschland 2012. Ein indikatorengestützter Bericht mit einer Analyse zur kulturellen Bildung im Lebenslauf*. Bielefeld.

Bade, K. J. (2013). *Kritik und Gewalt. Sarrazin-Debatte, „Islamkritik" und Terror in der Einwanderungsgesellschaft*. Schwalbach am Taunus: Wochenschau-Verlag.

Baecker, D. (1999). *Organisation als System*. Frankfurt am Main: Suhrkamp.

Baethge, M. (2001). Abschied vom Industrialismus: Konturen einer neuen gesellschaftlichen Ordnung der Arbeit. In: M. Baethge (Hrsg.), *Die große Hoffnung für das 21. Jahrhundert? Perspektiven und Strategien für die Entwicklung der Dienstleistungsbeschäftigung*. Opladen: Leske + Budrich.

Bahl, A., & Ebbinghaus, M. (2015). Betriebliche Rekrutierungslogiken und die Frage der Diskriminierung – Fallanalysen zur Auswahl von Auszubildenden in Bäckerhandwerk und Versicherungswesen. In: A. Scherr (Hrsg.), *Diskriminierung migrantischer Jugendlicher in der beruflichen Bildung. Stand der Forschung, Kontroversen, Forschungsbedarf* (S. 170-192). Weinheim: Beltz-Juventa.

Basis & Woge e. V. (2013). *Positive Maßnahmen? Positiv für ihr Unternehmen!. Was Arbeitgeber über Positive Maßnahmen wissen sollten*. Hamburg: IQ-Netzwerk.

Beauftragte der Bundesregierung für Migration, Flüchtlinge und Integration (2012). *9. Bericht der Beauftragten der Bundesregierung für Migration, Flüchtlinge und Integration über die Lage der Ausländerinnen und Ausländer in Deutschland*. http://www.bundesregierung.de/Content/DE/_Anlagen/IB/2012-06-27-neunter-lagebericht.pdf?__blob=publicationFile. Zugegriffen: 21. Dezember 2014.

Beicht, U. (2011). Junge Menschen mit Migrationshintergrund: Trotz intensiver Lehrstellensuche geringere Erfolgsaussicht. BiBB-Analyse der Einmündungschancen von Bewerberinnen und Bewerbern differenziert nach Herkunftsregionen. In: Bundesinstitut für Berufsbildung (Hrsg.), *BIBB-Report. Forschungs- und Arbeitsergebnisse aus dem Bundesinstitut für Berufsbildung 5*, 1-18.

Beicht, U., & Granato, M. (2009). Übergänge in eine berufliche Ausbildung. Geringe Chancen und schwierige Wege für junge Menschen mit Migrationshintergrund. In: Friedrich-Ebert-Stiftung (Hrsg.), *WISO Diskurs. Expertisen und Dokumentationen zur Wirtschafts- und Sozialpolitik*. Bonn.

Beicht, U., & Granato, M. (2010). Ausbildungsplatzsuche: Geringere Chancen für junge Frauen und Männer mit Migrationshintergrund. BiBB-Analyse zum Einfluss der sozialen Herkunft beim Übergang in die Ausbildung unter Berücksichtigung von Geschlecht und Migrationsstatus. In: Bundesinstitut für Berufsbildung (Hrsg.), *BIBB-Report. Forschungs- und Arbeitsergebnisse aus dem Bundesinstitut für Berufsbildung. 4*, 1-15.

Bielefeldt, H. (2010). Das Diskriminierungsverbot als Menschenrechtsprinzip. In: U. Hormel & A. Scherr (Hrsg.), *Diskriminierung. Grundlagen und Forschungsergebnisse* (S.21-34). Wiesbaden: VS Verlag für Sozialwissenschaften.

Bildung in Freiburg (2013): *3. Bildungsbericht der Stadt Freiburg im Breisgau*. https://www.wegweiser-kommune.de/documents/10184/21824/Freiburg_Bildungsbericht2013.pdf/a605fa98-8de9-4776-91e2-0ed9bfec987c. Zugegriffen: 21. Dezember 2014.

Bolder, A., Heinz, W.R., & Rodax, K. (1996). Brücken bauen zwischen Bildung und Arbeit. In: A. Bolder, W.R. Heinz & K. Rodax (Hrsg.), *Jahrbuch Bildung und Arbeit* (S.7-19). Opladen.

Bommes, M. (1996). Ausbildung in Großbetrieben: Einige Gründe, warum ausländische Jugendliche weniger Berücksichtigung finden. In: D. Kiesel, R. Kersten & S.Sargut (Hrsg.), *Ausbilden statt Ausgrenzen. Jugendliche ausländischer Herkunft in Schule, Ausbildung und Beruf* (S.31-44). Frankfurt a.M.

Bommes, M., & Radtke, F.-O. (1993). Institutionalisierte Diskriminierung von Migrantenkindern. Die Herstellung ethnischer Differenz in der Schule. *Zeitschrift für Pädagogik 39*, 483-497.

Bundesinstitut für Berufsbildung (BIBB) (Hrsg.). (2012). *BIBB-Datenreport zum Berufsbildungsbericht 2012*. Informationen und Analysen zur Entwicklung der beruflichen Bildung. Bonn. http://datenreport.bibb.de/html/4744.htm. Zugegriffen: 9. Dezember 2013.

Bundesinstitut für Berufsbildung (BIBB) (Hrsg.). (2013). *Datenreport zum Berufsbildungsbericht 2013*. Informationen und Analysen zur Entwicklung der beruflichen Bildung. Bonn. http://datenreport.bibb.de/media2013/BIBB_Datenreport_2013.pdf. Zugegriffen: 22. Dezember 2014.

Bundesinstitut für Berufsbildung (BIBB) (Hrsg.). (2014). *Datenreport zum Berufsbildungsbericht 2014*. Informationen und Analysen zur Entwicklung der beruflichen Bildung. Bonn. http://www.bibb.de/dokumente/pdf/BIBB_Datenreport_2014.pdf. Zugegriffen: 22. Dezember 2014.

Bundesministerium für Bildung und Forschung (2008). *Grund- und Strukturdaten 2007/2008. Daten zur Bildung in Deutschland*.

Busch, S. (2014). Podiumsdiskussion: Abbau von Diskriminierung auf dem Arbeitsmarkt. Was bringt das Allgemeine Gleichbehandlungsgesetz. In: P. Dorestal & B. Weiß (Hrsg.), *Abbau von Diskriminierung im Arbeitsmarktkontext. Was ist erreicht, was bleibt zu tun? Dokumentation der Fachtagung am 1. April 2014 in Berlin* (S.15-18). Hamburg: IQ-Netzwerk.

Çakir, N. (2014). *Islamfeindlichkeit. Anatomie eines Feindbildes in Deutschland*. Bielefeld: Transcript.

Ditton, H. (2010). Selektion und Exklusion im Bildungssystem. In: K. Hurrelmann & G. Quenzel (Hrsg.), *Bildungsverlierer. Neue Ungleichheiten.* Wiesbaden: VS Verlag für Sozialwissenschaften.

DJI-Jugend-Migrationsreport (2012). In: M. Stürzer, V. Täubig, M. Uchronski & K. Bruhn (Hrsg.), *Schulische und außerschulische Bildungssituation von Jugendlichen mit Migrationshintergrund. Jugend-Migrationsreport. Ein Daten- und Forschungsüberblick.* München: Deutsches Jugendinstitut e.V.

Dorestal, P., & Weiß, B. (2014). *Abbau von Diskriminierung im Arbeitsmarktkontext. Was ist erreicht, was bleibt zu tun? Dokumentation der Fachtagung am 1. April 2014 in Berlin.* Hamburg: IQ-Netzwerk.

Ebbinghaus, M., Bahl, A., Flemming, S., Gei, J., & Hucker, T. (2013). *Rekrutierung von Auszubildenden. Betriebliches Rekrutierungsverhalten im Kontext des demografischen Wandels. Erste Ergebnisse aus Betriebsinterviews.* Bonn: Bundesinstitut für Berufsbildung. www.bibb.de/dokumente/pdf/a21_22-0067_Rekrutierung_vonAuszubildenden_Berichte_aus_den_Interviews_201307.pdf. Zugegriffen: 23. Mai 2014.

Eberhard, V., & Ulrich, J. G. (2010). Übergänge zwischen Schule und Berufsausbildung. In: G. Bosch, D. Langer & S. Krone (Hrsg.), *Das Berufsbildungssystem in Deutschland. Aktuelle Entwicklungen und Standpunkte* (S.133-164). Wiesbaden: VS Verlag für Sozialwissenschaften.

Elias, N., & Scotson, J. L. (1993). *Etablierte und Außenseiter.* Frankfurt am Main: Suhrkamp.

Enggruber, R. & Rützel, J. (2015). Berufsausbildung junger Menschen mit Migrationshintergrund. Eine repräsentative Befragung von Betrieben. Gütersloh: Bertelsmann Stiftung.

Expertenrat „Herkunft und Bildungserfolg" (2011). Empfehlungen für Bildungspolitische Weichenstellungen in der Perspektive auf das Jahr 2020 (BW 2020) (Max-Planck-Institut für Bildungsforschung Berlin). http://www.kultusportal-bw.de/site/pbs-bw/get/documents/KULTUS.Dachmandant/KULTUS/kultusportal-bw/zzz_pdf/Expertenbericht BaW %C3 %BC_online.pdf. Zugegriffen: 21. Dezember 2014.

Feagin, J. R., & Feagin, C. B. (1978/1986). *Discrimination American Style. Institutional Racism and Sexism.* Malabar.

Gaupp, N., Hofmann-Lun, I., Münz, A., & Reinhardt, S. (2014). *Schule als Startpunkt für die Gestaltung von Übergängen ins Arbeitsleben: Ergebnisse und Erfahrungen aus dem regionalen Übergangsmanagement Schule-Beruf Stuttgart.* Halle: Deutsches Jugendinstitut.

Gei, J., & Granato, M. (2015). Ausbildung zwischen Wunsch und Wirklichkeit: Jugendliche mit Migrationshintergrund – Ausgrenzung auch in der beruflichen Ausbildung?. In: Scherr, A. (Hrsg.), *Diskriminierung migrantischer Jugendlicher in der beruflichen Bildung. Stand der Forschung, Kontroversen, Forschungsbedarf* (S.210-239). Weinheim: Beltz-Juventa.

Geißler, R. (2011). *Die Sozialstruktur Deutschlands. Zur gesellschaftlichen Entwicklung mit einer Bilanz zur Vereinigung.* Wiesbaden: VS Verlag für Sozialwissenschaften.

Georg, W. (Hrsg.). (2006). *Soziale Ungleichheit im Bildungssystem. Eine empirisch-theoretische Bestandsaufnahme.* Konstanz: UVK.

Goffman, A. (2014). *On the Run. Fugitive Life in an American City.* Chicago and London: University of Chicago Press.

Gomolla, M. (2010a). Institutionelle Diskriminierung. Neue Zugänge zu einem alten Problem. In: U. Hormel & A. Scherr (Hrsg.), *Diskriminierung. Grundlagen und Forschungsergebnisse* (S.61-94). Wiesbaden: VS Verlag für Sozialwissenschaften.

Gomolla, M. (2010b). Fördern und Fordern allein genügt nicht! Mechanismen institutioneller Diskriminierung von Migrantenkindern und –jugendlichen im deutschen Schulsystem.

In: G. Auernheimer (Hrsg.), *Schieflagen im Bildungssystem. Die Benachteiligung der Migrantenkinder* (S.87-102).Wiesbaden: VS Verlag für Sozialwissenschaften.

Gomolla, M., & Radtke, F.-O. (Hrsg.) (2009). Institutionelle Diskriminierung. Die Herstellung ethnischer Differenz in der Schule. Wiesbaden: VS Verlag für Sozialwissenschaften.

Granato, M. (2012): *Bildungsbeteiligung junger Menschen mit Migrationshintergrund an beruflicher Ausbildung.* In WISO Diskurs. Expertisen und Dokumentationen zur Wirtschafts- und Sozialpolitik. http://library.fes.de/pdf-files/wiso/09198.pdf Zugegriffen: 9. Dezember 2013.

Granovetter, M. (1973). The Strength of Weak Ties. *American Journal of Sociology 78*, 1360–1380.

Hamburger, F., Badawia, T., & Hummrich, M. (2005) (Hrsg.). *Migration und Bildung. Über das Verhältnis von Anerkennung und Zumutung in der Einwanderungsgesellschaft.* Wiesbaden: VS Verlag für Sozialwissenschaften.

Hansen, R. & Rolff, H.-G. (1990). Abgeschwächte Auslese und verschärfter Wettbewerb. In: H.-G. Rolff, K.-O. Bauer & K. Klemm (Hrsg.), *Jahrbuch der Schulentwicklung* (S. 45-79). Weinheim: Beltz Juventa.

Heckmann, F. (2003). From Ethnic Nation to Universalistic Immigrant Integration: Germany. In: F. Heckmann and D. Schnapper (Hrsg.), *The Integration of Immigrants in European Societies: National Differences and Trends of Convergence* (S. 45-78). Stuttgart: Lucius and Lucius.

Heitmeyer, W. (Hrsg.). (2012). *Deutsche Zustände. Folge 10.* Frankfurt: Suhrkamp.

Hesse, J. (2010). *Contra. Pro & Contra: Anonymisierte Bewerbung.* Personal 9 (S. 18) http://www.diversity-wissen.de/downloads/Div-10-Sep-Personal-Pro_Anonymisierte_Bewerbung.pdf. Zugegriffen: 1. September 2014.

Hirsh, E., & Kmec, J. A. (2009). Human Resource Structures: Reducing Discrimination or Raising Rights Awareness? *Industrial Relations 48*, 512-532.

Hormel, U. (2010). Diskriminierung von Kindern und Jugendlichen mit Migrationshintergrund im Bildungssystem. In: U. Hormel & A. Scherr (Hrsg.). *Diskriminierung: Grundlagen und Forschungsergebnisse* (S. 173-195). Wiesbaden: VS Verlag für Sozialwissenschaften.

Hormel, U., & Scherr, A. (Hrsg.) (2010). *Diskriminierung. Grundlagen und Forschungsergebnisse.* Wiesbaden: VS Verlag für Sozialwissenschaften.

Hübner, C., & Körting, E. (2014). *Rechtsgutachten zu einem Partizipations- und Integrationsgesetz für Baden-Württemberg.* Berlin (unveröffentlichtes Gutachten).

Imdorf, C. (2007). Individuelle oder organisationale Ressourcen als Determinanten des Bildungserfolgs? Organisatorischer Problemlösungsbedarf als Motor sozialer Ungleichheit. In: *Journal of Sociology 33*, 407-423.

Imdorf, C. (2010). Die Diskriminierung ‚ausländischer‘ Jugendlicher bei der Lehrlingsauswahl. In: U. Hormel und A. Scherr (Hrsg.): *Diskriminierung. Grundlagen und Forschungsergebnisse* (S. 197-219). Wiesbaden: VS Verlag für Sozialwissenschaften.

Imdorf, C. (2011). *Betriebliche Ausgrenzung junger Menschen mit Migrationshintergrund als Erklärungsansatz für deren Benachteiligung beim Zugang zu beruflicher Ausbildung (unter Berücksichtigung von Geschlecht, Alter und Wohnort). Erkenntnisse des Schweizer Forschungsprojekts ‚Lehrlingsselektion in KMU‘.* Expertise im Auftrag des Bundesinstituts für Berufsbildung (BIBB). Bonn.

Imdorf, C. (2015): Ausländerdiskriminierung bei der betrieblichen Ausbildungsplatzvergabe – ein konventionensoziologisches Erklärungsmodell. In: A. Scherr (Hrsg.), *Diskriminierung migrantischer Jugendlicher in der beruflichen Bildung. Stand der Forschung, Kontroversen, Forschungsbedarf* (S. 34-53). Weinheim: Beltz Juventa.

Infis (2012). *Betrieblicher Gleichstellungsbericht*. Berlin: Infis.

ISG (Institut für Sozialforschung und Gesellschaftspolitik) (2013). *Faktenbericht 2013 Integration in Bildung und Arbeitsmarkt*. Wissenschaftlicher Hintergrundbericht. http://www.bundesregierung.de/Content/Infomaterial/BPA/IB/Hintergrundbericht_zum_Faktenbericht_Integration_23_07-2014i.pdf?__blob=publicationFile&v=5 Zugegriffen: 21. Dezember 2014.

IZA (Institut für die Zukunft der Arbeit) (2010). *Ethnische Diskriminierung am Arbeitsmarkt: Studie belegt Nachteile für Bewerber mit türkischen Namen*. IZA-Pressemitteilung, 8. Februar 2010.http://www.iza.org/en/webcontent/press/releases/IZAPress20100208EthnicDiscrDP4750.pdf. Zugegriffen: 21. Dezember 2014.

Jessen, F., & von Wilamowitz-Moellendorff, U. (2006). *Das Kopftuch – Entschleierung eines Symbols?* Sankt Augustin/Berlin. http://www.kas.de/wf/doc/kas_9095-544-1-30.pdf. Zugegriffen: 21. Dezember 2014.

Kaas, L., & Manger, C. (2010). *Ethnic Discrimination in Germany's Labour Market: A Field Experiment*. Discussion Paper. Bonn: Forschungsinstitut zur Zukunft der Arbeit (IZA) (IZA discussion papers 4741). http://ftp.iza.org/dp4741.pdf. Zugegriffen: 21. Dezember 2014.

Kalev, A., Dobbin, F., & Kelly, E. (2006). Best Practices or Best Guesses? Assessing the Efficacy of Corporate Affirmative Action and Diversity Policies. *American Sociological Review 71*, 589-617.

Karakasoglu, Y. (2005). *Frauen mit Kopftuch in Deutschland. Symbol der Religiosität, Zeichen von Unterdrückung, Ausdruck neuer Identitäten?* http://www.bpb.de/politik/innenpolitik/konfliktstoff-kopftuch/63273/einstieg-in-die-debatte. Zugegriffen: 17. Februar 2014.

Kieser, A. (2002). *Organisationstheorien*. Stuttgart u. a.: Kohlhammer.

Kleinert, C., & Jacob, M. (2012). Strukturwandel des Übergangs in eine berufliche Ausbildung. *Kölner Zeitschrift für Soziologie und Sozialpsychologie Sonderheft (Soziologische Bildungsforschung) 52*, 211-233.

Kohlrausch, B. (2012). Das Übergangssystem – Übergänge mit System? In: U. Bauer, U. H. Bittlingmayer, A. Scherr (Hrsg.), *Handbuch Bildungs- und Erziehungssoziologie*. Wiesbaden: Springer VS.

Kramer, R.-T., & Helsper, W. (2010). Kulturelle Passung und Bildungsungleichheit. Potenziale einer an Bourdieu orientierten Analyse der Bildungsungleichheit. In: H.-H. Krüger, U. Rabe-Kleberg, R.-T. Kramer & J. Budde (Hrsg.), *Bildungsungleichheit revisited* (S. 103-125). Wiesbaden: VS Verlag für Sozialwissenschaften.

Kropp, P. (2010). Netzwerke und Arbeitsmarktprozesse. In: C. Stegbauer & R. Häußling (Hrsg.), *Handbuch Netzwerkforschung* (S. 632-646). Wiesbaden: VS Verlag für Sozialwissenschaften.

Krüger, H.-H., Rabe-Kleberg, U., Kramer, R.-T., & Budde, J. (Hrsg.). (2010). *Bildungsungleichheit revisited. Bildung und soziale Ungleichheit vom Kindergarten bis zur Hochschule*. Wiesbaden: VS Verlag für Sozialwissenschaften.

Leiprecht, R., & Kerber, A. (Hrsg.). (2013). *Schule in der Einwanderungsgesellschaft. Ein Handbuch*. Schwalbach am Taunus: Wochenschau-Verlag.

Liebig, T., & Widmaier, S. (2009). *Children of immigrants in the labour markets of EU and OECD countries: An Overview* (OECD social, employment and migration working papers, 97), Paris. http://www.oecd.org/berlin/43880918.pdf. Zugegriffen: 21. Dezember 2014.

Lohmann, H., & Groh-Samberg, O. (2010). Akzeptanz von Grundschulempfehlungen und Auswirkungen auf den weiteren Bildungsverlauf. *Zeitschrift für Soziologie 39*, 470-492.

Luhmann, N. (1988). Frauen, Männer und George Spencer Brown. *Zeitschrift für Soziologie 17*, 47-71.

Luhmann, N. (1994). *Funktionen und Folgen formaler Organisation.* Berlin: Duncker & Humblot.

Luhmann, N. (2000). *Organisation und Entscheidung.* Opladen u. a.: Westdeutscher Verlag.

Mannitz, S. (2006). *Die verkannte Integration. Eine Langzeitstudie unter Heranwachsenden aus Immigrantenfamilien.* Bielefeld: Transcript.

Mohe, M., & Stollfuß, M. (2009). *Rekrutierung im Ausland: Interkulturelle Problemfelder bei der Personalauswahl.* Personalführung 42, 22-30. https://www.dgfp.de/wissen/personalwissen-direkt/dokument/83305/herunterladen. Zugegriffen: 14. Oktober 2014.

Moss, P., & Tilly, C. (2001). *Stories Employers Tell. Race, Skill, and Hiring in America (Multi City Study of Urban Inequality).* New York: Russell Sage Found.

Ortmann, G., Sydow, J., & Türk, K. (1997). *Theorien der Organisation. Die Rückkehr der Gesellschaft in die Organisationstheorie.* Wiesbaden: Westdeutscher Verlag.

Pager, D., & Shepherd, H. (2008). The sociology of discrimination. Racial discrimination in employment, housing, credit and consumer markets. *Annual review of sociology 34*, 181–209.

Paul Taylor, P., Powell, D., & Wrench, J. (1997). The evaluation of anti-discrimination training activities in the United Kingdom. Centre for Research in Ethnic Relations, University of Warwick and Danish Centre for Migration and Ethnic Studies, South Jutland University Centre. International Migration Papers 21. http://www.ilo.org/wcmsp5/groups/public/---ed_protect/---protrav/---migrant/documents/publication/wcms_201195.pdf. Zugegriffen: 21. Dezember 2014.

Peuker, M. (2010). *Arbeitsmarktdiskriminierung von MigrantInnen – Zwischen strukturellen Barrieren und interpersoneller Ausgrenzung.* http://www.migration-boell. de/web/diversity/48_2531.asp. Zugegriffen: 9. Dezember 2013.

Phelps, E. S. (1972). The Statistical Theory of Racism and Sexism. *The American Economic Review 62*, 659-666.

Protsch, P. (2013). Höhere Anforderungen in der beruflichen Erstausbildung? WSI-Mitteilungen. *Zeitschrift des Wirtschafts- und Sozialwissenschaftlichen Instituts in der Hans-Böckler-Stiftung 66*, 15-22.

Protsch, P. (2014). *Segmentierte Ausbildungsmärkte. Berufliche Chancen von Hauptschülerinnen und Hauptschülern im Wandel.* Leverkusen: Budrich UniPress Ltd.

Rabin, M., & Schrag, J. L. (1999). First Impressions Matter: A Model of Confirmatory Bias. *The Quarterly Journal of Economics 114*, 37-82.

Reißig, B., Gaupp, N., & Lex, Tilly (Hrsg.). (2008). *Hauptschüler auf dem Weg von der Schule in die Arbeitswelt.* München: Verlag Deutsches Jugendinstitut.

Scherr, A. (1997): Individuen, Ethnien und die Sehnsucht nach solidarischer Gemeinschaft. In: S. Müller & H. Reinl (Hrsg.), Soziale Arbeit in der Konkurrenzgesellschaft (S. 281-290). Neuwied: Luchterhand.

Scherr, A. (2012): *Diskriminierung: Die Verwendung von Differenzen zur Herstellung und Verfestigung von Ungleichheiten.* Vortrag 36. Kongress der Deutschen Gesellschaft für Soziologie. Plenum Diversity und Intersektionalität. http://portal-intersektionalitaet.de/theoriebildung/schluesseltexte/scherr/. Zugegriffen: 22. Dezember 2014.

Scherr, A. (2012). Hauptsache irgendeine Arbeit? In: J. Mansel & K. Speck (Hrsg.), *Jugend und Arbeit* (S. 63-78). Weinheim und Basel: Beltz Juventa.

Scherr, A. (2013). *The Construction of National Identity in Germany: "Migration Background" as a Political and Scientific Category.* http://www.ryerson.ca/content/dam/rcis/documents/ RCIS_WP_Scherr_No_2013_2.pdf. Zugegriffen: 9. Dezember 2013.

Scherr, A. (Hrsg.). (2015). *Diskriminierung migrantischer Jugendlicher in der beruflichen Bildung. Stand der Forschung, Kontroversen, Forschungsbedarf.* Weinheim: Beltz-Juventa.

Scherr, A., & Gründer, R. (2011). *Toleriert und benachteiligt. Jugendliche mit Migrationshintergrund auf dem Ausbildungsmarkt im Landkreis Breisgau-Hochschwarzwald. Ergebnisse einer Umfrage unter Ausbildungsbetrieben 2011.* Pädagogische Hochschule Freiburg, XE-NOS-Projekt, Jugendhilfswerk Freiburg. http://www.wi-jhw.de/tl_files/Bilder/WI-Bilder/ PDFs/Forschungsprojekte/Scherr_Gruender_2011_Toleriert_und_-benachteiligt_final. pdf. Zugegriffen: 21. Dezember 2014.

Scherr, A., Janz, C., & Müller, S. (2013). Diskriminierungsbereitschaft in der beruflichen Bildung. Ergebnisse und Folgerungen aus einer Betriebsbefragung. *Soziale Probleme. Zeitschrift für soziale Probleme und soziale Kontrolle 24,* 245-270.

Scherr, A., Janz, C., & Müller, S. (2015). Einleitung: Ausmaß, Formen und Ursachen der Diskriminierung migrantischer Bewerber/innen um Ausbildungsplätze. Forschungsergebnisse, Forschungsdefizite und Kontroversen, In: Scherr, A. (Hrsg.), Diskriminierung migrantischer Jugendlicher in der beruflichen Bildung. Stand der Forschung, Kontroversen, Forschungsbedarf (S. 9-33). Weinheim: Beltz-Juventa.

Scherr, A., & Niermann, D. (2012). Migration und Kultur im schulischen Kontext. In: U. Bauer, U. H. Bittlingmayer & A. Scherr (Hrsg.), *Handbuch Bildungs- und Erziehungssoziologie* (S. 863-882). Wiesbaden: Springer VS.

Schiffauer, W. (2002). *Schule- Staat – Ethnizität.* Münster: Waxmann.

Schmidt, W. (2006). Pragmatische Zusammenarbeit. Kollegialität und Differenz bei Beschäftigten deutscher und ausländischer Herkunft in Industriebetrieben. *Zeitschrift für Soziologie 35,* 465–484.

Schmidt, W. (2007). Arbeitsbeziehungen und Sozialintegration in Industriebetrieben mit Beschäftigten deutscher und ausländischer Herkunft. Industrielle Beziehungen. *Zeitschrift für Arbeit, Organisation und Management 14,* 334-356.

Schmidt, W. (2015). Diskriminierung und Kollegialität im Betrieb. In: Scherr, A. (Hrsg.), *Diskriminierung migrantischer Jugendlicher in der beruflichen Bildung. Stand der Forschung, Kontroversen, Forschungsbedarf* (S.259-281). Weinheim: Beltz-Juventa.

Schulze, A., Kunze, S., & Wolter, F. (2011). *Bildungschancen und Lernbedingungen an Mainzer Grundschulen am Übergang zur Sekundarstufe I. Projekt und Ergebnisbericht zur Erhebung der Mainzer Grundschülerinnen und Grundschüler der 4. Klasse im Schuljahr 2010/2011.* Mainz: Institut für Soziologie Johannes Gutenberg-Universität Mainz und Dezernat für Soziales Kinder, Jugend, Schule und Gesundheit, Landeshauptstadt Mainz.

Seibert, H. (2015). Ausbildungschancen von Jugendlichen mit nicht-deutscher Staatsangehörigkeit in mittleren und großen Unternehmen. Eine Sequenzanalyse auf Betriebsebene. In: Scherr, A. (Hrsg.), *Diskriminierung migrantischer Jugendlicher in der beruflichen Bildung. Stand der Forschung, Kontroversen, Forschungsbedarf* (S. 143-169). Weinheim: Beltz-Juventa.

Skrobanek, J. (2008). Wer mich nicht will, den will ich nicht. Zum Zusammenhang von Misserfolg und Ethnisierung bei jugendlichen Zuwanderern. In: B. Reißig, N. Gaupp

& T. Lex (Hrsg.). (2008). *Hauptschüler auf dem Weg von der Schule in die Arbeitswelt.* München: Verlag deutsches Jugendinstitut.

Skrobanek, J. (2015). *Ethnisierung von Ungleichheit. Disparitäten, Benachteiligungswahrnehmung und Selbstethnisierungsprozesse im Übergang Schule – Ausbildung.* Weinheim und Basel: Beltz Juventa.

Skrobanek, J., & Jobst, S. (2010). Cultural Differentiation or Self-Exclusion: On Young Turks' and Repatriates' Dealing with Experiences of Discrimination in Germany. *Current Sociology 58,* 463-488.

Solga, H., & Dombrowski, R. (2009). *Soziale Ungleichheiten in schulischer und außerschulischer Bildung Stand der Forschung und Forschungsbedarf.* Arbeitspapier 171. Düsseldorf: Hans-Böckler-Stiftung. http://www.boeckler.de/pdf/p_arbp_171.pdf. Zugegriffen: 21. Dezember 2014.

Solga, H., Baas, M., & Kohlrausch, B. (2012). *Mangelnde Ausbildungsreife – Hemmnis bei der Lehrstellensuche von Jugendlichen mit Hauptschulabschluss?* WZBrief Bildung 19/2012.

Solga, H., & Wagner, S. (2001). Paradoxie der Bildungsexpansion: Die doppelte Benachteiligung von Hauptschülern. *Zeitschrift für Erziehungswissenschaft 4,* 107-127.

Spence, M.A., (1974). *Market Signaling: Informational Transfer in Hiring and Related Screening Processes.* Cambridge, Mass.: Harvard University Press.

Statistisches Bundesamt (2008). *Grund- und Strukturdaten 2007/2008. Daten zur Bildung in Deutschland.*

Statistisches Bundesamt/Wissenschaftszentrum Berlin für Sozialforschung (2013). Bundeszentrale für politische Bildung/Statistisches Bundesamt (Destatis), Wissenschaftszentrum Berlin (WZB) in Zusammenarbeit mit dem Sozioökonomischen Panel (SOEP) am Deutschen Instituts für Wirtschaftsforschung (DIW Berlin) (Hrsg.): *Datenreport 2013. Ein Sozialbericht für die Bundesrepublik.* https://www.destatis.de/DE/Publikationen/Datenreport/Downloads/Datenreport2013.pdf?__blob=publicationFile. Zugegriffen: 21. Dezember 2014.

Statistisches Landesamt Baden-Württemberg (2010). *Entwicklung der Schülerzahlen in den Stadt- und Landkreisen Baden-Württembergs bis 2020/21.* Statistisches Monatsheft Baden-Württemberg 9/2010. http://www.statistik-bw.de/veroeffentl/monatshefte/essay. asp?xYear=2010&xMonth=09&eNr=01. Zugegriffen: 21. Dezember 2014.

Statistisches Landesamt Baden-Württemberg (2013). *Öffentliche allgemeinbildende Schulen in Baden-Württemberg: Fast jeder Fünfte mit Migrationshintergrund. Migrationshintergrund an öffentlichen Schulen 2012/13 zum ersten Mal erhoben,* Pressemitteilung Nr. 207/2013 vom 12. Juli 2013. http://www.statistik-bw.de/Pressemitt/2013207.asp?201307. Zugegriffen: 21. Dezember 2014.

Statistisches Landesamt Baden-Württemberg (2014a). Übergänge auf Werkreal-/Hauptschulen sinken auf 12 Prozent, Gymnasien legen nochmals leicht zu auf knapp 45 Prozent, Pressemitteilung vom 27. Januar 2014 – Nr. 25/2014. http://www.statistik.baden-wuerttemberg.de/Pressemitt/2014025.asp. Zugegriffen: 21. Dezember 2014

Statistisches Landesamt Baden-Württemberg (2014b). Übergänge von Grundschulen auf weiterführende Schulen, Pressemitteilung vom 31. Januar 2014. https://www.statistik-bw. de/BildungKultur/Indikatoren/AU_uebergaenge.asp. Zugegriffen: 21. Dezember 2014.

SVR (Sachverständigenrat deutscher Stiftungen für Integration und Migration) (2014). *Diskriminierung am Ausbildungsmarkt. Ausmaß, Ursachen und Handlungsperspektiven.* Berlin.

Taran, P., & Gächter, A. (2003). *Achieving equality in intercultural workplaces. An agenda for action*. Dublin: Trove. http://www.equality.ie/Files/Achieving%20Equality%20In%20 Intercultural%20Workplaces.pdf. Zugegriffen: 22. Dezember 2014.

Thränhardt, D. (2010). Integrationsrealität und Integrationsdiskurs. *Aus Politik und Zeitgeschichte (APuZ) 46*, 16-21.

Tilly, C. (1998). *Durable inequality*. Berkeley: University of California Press.

Tilly, C. (2005). *Identities, boundaries, and social ties*. Boulder: Paradigm Publishers.

Trauner, H., & Sohler, K. (2005). *Betriebliche Maßnahmen gegen Diskriminierung und zur Gleichstellung von MigrantInnen und ethnischen Minderheiten im europäischen Vergleich. Modellbeispiele aus der Praxis in den Ländern Großbritannien, Belgien, Deutschland, Irland, Niederlande und Schweden*. Wien.

Troltsch, K., & Walden, G. (2012). Exklusion und Segmentation in der beruflichen Bildung im längerfristigen Vergleich. *Sozialer Fortschritt 61*, 287-297.

Uhlig, J., Solga, H., & Schupp, J. (2009). Bildungsungleichheiten und blockierte Lernpotenziale: Welche Bedeutung hat die Persönlichkeitsstruktur für diesen Zusammenhang? *Zeitschrift für Soziologie 38*, 418-440.

Uhly, A. (2010). Jugendliche mit Hauptschulabschluss in der dualen Berufsausbildung. Bildungsvoraussetzungen im Kontext berufsstruktureller Entwicklungen. In: D. Euler, U. Walwei & R. Weiß (Hrsg.), Berufsforschung für eine moderne Berufsbildung – Stand und Perspektive. *Beiheft zur Zeitschrift für Berufs- und Wirtschaftspädagogik 24*, 175-203.

Uhly, A., & Erbe, J. (2007). Auszubildende mit Hauptschulabschluss – Vom Normalfall zur Randgruppe?. *Berufsbildung in Wissenschaft und Praxis 36*, 15-20.

Ulrich, J. G. (2012). *Institutionelle Mechanismen der (Re-)Produktion von Bildungsungleichheit an der Schwelle zur dualen Berufsausbildung und ihr Einfluss auf die Qualifizierungschancen von Bewerbern mit Migrationshintergrund*. In: WISO Diskurs. Expertisen und Dokumentationen zur Wirtschafts- und Sozialpolitik. http://library.fes.de/pdf-files/ wiso/09198.pdf. Zugegriffen: 9. Dezember 2013.

Voswinkel, S. (2008). Der Support des Bauches. Entscheidungsorganisation bei der Personaleinstellung. In: K.-S. Rehberg (Hrsg.). *Die Natur der Gesellschaft. Verhandlungen des 33. Kongresses der Deutschen Gesellschaft für Soziologie in Kassel* (CD-Beilage) (S. 4997-5007). Frankfurt a. M. und New York: Campus.

Weichselbaumer, D. (2014). *Beyond the veil: Discrimination against female migrants wearing a headscarf in Germany*. Wien: Universität (Working Paper).

Weins, C. (2010). Kompetenzen oder Zertifikate? Die Entwertung ausländischer Bildungsabschlüsse auf dem Schweizer Arbeitsmarkt. Skills or Certificates? The Devaluation of Foreign Educational Credentials in the Swiss Labor Market. *Zeitschrift für Soziologie 39*, 124-139.

Wrench, J., & Modood, T. (2001). *The Effectiveness of Employment Equality Policies in Relation to Migrants and Ethnic Minorities in the UK International Labour Office*. Geneva.